Benjamin Feingold
Roland Lang

Handeln mit Futures und Optionen
– Ein Leitfaden für den Privatanleger –

Benjamin Feingold / Roland Lang

Handeln mit Futures und Optionen

Ein **Leitfaden** für den Privatanleger

FBV

Bibliografische Information der Deutschen Nationalbibliothek
Die Deutsche Nationalbibliothek verzeichnet diese Publikation in der Deutschen Nationalbibliografie; detaillierte bibliografische Daten sind im Internet über **http://d-nb.de** abrufbar.

Für Fragen und Anregungen:
feingold@finanzbuchverlag.de

2. Auflage 2014

ein Imprint der Münchner Verlagsgruppe GmbH
Nymphenburger Straße 86
D-80636 München
Tel.: 089 651285-0
Fax: 089 652096

Lektorat: Dr. Renate Oettinger
Design/Layout: Stephanie Villiger
Druck: Books on Demand GmbH, Norderstedt
Printed in Germany

ISBN Print 978-3-89879-877-8
ISBN E-Book (PDF) 978-3-86248-627-4

Weitere Informationen zum Verlag finden Sie unter

www.finanzbuchverlag.de

Beachten Sie auch unsere weiteren Verlage unter
www.muenchner-verlagsgruppe.de

Inhalt

Vorwort

Warum ein neues Buch über Optionen und Futures? Im Englischen existieren bereits zahlreiche Bücher über Derivate. Viele von ihnen sind besonders gut geeignet, die finanzmathematische Theorie dieser Produkte zu erklären. Doch die wenigsten beschäftigen sich mit den Bedingungen des Derivatehandels in Deutschland. Dieses Buch versucht die Lücke zwischen Theorie und notwendigem mathematischen Verständnis auf der einen Seite sowie der praxisrelevanten Umsetzung auf der anderen Seite zu schließen.

Deshalb ist dem so oft vernachlässigten praktischen Teil des Handels mit Optionen und Futures rund ein Fünftel des Buches gewidmet. In diesem Teil werden alle notwendigen Voraussetzungen erläutert, um Derivate erfolgreich einzusetzen, unabhängig davon, ob man Voll- oder Teilzeit oder aber auch nur hin und wieder handeln möchte.

Dies ist ein Handbuch über Optionen und Futures vor allem für den Einsteiger und für den Anleger mit fortgeschrittenen Derivate-Kenntnissen. Doch nicht nur die Funktionsweise der Produkte wird erklärt, sondern auch die Anwendung. Es wird gezeigt, in welchen Börsensituationen oder bei bestimmten Erwartungen welche Strategie am besten geeignet ist. Viele dieser Strategien sowie ihre Chancen-Risiko-Profile sind mit Aktien oder anderen Basiswerten nicht zu verwirklichen oder nur zu wesentlich höheren Gebühren. Das kann die kostengünstige Absicherung mit Futures sein oder der Bull Spread, mit dem Anleger von leicht steigenden Kursen überproportional profitieren können.

In den vielen Anfragen, die wir Autoren in unserer Funktion als Redakteur für Derivate bei Börse Online beziehungsweise als Produktentwickler für Derivate einer internationalen Großbank bekommen haben, wurde auch deutlich, dass vielen Interessierten die Unterschiede zwischen den einzelnen Derivateprodukten nicht klar ist: Was ist eine Option, was ein Optionsschein? Worin unterscheiden sich Futures und Knock-out-Papiere? Um all diese Fragen zu beantworten, werden auch Optionsscheine und Knock-out-Papiere in vorliegendem Buch behandelt. Auf diese Weise werden die Grundlagen dafür geschaffen, dass der Anleger die Unterschiede zwischen den einzelnen Produkten erkennen, diese miteinander vergleichen und so die für ihn geeignete Anlageentscheidung treffen kann.

In diesem Buch wird aus Gründen der Lesefreundlichkeit auf die Kenntlichmachung von eingetragenen Marken und Warenzeichen verzichtet.

Danksagung

Wir möchten uns ganz herzlich bei allen bedanken, die uns bei der Entstehung dieses Buches unterstützt haben. Besonderer Dank gebührt den Herren Matthias Thul für die Erstellung zahlreicher Grafiken und Andreas Krause; beide standen uns tatkräftig zur Seite. Ein ganz großes Dankeschön geht auch an Oliver Fischer, der nicht nur Korrektur gelesen hat, sondern durch viele Anregungen das Buch vorangebracht hat.

Unser Dank gilt ferner unserem Verleger Herrn Christian Jund, der viel Geduld mit uns bewies. Besondere Erwähnung sollten an dieser Stelle zudem das gesamte Team des FinanzBuch Verlags sowie unsere Lektorin Frau Dr. Renate Oettinger finden.

Zum Abschluss ein persönliches Wort: Ganz herzlich bedanken wir uns bei unseren Familien und Partnern für ihr Verständnis und ihre Unterstützung. Sie brachten viel Geduld auf und respektierten den zusätzlichen Einsatz in der ohnehin knappen gemeinsamen Zeit.

1

Futures – Einführung, Handel und Wirkungsweise

Aus der Not heraus ist schon so manche nützliche Erfindung entstanden. Bei der Entstehung von Termingeschäften vor mehreren hundert Jahren war die Unsicherheit über künftige Ernten die treibende Kraft. Damals kamen Bauern auf die Idee, durch Termingeschäfte ihre Ernteerlöse abzusichern. Der erste schriftliche Vertrag über den Verkauf von Getreide per Termin geht ins 16. Jahrhundert zurück. Die Landwirte nutzten die daraus entstandene Möglichkeit, den Preis für ihre Waren und Güter weit vor der Lieferung festzulegen, und sicherten durch den Terminverkauf ihre künftigen Erträge ab. Bei Termingeschäften wird jedoch nicht nur der Preis vor der Übergabe festgelegt, sondern auch die Menge und Beschaffenheit der zu Grunde liegenden Güter sowie ihr genauer Liefertermin. Die Zahlung und Lieferung der Produkte erfolgt allerdings erst in der Zukunft. Die Handelspartner sind verpflichtet, den Vertrag fristgerecht zu erfüllen.

Heutzutage sind Termingeschäfte aus dem Wirtschaftsleben nicht mehr wegzudenken. Ob jemand eine Reise bucht, die er in mehreren Monaten antritt, oder ein neues Auto kauft, das erst zu einem späteren Zeitpunkt geliefert wird – auch dahinter steckt ein Termingeschäft. Diese individuellen Geschäfte heißen Forward-Geschäfte. Sie sind nicht standardisiert und laufen daher nicht über eine Börse. Die Vertragspartner tragen in der Regel das Erfüllungsrisiko selbst. In den genannten Beispielen aus dem täglichen Leben beabsichtigen beide Parteien, den Forward-Vertrag zu erfüllen und die Waren oder die Dienstleistung daraus fristgerecht zu liefern beziehungsweise zu bezahlen. Forwards sind die Grundlage für den Terminhandel an einer Börse. Sie wurden dafür standardisiert und ermöglichen somit einen effizienten Börsenhandel mit Terminkontrakten.

Die nun entstandenen Verträge sind austauschbar (fungibel) und besser zu handeln. Die standardisierten börsengehandelten Forwards bezeichnet man als Futures. Im Gegensatz zu einem Kassamarkt, an dem innerhalb von wenigen – üblicherweise zwei – Tagen gezahlt und geliefert wird, handelt man an einer Terminbörse Kontrakte, die erst in der Zukunft erfüllt werden müssen. Der Kassamarkt ist eine Börse, an der Basiswerte wie Aktien oder Rentenpapiere gehandelt werden.

Heute werden die unterschiedlichsten Güter und Rohstoffe per Termin gehandelt. Die größte Bedeutung kommt den Futures jedoch bei den Finanztransaktionen zu. Sowohl an den Rentenmärkten als auch an den Aktienbörsen sind Futures zur Risikosteuerung unverzichtbar geworden. Je volatiler die Papiere auf dem Kassamarkt, desto wichtiger ist es, das Kursrisiko mit Financial Futures zu beherrschen. Aber auch die Chancen, die sich aus einem schwankungsintensiven Basiswert ergeben, lassen sich mit Futures gut nutzen.

1.1 Systematik der Termingeschäfte

Zum Risiko- und Chancenmanagement eignen sich jedoch nicht nur Futures, sondern auch Optionen. Sie zählen wie Futures zu den Derivaten, da ihre Preisentwicklung von der Kursentwicklung der zu Grunde liegenden Basiswerte abhängt. Während bei einem Future ein Basisinstrument jedoch verbindlich gekauft oder geliefert wird, haben Optionsinhaber ein Wahlrecht, das Basisinstrument zu kaufen oder zu verkaufen.

Ein Risikomanagement mit Futures und Optionen bietet einen Transfer von Risiken, denn Anleger können mit ihnen ungewollte Risiken auf andere Marktteilnehmer überwälzen, die bereit sind, mehr Risiko zu übernehmen. So kann ein Anleger zur Absicherung seines diversifizierten Aktiendepots einen passenden Index-Future an einen für den Index bullish eingestellten Investor verkaufen. Die Systematik der verschiedenen Finanzderivate zeigt die folgende Grafik.

Dieses Buch beschränkt sich auf die Betrachtung von Financial Futures und Optionen. Derivate, denen andere Güter zu Grunde liegen, wie beispielsweise Warentermingeschäfte, werden nicht behandelt. Von

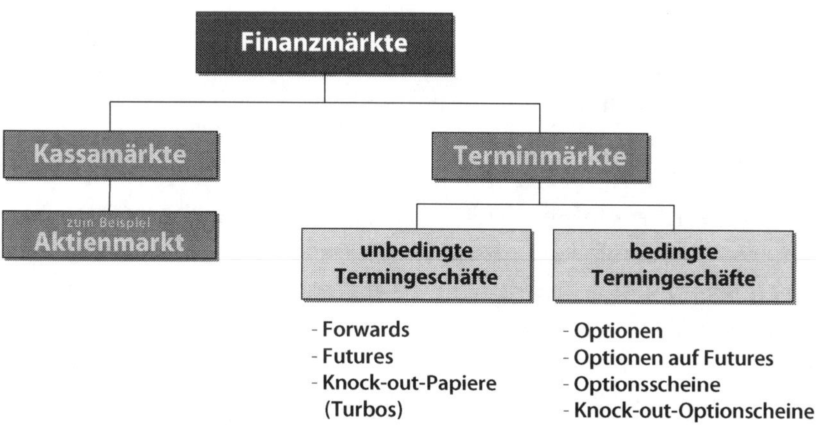

Abb. 1.1: Finanzmärkte und ihre Derivate

Financial Futures und Optionen spricht man, wenn das Basisinstrument ein Finanztitel ist – also beispielsweise eine Aktie oder ein Index. Diese Instrumente werden zum einen an Terminbörsen gehandelt und zum anderen im Interbankenhandel, auf dem so genannten Over-the-Counter (OTC)-Markt. Da der Schwerpunkt dieses Buches auf den Produkten der größten Terminbörse der Welt, der Eurex, liegt, wird sie ausführlich in Kapitel 6 vorgestellt. Deshalb beziehen sich viele Beispielrechnungen im Buch auf Produkte der Eurex.

Die Grafik zeigt neben den klassischen Termingeschäften Futures, Forwards und Optionen auch die von Banken emittierten Gegenstücke zu Futures und Optionen. Wie der ähnliche Name schon andeutet, ist die Funktionsweise von Optionsscheinen weitgehend identisch mit derjenigen von Optionen. Futures-ähnliche Produkte sind die so genannten Knock-out-Papiere, die auch als Turbos, Turbo-Futures oder Waves bezeichnet werden. Anders als Futures und Optionen gelten Optionsscheine und Knock-outs als Wertpapiere und sind damit wie Aktien an einer Kassa-Börse, nicht an einer Terminbörse, handelbar. Bedingungen und Preisstellung gibt der jeweilige Emittent der Papiere vor. Im Gegensatz dazu konkurrieren an den Terminbörsen unabhängige Marktteilnehmer um den besten Preis bei Futures und Optionen. Die Abhängigkeit vom Emittenten wird zunächst als Nachteil wahrgenommen; berücksichtigt man jedoch die Konkurrenzsituation am deutschen Optionsscheinmarkt – hier buhlen rund 20 Institute um Kunden –, so wird der Vorteil sichtbar: Konkurrenz belebt das Geschäft. Der intensive Wettbewerb sorgt somit auch bei den meisten Optionsscheinen für attraktive Preise.

Während das Autogeschäft oder die gebuchte Reise individuelle Abmachungen mit Wahlmöglichkeiten (zum Beispiel die Autofarbe) sind, gibt es an Terminbörsen nur standardisierte Futures-Kontrakte. Financial Futures sind feste vertragliche Vereinbarungen, eine standardisierte Menge eines Basiswerts zu einem vorab festgelegten Preis zu kaufen (Long-Future) oder zu verkaufen (Short-Future). Mit dieser Definition wird noch einmal der unbedingte Charakter eines Futures-Geschäfts deutlich. Wollen zwei Parteien ein Geschäft an einer Terminbörse abschließen, gibt es klare Abmachungen über

- → den Basiswert (zum Beispiel den DAX),
- → den Wert eines Kontraktes (beim DAX 25 Euro pro Index-Punkt),
- → den Verfallszeitpunkt des Kontraktes (jeweils der dritte Freitag in den Quartalsmonaten März, Juni, September und Dezember),
- → die Vertragserfüllung (Barausgleich, das heißt die entstandenen Preisunterschiede werden in bar ausgeglichen; der DAX oder auch andere Indizes werden nicht geliefert) sowie
- → die geforderten Sicherheiten (aktuell müssen 9000 Euro pro DAX-Futures-Kontrakt hinterlegt werden).

Die Handelsbedingungen von Terminkontrakten auf andere Basiswerte sind ähnlich stark standardisiert, denn nur so ist ein Handel an einer Börse möglich. Dabei kann der Basiswert auch eine fiktive Größe sein, wie zum Beispiel beim Bund-Future. Letzterer stellt eine Referenzanleihe dar mit einem Nominalwert von 100 000 Euro, einem Kupon von sechs Prozent sowie einer Restlaufzeit von rund zehn Jahren.

Aus einem fiktiven Basiswert ergeben sich auch Konsequenzen für die Erfüllung. Für die Lieferung kommen dadurch alle Bundesanleihen mit einer Restlaufzeit von rund zehn Jahren in Frage. Die Regeln der Terminbörse Eurex, an der Bund-Futures gehandelt werden, sehen vor, dass bei der Erfüllung der Verpflichtungen aus Bund-Futures-Geschäften auch Bundesanleihen mit einer Restlaufzeit von 8,5 bis 10,5 Jahren geliefert werden können. Dadurch ist der Basiswert bei einem fiktiven Basiswert nicht zu jedem Zeitpunkt genau gleich. Selten kommt es jedoch zur Lieferung: Die wenigsten börsengehandelten Termingeschäfte werden erfüllt, meistens werden sie bereits vor dem eigentlichen Verfall geschlossen.

Aus der Tabelle auf Seite 20 wird deutlich, dass jede Terminbörse ihre eigenen Kontraktspezifikationen für ihre Futures hat und auch die Börsen-Usancen unterschiedlich sind.

Börse[2]	Basiswert	Beschreibung	Kontraktwert
Eurex	Euro Bund-Future	Future-Kontrakt auf eine fiktive langfristige Schuldverschreibung des Bundes oder der Treuhand mit 8,5- bis 10,5-jähriger Laufzeit und einem Zinssatz von sechs Prozent	100.000 Euro
Eurex	DAX-Future	Future-Kontrakt auf den Deutschen Aktienindex (DAX30)	25 Euro pro Indexpunkt
Eurex	Dow Jones Euro STOXX 50-Future	Future-Kontrakt auf den Dow Jones EuroStoxx 50-Index	10 Euro pro Indexpunkt
Eurex	Aktienfutures	Futures-Kontrakte auf Aktien aus der Eurozone	In der Regel 100 Aktien
Euronext.liffe	Aktienfutures	Futures-Kontrakte auf Aktien aus der Eurozone, aber auch aus den USA, Großbritannien, Schweiz und dem Skandinavium	In der Regel 100 Aktien
Liffe	3 Monate Euribor-Future	Future-Kontrakt auf die European Interbank Offer Rate für drei Monate	1 000 000 Euro
CBOT – Chicago Board Of Trade (e-cbot)	Dow Jones Industrial Average Mini-Future	Mini-Future-Kontrakt auf den Dow Jones Industrial Average Index	5 US-Dollar pro Indexpunkt
CBOT – Chicago Board Of Trade (e-cbot)	30 Jahre US T-Bond-Future	Future Kontrakt auf eine fiktive langfristige US-Schuldverschreibung mit einer Mindestlaufzeit von 15 Jahren und einem Zinssatz von sechs Prozent	100 000 US-Dollar
CBOT – Chicago Board Of Trade (e-cbot)	10 Jahre US T-Note-Future	Future-Kontrakt auf eine fiktive langfristige US-Schuldverschreibung mit 6,5- bis 10-jähriger Laufzeit und einem Zinssatz von sechs Prozent	100 000 US-Dollar
CME-Globex	Euro-Dollar-FX-Future	Future-Kontrakt auf den Euro-Dollar-Wechselkurs	125 000 Euro
CME-Globex	Nasdaq-100-Mini-Future	Mini-Future-Kontrakt auf den Nasdaq-100-Index	20 US-Dollar pro Indexpunkt
CME-Globex	S&P-500-Mini-Future	Mini-Future-Kontrakt auf den S&P-500-Index	50 US-Dollar pro Indexpunkt
OneChicago	Aktien-Futures auf US-Titel	Futures-Kontrakte auf Aktien aus dem Dow-Jones-Industrial-Index sowie dem Nasdaq 100	In der Regel 100 Aktien

***Abb 1.2:** Übersicht über bedeutende Kontraktspezifikationen ausgewählter Futures-Kontrakte*[1]

1) Andere Kriterien, wie Erfüllung und Liefertage, die Berechnung des täglichen Abrechnungspreises sowie des Schlussabrechnungspreises sowie alle Ausnahmen sind entweder im Buch aufgeführt oder auf den jeweiligen Internetseiten der Börsen.

Tick (kleinste Preisveränderung)	Letzter Handeltag[3]	Margin[4]	Handelszeit[5]
10 Euro = 0,01 Prozentpunkte	Zwei Börsentage vor dem Liefertag (zehnten Kalendertag des jeweiligen Quartalsmonats) der Anleihen	1,4 Punkte = 1400 Euro pro Kontrakt	8.00 bis 22.00 Uhr
12,50 Euro = 0,5 Indexpunkte	Der dritte Freitag des jeweiligen Fälligkeitsmonats	456 Punke = 11400 Euro pro Kontrakt	8.00 bis 22.00 Uhr
10 Euro = 1 Indexpunkt	Der dritte Freitag des jeweiligen Fälligkeitsmonats	290 Punkte = 2900 Euro pro Kontrakt	8.00 bis 22.00 Uhr
1 Euro = 0,01 Euro im Aktienpreis	In der Regel der dritte Freitag des jeweiligen Fälligkeitsmonats	rund zehn Prozent vom Kontraktwert	8.50 bis 17.45 Uhr
1 Euro = 0,01 Euro bei Aktien in Euro	Der dritte Freitag des jeweiligen Fälligkeitsmonats	rund zehn Prozent vom Kontraktwert	8.00 bis 17.30 Uhr
12,50 Euro = 0,005 Prozentpunkte	Zwei Börsentage vor dem dritten Mittwoch des Fälligkeitsmonats.	0,22 Punkte = 550 Euro pro Kontrakt	8.00 bis 19.00 Uhr
5 US-Dollar = 1 Indexpunkt	Der dritte Freitag des jeweiligen Fälligkeitsmonats	195 Punkte = 1950 US-Dollar	2.15 bis 23.00 Uhr
31,25 US-Dollar = 1/32 Prozentpunkt	Der siebte Börsentag vor dem letzten Börsentag des Fälligkeitsmonats	0,9 Punkte = 900 US-Dollar	2.00 bis 23.00 Uhr
15,625 US-Dollar = 0,5 * 1/32 Prozentpunkt	Der siebte Börsentag vor dem letzten Börsentag des Fälligkeitsmonats	0,6 Punkte = 600 US-Dollar	2.00 bis 23.00 Uhr
1 Pip = 0,0001= 12,50 US-Dollar	2 Handelstage vor dem dritten Mittwoch des jeweiligen Fälligkeitsmonats	168 Pips = 2100 Dollar	rund 24 Stunden
5 USD = 0,25 Indexpunkte	Der dritte Freitag des jeweiligen Fälligkeitsmonats	150 Punkte = 3000 US-Dollar	rund 24 Stunden
12,50 USD = 0,25 Indexpunkte	Der dritte Freitag des jeweiligen Fälligkeitsmonats	63 Punkte = 3150 US-Dollar	rund 24 Stunden
1 US-Dollar = 0,01 US-Dollar	Der dritte Freitag des jeweiligen Fälligkeitsmonats	rund 20 Prozent vom Kontraktwert	15.30 bis 22 Uhr

2) Internetadressen der Börsen: Eurex = www.eurexchange.com; Eurex US = www.eurexus.com; Euronext.liffe = www.liffe.com; CBOT = www.cbot.com; CME-Globex = www.cme.com; OneChicago = www.onechicago.com

3) Die Fälligkeitsmonate der aufgeführten Futures sind in der Regel die nächsten Quartalsmonate aus dem Zyklus März, Juni, September und Dezember.

4) Additional Margin beziehungsweise Initial Margin

5) Mitteleuropäische Zeit (MEZ)

1.2 Vorteile des börslichen Terminhandels

Die Einhaltung von Standards hat einen entscheidenden Vorteil: Der Anleger kann sich voll und ganz auf den jeweiligen Markt und auf die eigene Position konzentrieren. Die Standardisierung ist Voraussetzung für einen liquiden Handel, also einen Handel mit hohen Umsätzen und geringen Spannen zwischen den An- und Verkaufskursen, die auch Geld-Brief- oder Bid-Ask-Spannen genannt werden.

Wie wichtig liquide Terminmärkte für alle Anleger sind, zeigt ein Beispiel aus der Praxis: Will ein Aktienfondsmanager sein Portfolio nach der Bekanntgabe von Wirtschafts- oder Unternehmensdaten anpassen, benötigt er einen Markt, der seine großen Index- und Aktienpositionen aufnehmen kann. Dieser Markt muss es ihm erlauben, schnell und mit geringen Transaktionskosten große Positionen auf- oder abzubauen. Dies ist aber nur möglich, wenn statt Erfüllung, etwa durch Lieferung der Aktien, auch jederzeit eine so genannte Glattstellung des vorangegangenen Geschäfts möglich ist: Dabei wird ein einmal eingegangenes Termingeschäft durch ein Gegengeschäft geschlossen, der Investor muss nicht bis zur Fälligkeit warten. Ein Futures-Kauf kann dabei durch Verkauf eines Futures und ein eingegangener Futures-Verkauf kann durch einen Futures-Kauf glattgestellt werden. Die Kontrahenten müssen auch nicht dieselben sein, und das wird in einem großen Markt auch nur sehr selten der Fall sein. Entscheidend ist der Preis und nicht die Person: Will ein Anleger beispielsweise einen Index zu 4000 Punkten auf Termin verkaufen und ein anderer zum gleichen Preis kaufen, werden die Orders zusammengeführt. Im Fachjargon wird dieser Vorgang auch Matching genannt. Dies geschieht unabhängig vom Standing oder vom Namen der jeweiligen Kontrahenten, da die vorhandene Margin als Sicherheit dient.

Die Möglichkeit der Glattstellung mit allen zum Futures-Handel zugelassenen Parteien erhöht also die Liquidität in den Futures-Kontrakten wesentlich. Der DAX-Future und andere Index-Futures können bei Fälligkeit nur in bar ausgeglichen werden, weil der Index sich aus vielen Aktien zusammensetzt und eine Lieferung aller Aktien zu ihren Anteilen im Index praktisch nicht möglich ist. Fondsmanager und andere Profis greifen für ihre Portfolioausrichtung mit Futures immer auf die umsatzstarken Fälligkeitsmonate zurück. Dies sind jeweils die nächsten Handelsquartale eines Futures-Kontrakts. Befinden wir uns also beispielsweise im Juli, wäre der September-Kontrakt im DAX-Future der nächste.

Nicht nur der Umsatz in einem Kontrakt weist auf eine hohe Liquidität hin, sondern auch die Höhe des Open Interest. Sie gibt die Anzahl der offenen Positionen eines bestimmten Kontrakts an, die noch nicht glattgestellt worden sind. Das heißt, wer einen Future kauft, ohne gleichzeitig eine Short-Position zu haben, erhöht das Open Interest um den Wert eins. Den gleichen Effekt erzielt man, wenn Marktteilnehmer Futures verkaufen, ohne die entsprechende Long-Position zu besitzen. Das Open Interest ist also ein Indikator für künftiges Volumen in einem Kontrakt, weil alle Positionen letztlich geschlossen werden müssen, spätestens am Fälligkeitstag. Regelmäßig sinkt gegen Laufzeitende eines Futures-Kontrakts nicht nur der Umsatz, sondern auch das Open Interest.

Die meisten Marktteilnehmer stellen ihre auslaufenden Kontrakte glatt, wechseln in den nächstfälligen Future und bauen im dann aktuellen Kontrakt ihre Positionen neu auf. Wenn sie zum Beispiel eine Long-Position im auslaufenden Kontrakt besitzen, wird diese verkauft, und im nächstfälligen Kontrakt wird ein neuer Kauf getätigt. Dieser Vorgang wird auch „Rolling-over“ genannt. Es empfiehlt sich also, auf Volumen und Open Interest der jeweiligen Kontrakte zu achten und rechtzeitig, in der Regel ein bis zwei Wochen vor Verfall des noch aktuellen Futures, in den nächsten Futures-Kontrakt zu wechseln. Denn auch als Privatanleger sollte man sich nur in dem liquidesten nächstfälligen Kontrakt aufhalten. Dort sind die Transaktionskosten, wie die An- und Verkaufsspanne, meist am niedrigsten. In der Futures-Übersicht finden sich die Internetseiten der verschiedenen Börsen, die auch Auskunft über die Höhe der Volumina und des Open Interest ihrer jeweiligen Kontrakte geben.

Die Voraussetzungen für einen liquiden Terminhandel sind nun vorgestellt. Jetzt wird die Clearing-Instanz einer Terminbörse vorgestellt, die eine reibungslose Abwicklung unter Einhaltung aller Regeln garantiert.

Das Clearing-Haus

Die Gefahr – analog zu einem individuell vereinbarten Forward-Geschäft –, dass der Geschäftspartner ausfällt, existiert an einer Terminbörse nicht. Denn die Clearing-Stelle garantiert die Erfüllung aller Geschäfte. Allerdings besitzen Privatanleger kein Konto bei der Clearing-Stelle, sondern bei einer Bank oder einem Makler, die entweder selbst Clearing-Mitglied einer Börse sind oder über ein Clearing-Mitglied ihre Konten führen lassen. Die beteiligten Banken und Broker sorgen auch dafür, dass stets genügend Sicherheitsleistungen vorhanden sind, um Derivate zu handeln, denn bei einem Zahlungsausfall holt sich die Clearing-Stelle von ihnen das fehlende Kapital. Niemand handelt also direkt mit einer Terminbörse oder ihrer Clearing-Stelle (siehe auch Kapitel 6).

Die am Terminhandel beteiligten Banken und Makler bauen ihrerseits vor, indem sie von den Privatanlegern mehr als die von der Clearing-Stelle geforderten Sicherheiten verlangen: Bei Futures muss oft das 1,5- bis Zweifache der geforderten Sicherheitsleistung hinterlegt werden; nur bei Futures-Positionen, die binnen eines Tages wieder geschlossen werden, ist auch weniger Margin möglich. Manche Futures- und Options-Broker verlangen für diese so genannten Intraday-Geschäfte sogar weniger als die von der Terminbörse geforderte Sicherheitsleistung.

Die Margin-Bezeichnungen sind bei den verschiedenen Terminbörsen teilweise unterschiedlich, doch die generelle Funktionsweise beim Handel mit Futures ist überall ähnlich. Sinkt der Wert eines Anlegerkontos durch Kursverluste unter die notwendige ursprüngliche Sicherheitsleistung, muss auf dem Konto vor Handelsbeginn am nächsten Morgen der notwendige Nachschuss geleistet werden (Margin Call). Kommt der Anleger seiner Nachschussverpflichtung nicht nach, wird die Position zwangsweise geschlossen. Statt Geld können für die Futures-Position auch Wertpapiere, wie Aktien oder Rentenpapiere, hinterlegt werden. Die Einhaltung dieser Regeln überwacht die Clearing-Stelle durch eine so genannte Mark-to-Market-Bewertung, einer täglichen Positionsbewertung zu Abrechnungskursen: Weist ein Futures-Konto am Ende eines Handelstages einen Gewinn aus, wird dieser gutgeschrieben. Im umgekehrten Fall wird das Konto belastet. Hier wird ein weiterer Unterschied zu Forwards deutlich: Während bei Letzteren der Gewinn- und Verlustausgleich erst am Laufzeitende stattfindet, erfolgt er beim Future jeden Tag. Die aufgelaufenen Gewinne können natürlich jederzeit abgehoben werden.

- Standardisierte Kontrakte
- Erfüllungssicherheit durch Clearing-Haus
- Hohe Liquidität und effiziente Abwicklung
- Handelbarkeit großer Volumina bei geringen Transaktionskosten
- Tägliche Bewertung der Position

Abb. 1.3: *Vorteile des börslichen Terminhandels*

Am folgenden Beispiel der Margin beim DAX-Future wird noch einmal das engmaschige Netz der Clearing-Stelle deutlich. Die hinterlegten 9000 Euro pro DAX-Future bedeuten bei einer Bewertung von 25 Euro pro DAX-Punkt ein Risiko von 360 Punkten am Tag (25 Euro mal 360 DAX-Punkte ergeben 9000 Euro Sicherheitsleistung). Fällt der DAX-Future nach einem Futures-Kauf oder steigt der DAX-Future nach einem Futures-Verkauf um 360 Punkte, ist die Margin aufgebraucht. Mit anderen Worten: Die Clearing-Stelle rechnet mit einem maximalen Verlust von 360 Punkten am Tag, die durch die Sicherheitsleistung gedeckt sind. Sollte die Volatilität ansteigen, behält sich die Clearing-Stelle vor, die Margin-Anforderungen zu ändern. Erst ab einem Tagesverlust von 360 Punkten stehen also Banken und Makler in der Schuld. Deshalb federn sie mit einer höheren Margin die Risiken zusätzlich ab.

1.3 Grundpositionen von Futures

Da Futures lediglich gekauft oder verkauft werden können, ergeben sich nur zwei Grundpositionen. Long- und Short-Positionen machen die Bewegung im jeweiligen Future – absolut betrachtet – eins zu eins mit. Steigt zum Beispiel der DAX-Future um zehn Punkte, gewinnt die Long-Position zehn DAX-Punkte hinzu, und die Short-Position verliert zehn Punkte; bei einem Kontraktwert von 25 Euro pro Punkt entspricht dies einem Gewinn und Verlust von 250 Euro. Das Risiko, aber auch die Chance eines Futures-Engagements besteht in der unbegrenzten Gewinn- und Verlustmöglichkeit, was in Abb. 1.4 deutlich wird. Wie schnell Gewinne und Verluste entstehen, hängt vom Hebel eines Futures ab.

1.4 Hebelwirkung – die unterschätzte Gefahr

Ein Grund für den Einsatz von Futures ist die Spekulation, also die Erwartung, mit einem geringen Einsatz hohe Gewinne zu erzielen. Hier

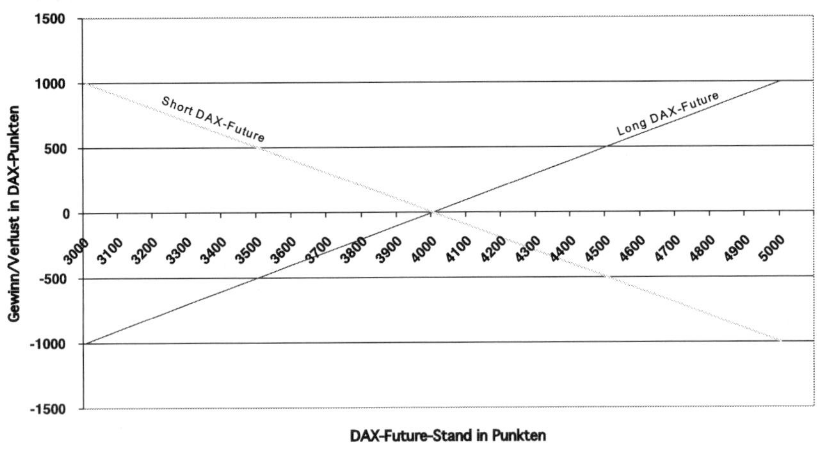

Abb. 1.4: *Kauf eines DAX-Futures zu 4000 Indexpunkten (Long); Verkauf eines DAX-Futures zu 4000 Indexpunkten (Short)*

spielt der Hebel von Futures die entscheidende Rolle – eine relative Zahl, die angibt, um wie viel Prozent sich die Future-Position verändert, wenn der Future sich um einen Prozentpunkt bewegt. Zwar ändert sich die eingegangene Position, absolut gesehen, eins zu eins zum Future, aber der Kapitaleinsatz ist nicht der ganze Kontraktwert eines Future, sondern lediglich die hinterlegte Margin. Da diese geringer ist als der Wert des Futures, ergibt sich ein Hebel.

Ein Beispiel: Kauft ein Anleger in Erwartung steigender Kurse einen DAX-Future bei 4000 Indexpunkten und hinterlegt die einfache Eurex-Margin von 9000 Euro, so bewegt er mit einem Einsatz von 9000 Euro 100 000 Euro pro Kontrakt. Die 100 000 Euro Kontraktwert entstehen durch Multiplikation des derzeitigen DAX-Stands von angenommenen 4000 Punkten mit dem DAX-Punkt-Wert von 25 Euro. Zur Berechnung des Hebels teilt man nun 100 000 durch 9000 und erhält einen Hebel von 11,11.

Das bedeutet, dass bei einem DAX-Anstieg von einem Prozent der Long-Future um 11,11 Prozent zunimmt und beim DAX-Rückgang um ein Prozent die Long-Position 11,11 Prozent verliert. Berücksichtigt man allerdings die erhöhten Margin-Anforderungen der Discounter und Geschäftsbanken, dann verringert sich der Hebel noch um einiges. Bei der oft zweifach verlangten Eurex-Margin ist der Hebel dann nur noch halb so kräftig. Geht die Rechnung des Anlegers auf, und er verkauft seinen DAX-Futures-Kontrakt zehn Prozent höher zu 4400 DAX-Punkten, so hat er 10 000 Euro verdient – 25 Euro pro DAX-Punkt. Dies entspricht einer Rendite von 111,11 Prozent auf die eingesetzten 9000 Euro. Die Rendite kann mit Hilfe des Hebels auch schnell überschlagen werden: Zehn Prozent Kursgewinn mal einen Hebel von 11,11 ergibt eine Rendite von rund 111 Prozent auf das eingesetzte Kapital von 9000 Euro.

Das sieht auf den ersten Blick aus wie leicht verdientes Geld, aber: Der Hebel wirkt auch entgegengesetzt. Bei einem Rückgang des DAX um 400 Punkte verliert der Anleger im gleichen Beispiel 10 000 Euro! Es ist leicht ersichtlich, dass der Hebel bei einem Futures-Kauf oder -Verkauf ab Kaufzeitpunkt annähernd konstant ist, solange auch die hin-

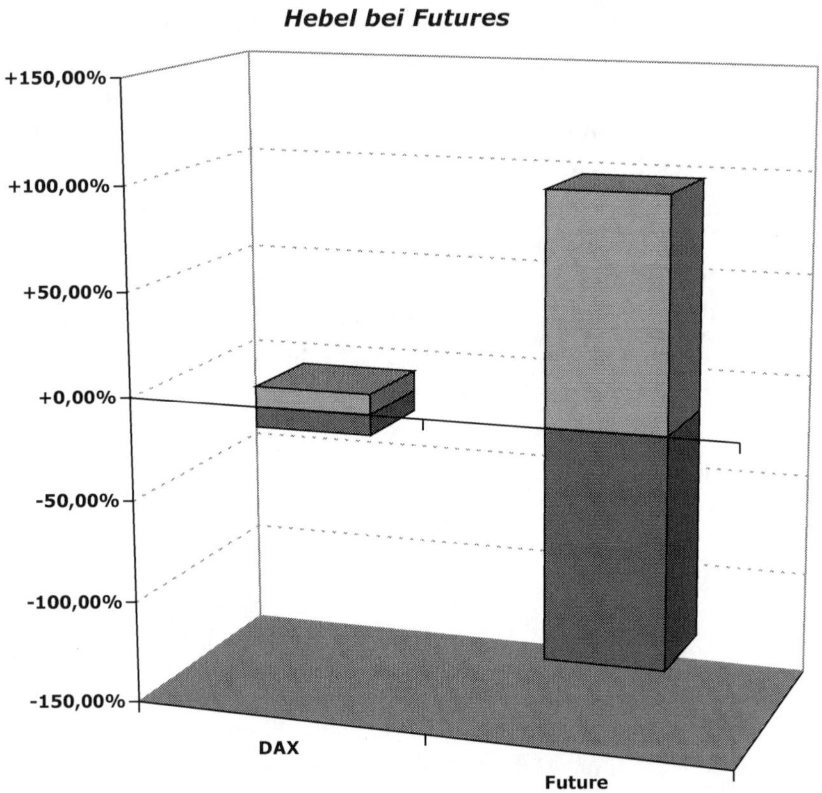

Abb. 1.5: *Positive und negative Auswirkung des Hebels auf die Performance*

terlegte Margin konstant bleibt. Einsteiger unterschätzen oft die Gefahr, die mit einem hohen Hebel verbunden ist. Natürlich sind die Gewinnchancen verlockend, doch das entsprechend große Risiko kann im schlimmsten Fall zu einem Totalverlust führen.

Die Moral von der Geschicht': Manchmal ist weniger mehr. Im zweiten Kapitel werden andere, weniger riskante Anwendungsmöglichkeiten mit Futures vorgestellt, wie beispielsweise die günstige Depotabsicherung.

2

Depotmanagement mit Futures

Zur Spekulation eignen sich Futures auf Grund ihrer starken Hebelwirkung nur für risikofreudige Anleger, die ihr Risiko kontrollieren. Die Depotabsicherung mit Futures ist dagegen für jeden Anleger geeignet, da sie vor Kursverlusten schützt und günstiger ist als der Verkauf der Aktien. Ein Vergleich zwischen einem Depotverkauf und einer Absicherung mit Futures zeigt die Kostenvorteile der Futures: Beim Verkauf aller Aktien im Depot werden Gebühren fällig, die bei Banken und Discounter-Brokern zwischen einem halben und einem Prozent betragen. So kommen bei einem Depotvolumen von beispielsweise 100 000 Euro schnell 500 bis 1000 Euro Handelsgebühren zusammen. Und beim Rückkauf des Portfolios wird noch einmal der gleiche Betrag fällig. Im Gegensatz dazu kostet ein Future – der bei einem DAX-Stand von 4000 Punkten und gleichem Depotvolumen zur Absicherung nötig wäre – bei Verkauf und Rückkauf meist nicht mehr als 15 bis 25 Euro bei einem

Discount-Broker oder einem spezialisierten Futures-Broker. Ab einer bestimmten Depotgröße ist also die Absicherung mit Index-Futures deutlich günstiger als der Verkauf des gesamten Depots, sofern Investoren über genügend Kapital verfügen, um die Sicherheitsleistung zu hinterlegen, und diese auch über die Zeit der Absicherung aufrechterhalten können.

Neben der Absicherung des Portfolios sind Futures auch vielfältig im Depotmanagement einsetzbar. Zum einen können Anleger die Hebelwirkung von Futures dazu nutzen, ein diversifiziertes Portfolio mit geringerem Kapitaleinsatz aufzubauen, das eins zu eins mit dem zugrunde liegenden Index mitgeht, also keinen Hebel besitzt. Zum anderen kann über Futures ein diversifiziertes Depot in Auslandswerten aufgebaut werden, bei einem gleichzeitig geringeren Währungsrisiko im Vergleich zum direkten Index- oder Aktienengagement. Und mit dem relativ jungen Instrument der Aktien-Futures können analog zu den Indizes einzelne Aktienpositionen abgesichert oder aufgebaut werden.

2.1 Absicherung mit Index-Futures

Die Voraussetzung einer effektiven Absicherung mit Index-Futures ist eine Depotstruktur, die dem Basisinstrument des Future ähnelt. Möchte ein Anleger beispielsweise sein Aktiendepot mit DAX-Futures absichern, sollte es in etwa wie der DAX-Index aussehen. Dabei kann das Depot aus einem DAX-Indexzertifikat oder aus verschiedenen DAX-Aktien bestehen. In der Regel ist es ausreichend, wenn der Aktienbestand rund zehn DAX-Schwergewichte umfasst, um eine hohe positive Korrelation zum Index herzustellen. Sie ist entscheidend, denn eine positive Korrelation bedeutet, dass ein Anstieg im DAX auch im Portfolio einen Wertzuwachs zur Folge hat. Ist die positive Korrelation sehr hoch, bewegen sich Aktie und Index nahezu gleich. Anders verhält es sich, wenn das Portfolio noch aus Nasdaq-Wachstumswerten oder aus anderen Aktien besteht. Diese Positionen sollten entsprechend mit anderen Index- oder Aktien-Futures abgesichert werden.

Bewegt sich also das Depot ähnlich wie der DAX, genügt der Verkauf von Futures, damit sich die Positionsgewinne und -verluste im Idealfall vollständig ausgleichen. Diese Form der Absicherung wird auch als Short-Hedge bezeichnet, da ein Future verkauft wird. Wie Abb. 2.1 zeigt, ist die Chance, nach oben, aber auch das Risiko, nach unten zu partizipieren, damit genommen. Das Ergebnis des Aktienverkaufs und der Absicherung mit Futures ist somit gleich, wurde aber mittels des Futures zu deutlich günstigeren Transaktionskosten erreicht.

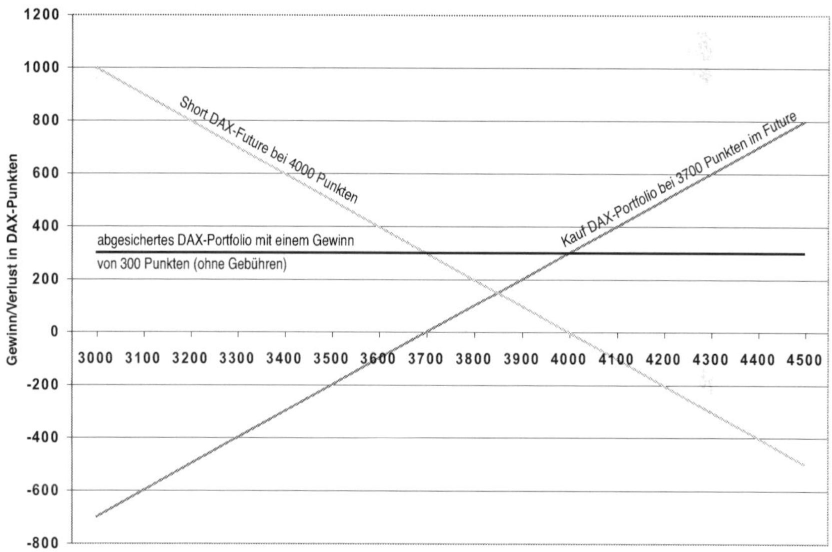

***Abb. 2.1:** Absicherung mit Futures*

Dazu folgendes Beispiel: Angenommen, das bereits erwähnte DAX-Depot in Höhe von 100 000 Euro wurde bei 3700 DAX-Punkten im Future aufgebaut, und der Inhaber möchte sich nach 300 DAX-Punkten Gewinn über die nächsten Wochen vom Aktienmarkt verabschieden, da er mit Turbulenzen an den Börsen rechnet. In diesem Fall bietet sich der Verkauf eines DAX-Futures bei 4000 Punkten zur Absicherung an. Der Anleger friert dadurch seinen Gewinn abzüglich der anfallenden Gebühren ein, ohne seine Aktien zu verkaufen (siehe Abb. 2.1). Möchte er sich länger vom Aktienmarkt fernhalten, als der aktuelle Futures-Kontrakt existiert, müsste er den auslaufenden Kontrakt bei Fälligkeit zurückkaufen und in den nächsten Futures-Kontrakt hinüberwechseln, indem er ihn gleich wieder verkauft. Da der Anleger sich auch der Chancen beraubt, an steigenden Kursen teilzuhaben, macht die Futures-Absicherung nur über einen absehbaren, also kurz- bis mittelfristigen Zeitraum Sinn.

Wie viele Futures sind nun zur Absicherung nötig? Die Anzahl ermittelt man mit Hilfe der Kontraktgröße. Bei unserem DAX-Depot von 100 000 Euro und einem DAX-Stand von 4000 Punkten ist die Rechnung einfach:

$$\text{Anzahl Futures} = \frac{\text{abzusichernder Depotwert}}{\text{Punktwert des Future-Kontrakts x Indexstand}}$$

***Abb. 2.2:** Formel zur Ermittlung der Anzahl der Futures zur Absicherung*

$$\textit{Anzahl Futures} = \frac{100\,000}{25 \text{ x } 4\,000} = 1$$

***Abb. 2.3:** Beispielrechnung zur Formel in Abb. 2.2*

Bei einem Depotvolumen von 100 000 Euro reicht somit der Verkauf eines DAX-Futures zur Absicherung aus. Ungenau wird die Absicherung erst, wenn die Aktien im Depot sich nicht im gleichen Umfang wie der Index bewegen. Dann gewinnt oder verliert eine der Positionen mehr als die andere, und es kommt zu Hedge-Gewinnen oder -Verlusten. Aus diesem Grund ergänzen Profis die Rechnung für ihren Absicherungsbedarf um den so genannten Beta-Faktor. Er besagt, wie stark eine Aktie oder ein Portfolio zum Index schwankt. Liegt der Beta-Faktor bei eins, bewegen sich Dividendentitel und Index gleich, so wie in unserem Beispiel. Besitzt der Anleger aber nur Aktien, die sich stärker als der DAX bewegen, also ein Beta von größer eins aufweisen, dann sind auch mehr Futures zur Absicherung nötig. Existieren im eigenen Depot hauptsächlich Aktien, die weniger stark mit dem Index schwanken, also ein Beta von kleiner eins haben, sind weniger Futures zur Absicherung nötig. Die Formel zur Ermittlung der Anzahl der Futures-Kontrakte sollte daher um das Beta erweitert werden.

$$\text{Anzahl Futures} = \frac{\text{abzusichernder Depotwert}}{\text{Punktwert des Future-Kontrakts x Indexstand}} \text{ x } \textit{Portfolio-Beta}$$

Abb. 2.4: *Formel zur Ermittlung der Anzahl der Futures zur Absicherung, erweitert um das Portfolio-Beta*

Das Beta und meist auch die Korrelation von DAX-Aktien sind in den meisten Statistikteilen überregionaler Wirtschaftszeitungen oder im Internet zum Beispiel auf der Internet-Seite www.deutsche-boerse.com unter „Listing/Reports und Statistiken/Indexgewichtung und Kennzahlen“ zu finden. Die Werte sind allerdings vergangenheitsbezogen. Hier ist Vorsicht geboten: Nur weil sich Aktien in der Vergangenheit in einer bestimmten Relation zum Index bewegt haben, muss dies nicht auch für die Zukunft gelten. Daher treten immer wieder Ungenauigkeiten auf. Um die Ungenauigkeiten so klein wie möglich zu halten, sollten Anleger einen längeren Zeitraum von mindestens 100 Tagen wählen, um ein verlässliches Beta zu erhalten. Dieser Wert ist dann konstanter und eignet sich als Grundlage für die Portfolioabsicherung besser als ein kürzerer Berechnungszeitraum. Die Beta-Werte der Einzelaktien können nach ihrer Gewichtung im Depot aufsummiert und durch die Anzahl der Titel im Depot geteilt werden, um zu einem Portfolio-Gesamt-Beta zu kommen. Liegt das Portfolio-Beta im Beispiel oben bei 1,10, muss der Anleger theoretisch 1,1 Futures verkaufen. Wichtig ist es, die Formel praktikabel umzusetzen. Als Faustregel gilt: Solange weniger als 1,5 Futures zur Absicherung notwendig sind, sollten Anleger auch nicht mehr als einen Future verkaufen.

Beispiel eines Short-Hedges, erweitert um den Beta-Faktor:
Ein DAX-Portfolio von 180 000 Euro soll gegen einen temporären Kursrückgang abgesichert werden. Der DAX steht bei 4000 Punkten, der Future bei 4030, und das Portfolio-Beta liegt bei 1,1. Nach der Formel in Abb. 2.5 müssen jetzt 1,98, also zwei DAX-Futures-Kontrakte zu 4030 Indexpunkten verkauft werden.

$$\text{Anzahl Futures} = \frac{180\,000}{25 \times 4000} \times 1{,}10 = 1{,}98$$

Abb. 2.5: *Beispielrechnung zur Formel in Abb. 2.4, erweitert um den Beta-Faktor*

Sinkt der DAX und damit das Portefeuille um zehn Prozent, so ist das Depot nur noch 162 000 Euro wert. Es entsteht ein Verlust von 18 000 Euro.

Angenommen, die Basis, also der Abstand zwischen Kassa- und Terminkurs, bleibt gleich, so legt die Short-Futures-Position mit zwei Kontrakten dagegen um 20 000 Euro zu (siehe Beispielrechnung in Abbildung 2.6). Die Differenz von 2000 Euro ergibt sich aus der Rundung auf zwei Kontrakte.

$$\text{Performance der Future-Position} = 400\ \text{Punkte} \times 25\,\frac{\text{Euro}}{\text{Punkt}} \times 2 = 20\,000\ \text{Euro}$$

Abb. 2.6: *Gewinn aus der Short-Future-Position*

Eine andere Form der Absicherung ist der Long-Hedge. Hier hat ein Anleger sein Kapital noch als Festgeld oder in Anleihen angelegt und möchte erst in einigen Wochen oder Monaten in Aktien umschichten, etwa weil er in Kürze mit einer Belebung des Aktienmarkts rechnet. Mit dem Kauf von Futures kann er sich gegen einen zwischenzeitlichen Kursanstieg absichern. Der höhere Einstandskurs für seine Aktienposition wird durch die Gewinne in der Long-Futures-Position ausgeglichen.

Da auch eine Veränderung der Basis die Absicherungsposition beeinflussen kann, soll zum besseren Verständnis der Zusammenhang zwischen Kassa-Kurs und Futures-Preis, der auch als Terminkurs bezeichnet wird, deutlich gemacht werden.

Exkurs:

Basis – der Unterschied zwischen heute und morgen

Die Differenz zwischen Kassa- und Futures-Preis wird Basis genannt; sie variiert während der Laufzeit des Futures. Grund für die Differenz sind die Kosten und Erträge, die mit dem Basiswert verbunden sind. Bei Aktien- oder Indexprodukten sind das beispielsweise Zinsen und Dividenden. Die Differenz zwischen Termin- und Kassa-Kurs ist eine Folge des Umstands, dass die Ansprüche aus dem Future andere sind als jene aus der Kassa-Position, also als ob man die Aktien aus dem Index halten würde. Ein Vergleich macht den Unterschied deutlich: Futures-Anleger haben kein Recht auf Dividendenzahlungen, dafür kann die Differenz aus Kontraktwert (bei einem DAX-Stand von 4000 Punkten beträgt er 100 000 Euro) und Sicherheitsleistung (beispielsweise 9000 Euro), also 91 000 Euro, zinsbringend angelegt werden. Für den Preis von Index- oder Aktien-Futures gilt daher allgemein folgender Zusammenhang:

$$\textit{Futures-Preis} = \textit{Kassa-Kurs} + \textit{Zinsen} - \textit{Dividenden}$$

Abb. 2.7: *Zusammensetzung des Futures-Preises*

Liegen die Finanzierungszinsen über der Dividendenrendite, spricht man von einer positiven Basis, und der Terminkurs ist dann größer als der Kassa-Kurs. Negativ ist die Basis, wenn die Dividendenerträge höher sind als die Zinskosten. In diesem Fall ist der Terminkurs niedriger als der Kassa-Kurs. Die Differenz aus Zinsen und Dividenden wird bei Financial Futures auch Nettofinanzierungskosten (Cost of Carry) genannt. Mit ihnen können Anleger jederzeit aus dem Kassa-Kurs den korrekten Futures-Preis errechnen und umgekehrt. Allerdings findet man in der Literatur bei der Erklärung der Rohstoffpreise zuweilen genau die umgekehrte Definition einer Basis. Da der Schwerpunkt in diesem Buch aber auf Aktien- und Indexprodukten liegt, wird die zuerst genannte Definition der Basis verwendet.

Bei der Absicherung mit Futures können Verluste allerdings auch durch eine Verschiebung der Basis entstehen, beim Short-Hedge zum Beispiel, wenn eine positive Basis größer wird. Sie sind jedoch wesentlich geringer als Verluste aus ungesicherten Positionen.

Unterschiedliche Konstruktionen der Indizes, die als Basiswerte dienen, sorgen für verschiedene Ausprägungen der Basis. Beim DAX allerdings dürfte die Basis nur selten negativ werden, denn der DAX-Index, der dem Future zugrunde liegt, ist ein Performance-Index. Das bedeutet, dass die Dividendenerträge direkt in die Berechnung des Indexkurses mit eingehen. Durch die Reinvestition in den Index werden die Dividenden bereits im DAX-Kurs berücksichtigt und nicht erst separat, wie in Formel Abb. 2.7 im Exkurs gezeigt. Die Dividenden finden auf diese Weise auch Einzug in den DAX-Futures-Kurs. Beim DAX-Future ist die Basis somit nur noch durch die Zinsen bestimmt und muss daher positiv sein – vorausgesetzt, die Zinsen notieren über null.

Hin und wieder kann es jedoch vorkommen, dass der DAX-Future unterhalb der Kasse notiert, insbesondere wenn die Verkaufsaktivitäten im Future besonders hoch sind, beispielsweise in der Nähe der Fälligkeit des Futures. Durch den Roll-over in den nächsten Kontrakt werden große Stückzahlen von Futures-Kontrakten für den noch bestehenden Termin verkauft. Diese vergleichsweise große Menge an Kontrakten kann den

Futures-Preis zeitweise unter den Kassa-Kurs drücken. Aber durch das Ausnutzen von Preis-Ungleichgewichten, die so genannte Arbitrage, wird die korrekte positive Basis schnell wieder hergestellt. Privatanleger können diese Ungleichgewichte, die aus geringen Preisunterschieden bestehen, kaum ausnutzen, da sie höhere Transaktionskosten haben als die Arbitrageure. Das sind meist große, kapitalstarke Banken und Broker, die zu wesentlich günstigeren Konditionen handeln können.

Je näher der Verfallstag rückt, desto geringer wird der Unterschied zwischen DAX-Futures- und Kassa-Preis. Am Fälligkeitstag des Futures sind Termin- und Kassa-Kurs identisch, da keine zeitliche Differenz mehr zwischen ihnen besteht und sie folglich denselben Wert darstellen. Doch nicht nur Dividenden, sondern auch Erträge aus anderen Kapitalmaßnahmen, wie beispielsweise Bezugsrechtszahlungen, sind natürlich im Index enthalten. Im Gegensatz dazu ist der EuroStoxx 50 Index ein Kursindex, das heißt, Dividendenzahlungen oder andere Kapitalmaßnahmen fließen nicht in die Indexkursberechnung mit ein. Somit kann beim EuroStoxx-50-Future die Basis negativ werden. Das gilt auch für Futures auf andere Kursindizes, wie den Dow-Jones-Industrials-30- und den S&P-500-Future.

2.2 Absicherung mit Aktien-Futures

Aktien-Futures funktionieren wie Index-Futures: Man kann mit ihnen sowohl auf steigende als auch auf fallende Kurse setzen und sie genauso effizient zur Absicherung einsetzen. Aktien-Futures auf europäische Blue-Chip-Aktien, die von der Eurex und der Londoner Terminbörse Euronext.liffe kreiert wurden, ermöglichen diese Absicherung von Einzeltiteln. Die Euronext.liffe bietet neben den Aktien-Futures auf europäische Titel auch eine kleine Auswahl an elf Futures auf US-Aktien an (siehe Übersicht auf Seite 20). Dort wird ebenfalls elektronisch nach dem Market-Maker-Prinzip gehandelt: Verschiedene Banken oder Makler stellen auf Anfrage Preise, ohne zu wissen, ob der Anfragende kaufen oder verkaufen will.

Bei den Aktien-Futures an der Eurex und den meisten an der Euronext.liffe werden die Gewinne wie beim DAX-Future in bar ausgeglichen. Allerdings sind die Kontraktspezifikationen ein wenig anders als bei Index-Futures. In der Regel liegen 100 Aktien einem Aktien-Futures-Kontrakt zugrunde. Für die Absicherung einer Aktienposition sind demnach rund 100 Titel im Depot erforderlich. Da die gehaltene Aktie gleichzeitig der Basiswert im Future ist, gibt es aber kein Beta-Risiko. Aktie und Aktien-Future bewegen sich also sowohl in die gleiche Richtung als auch im gleichen Umfang, abgesehen von Verschiebungen in der Basis. Die Verluste, die dadurch entstehen können, sind gering und wie bei Index-Futures wesentlich kleiner als Verluste, die aus ungesicherten Aktienpositionen entstehen können. Wie beim EuroStoxx-50-Index fließen Dividenden oder andere Kapitalmaßnahmen nicht automatisch in die Berechnung des Basiswertkurses ein. Somit kann auch bei Aktien-Futures die Basis negativ werden, also der Futures-Preis unter dem aktuellen Aktienkurs liegen.

Die Kontraktgrößen sind durch die 100 Aktien pro Futures-Kontrakt oft sehr niedrig. Das ist zwar für den Anleger mit kleinem Geldbeutel positiv, allerdings erhöhen kleine Kontraktwerte meist die Handelsgebühren. Denn für größere Positionen benötigt man mehr Kontrakte, und die Gebühren berechnen sich pro Kontrakt. So hat eine Deutsche-Telekom-Aktie bei einem angenommenen Kurs von 15 Euro einen Kontraktwert von 1500 Euro. Bei einem Einsatz von 15 000 Euro muss man schon zehn Kontrakte handeln, die letztlich ähnlich hoch sind wie beim Handel mit der Aktie selber. Anleger sollten abwägen, ob es nicht besser ist, dann gleich die Aktie zu kaufen. Ein Tipp: Anleger sollten die An- und Verkaufsspannen beim Aktien-Future mit denen der zugrunde liegenden Aktie vergleichen. Bei Titeln mit höheren absoluten Aktienkursen, wie zum Beispiel dem Allianz-Papier, sind die Kosten beim Future allerdings wesentlich geringer, da der Kontraktwert um einiges höher ist.

Aktien-Futures auf amerikanische Werte werden auch von Terminbörsen in den USA angeboten. Europäische Banken und Broker bieten aber häufig nur die Produkte der Börse OneChicago an, da sie auch auf der populären elektronischen Plattform Globex gehandelt werden können: Auf rund 80 US-Werte vornehmlich aus dem Dow Jones Industrials 30 und dem Nasdaq 100 offeriert OneChicago US-Aktien-Futures. Die Kontraktspezifikationen sind ebenfalls in der Übersicht auf Seite 20 zu finden. Sie ähneln den Aktien-Futures an der Euronext.liffe; allerdings werden bei US-Aktien-Futures die zugrunde liegenden Aktien bei Fälligkeit geliefert. Selbstverständlich können aber auch hier Positionen vorher glattgestellt werden.

Das Absicherungsprinzip ist bei Aktien- und Index-Futures gleich: Der Anleger sichert sich durch die Futures-Absicherung das gegenwärtige Kursniveau. Das derzeitige Kursniveau wird eingefroren und zur fixen Kalkulationsbasis für den Anleger. Dadurch eliminiert der Anleger sein Verlustrisiko, verzichtet aber gleichzeitig auf Gewinnchancen.

Beispiel einer Aktien-Futures-Absicherung:

1000 Aktien der Deutschen Telekom sollen vorübergehend abgesichert werden. Die Aktie steht bei 15 Euro, der nächstfällige Aktien-Future bei 15,25 Euro. Da ein Kontrakt 100 Aktien umfasst, müssen zehn Kontrakte zur Absicherung verkauft werden. Sinkt die Aktie der Deutschen Telekom auf 14 Euro und bleibt die Basis unverändert bei 25 Cent, so gleichen sich die Gewinne und Verluste genau aus.

	Long-Aktie	Short-Aktien-Future
Einstand	15 000,00 €	15 250,00 €
Positionswert bei Auflösung der Absicherung (Deutsche Telekom bei 14 Euro)	14 000,00 €	14 250,00 €
Gewinn / Verlust	**-1000,00 €**	**+1000,00 €**

Abb. 2.8: *Beispielrechnung einer Absicherung mit Aktien-Futures*

Absicherungspositionen bedürfen der fortwährenden Überwachung, unabhängig vom Basisinstrument. Der Anleger sollte sich auch fortlaufend fragen, ob die Gründe, die für eine Absicherung sprachen, immer noch aktuell sind. Sollte es dann zu einer neuen Einschätzung der Börsenlage kommen, ist es ratsam, die Futures-Positionen entsprechend der eigenen Meinung anzupassen.

2.3 Weitere Portfolioanwendungen mit Futures

Futures eignen sich nicht nur als sinnvolles Absicherungsinstrument, sondern auch als Ersatz für Kassa-Positionen im Index oder in der Aktie. Da für diese Strategie ein Großteil der Einlage verzinst werden soll, sind die Transaktionskosten entscheidend. Anleger sollten daher solche Strategien bei einem Discounter oder einem speziellen Futures- und Options-Broker umsetzen. Hier wird in der Regel nicht nur die Margin auf dem Konto verzinst; auch die Handelsgebühren sind dort am niedrigsten.

2.3.1 Indexpositionen ohne Hebel

Futures-Positionen müssen nicht immer gleich riesige Hebel haben. Man kann mit ihnen auch Positionen im Index eins zu eins nachbilden, also ohne Hebelwirkung. Index und die mit Futures nachgebildete Position bewegen sich dann annähernd parallel. Steigt oder fällt der DAX um 20 Prozent, macht die Index-Ersatzposition mit Futures die gleiche Bewegung mit. Für den Aufbau dieser Position im DAX muss der Anleger aber den Kontraktwert von 100 000 Euro (ausgehend von einem DAX-Stand von 4000 Punkten mal 25 Euro pro DAX-Punkt) in der Tasche haben. Für den DAX-Future benötigt er gemäß der Eurex-Margin 9000 Euro (die erhöhte Broker-Margin bleibt der Einfachheit halber außen vor), die Differenz zu den 100 000 Euro, also 91 000 Euro, werden zinsbringend angelegt. Diese Kombination aus DAX-Future plus Geldmarktanlage entspricht dem Basisinstrument DAX-Index. Idealerweise wird der Gewinn aus der Zinsanlage durch eine sinkende Basis ungefähr ausgeglichen, sodass nur die Kursbewegungen im DAX über Erfolg oder Misserfolg entscheiden. In der Praxis wird man allerdings Einbußen von 0,5 bis ein Prozentpunkt in Kauf nehmen, da Broker und Banken in der Regel nicht den üblichen Geldmarktzins gewähren, sondern ihn nur mit einem Abschlag weitergeben.

Hinter den Indexzertifikaten der Emissionshäuser steht genau die gleiche Konstruktion: ein Index-Future, gekoppelt mit einer Anlage am Geldmarkt. Nicht immer braucht man wie in unserem Standardbeispiel 100 000 Euro, um ein Indexzertifikat nachzubilden. Andere Indizes haben kleinere Kontraktwerte als Ursprungsinvestition und sind daher mit weniger Einsatz abzubilden. Die Anzahl der benötigten Futures-Kontrakte ermittelt man unabhängig vom Index-Future nach folgender allgemeiner Formel:

$$\text{Anzahl Futures} = \frac{\text{Investitionssumme}}{\text{Punktwert des Future-Kontrakts} \times \text{Kurs des Futures}}$$

Abb. 2.9: *Formel zur Ermittlung der benötigten Futures-Kontrakte für eine Indexposition ohne Hebel*

2.3.2 Portfolio-Beta anpassen

Das eingangs erwähnte Beispiel eines Fondsmanagers, der auf veränderte Marktdaten mit Futures reagiert, verdeutlicht eine weitere Anwendungsmöglichkeit mit Futures. Der Fondsmanager hat nichts anderes gemacht als sein Portfolio-Beta verändert. Durch den Kauf von Futures wird das Beta erhöht und durch den Verkauf gesenkt. Die Anzahl der Futures wird wiederum von der Depotsumme und vom jeweiligen Kontraktwert bestimmt.

Ein Beispiel: Ausgegangen wird weiterhin von einem DAX-Aktien-Depot in Höhe von 100 000 Euro, das nun ein Beta von 0,7 besitzt und eine hohe positive Korrelation zum Index hat. Möchte ein Anleger nun stärker an einem von ihm erwarteten Kursanstieg profitieren, erwirbt er zusätzlich DAX-Futures, um auf sein gewünschtes Beta zu kommen. Dabei richtet er sich nach folgender allgemeinen Formel:

$$\text{Anzahl Futures} = \frac{\text{Depotwert x (Ziel-Beta} - \text{derzeitiges Depot-Beta)}}{\text{Punktwert des Futures-Kontrakts x Kurs des Futures}}$$

***Abb. 2.10:** Anzahl der benötigten Futures, um das Depot-Beta anzupassen*

Will unser Anleger mit seinem 100 000-Euro-DAX-Depot sowie einem Beta von 1,7 an Veränderungen des DAX partizipieren, muss er einen DAX-Futures-Kontrakt dazukaufen:

$$\textit{Anzahl Futures} = \frac{100\,000 \text{ x } (1{,}70\text{-}0{,}70)}{25 \text{ x } 4\,000} = 1$$

***Abb. 2.11:** Beispielrechung zur Formel in Abb. 2.10*

Steigt der DAX jetzt tatsächlich um zehn Prozent, wird sein Gewinn um 17 000 Euro steigen. Mit der Formel in Abbildung 2.12 lässt sich der Gewinn schnell überschlagen (100 000 mal 1,7 mal zehn Prozent).

$$\textit{Gewinnerwartung} = \textit{Depotwert x Ziel-Beta x Kursveränderung}$$

***Abb. 2.12:** Gewinnerwartung nach Beta-Anpassung*

Zur Kontrolle hier der Gewinn aus der Depot- und Futures-Position.

Depot: 100 000 mal 0,7 mal zehn Prozent ergibt 7000 Euro Gewinn.

Future: 4000 (DAX-Stand) mal zehn Prozent (Kursgewinn) mal 1 Futures-Kontrakt mal 25 Euro pro Punkt ergeben 10 000 Euro. Bei einem Verlust von zehn Prozent würde er entsprechend 17 000 Euro verlieren.

Das Beta des Aktiendepots lässt sich auch mit dem Kauf von Aktien, die ein hohes Beta haben, steigern. Der Vorteil bei der Variante mit Aktien liegt in der feineren Abstimmung von Depots. Der DAX-Future ist mit einer Kontraktgröße von 100 000 Euro ein großer, schwerer Kontrakt. So wäre es im Beispiel gar nicht möglich, das Depot mit Futures auf ein Ziel-Beta von eins abzustimmen, da man nicht 0,3 Futures kaufen kann. Im Allgemeinen ist aber die Beta-Justierung mit Futures einfacher – vor allem, wenn das Depot größer ist oder die Kontraktgröße geringer ausfällt. Bei der Nachbildung des DAX-Index mit einem DAX-Future sind die Dividenden inklusive, denn der DAX-Future bezieht sich auf einen Performanceindex. Bei der Konstruktion eines EuroStoxx-50-Indexes mit dem EuroStoxx-50-Future sind keine Dividenden enthalten, da ein Kursindex zu Grunde liegt.

2.3.3 Währungsrisiko reduzieren

Ein weiterer Vorteil eines Futures-Engagements ist das geringere Währungsrisiko im Vergleich zu einer Direktinvestition in einer ausländischen Aktie oder einem Depot von Auslandswerten. Dies ist ein oft vernachlässigter positiver Aspekt des Futures-Tradings. Verglichen mit einem Direktinvestment in einen ausländischen Wert oder Index – beispielsweise einen Fonds – geht man mit einem Future immer nur mit der zu hinterlegenden Sicherheitsleistung ein Währungsrisiko ein, und die beträgt ja nur einen Teil des Kontraktwerts. Dagegen leidet der Gewinn, den man möglicherweise erzielt, in beiden Fällen unter einem Rückgang der Auslandswährung. Das unterschiedliche Devisenkursrisiko ist also von der Höhe der investierten beziehungsweise hinterlegten Summe (Margin) abhängig.

Beim Kauf eines E-Mini-S&P-Futures beispielsweise unterliegen 3900 Dollar Margin Wechselkursschwankungen. Mit anderen Worten: Für eine Indexpartizipation von 55 000 Dollar im Mini S&P 500 (50 Dollar pro Indexpunkt mal angenommener Indexstand von 1100 Punkten) geht man in Höhe von 3900 Dollar das Risiko eines Dollar-Rückgangs ein, also nur zu rund sieben Prozent.

Will man am S&P 500 über einen Future, aber ohne Hebelwirkung – also prozentual und absolut eins zu eins – partizipieren, so ist auch bei dieser Konstruktion das Währungsrisiko geringer als bei einem S&P-500-Fondskauf. Denn auch hier ist nur die hinterlegte Margin anfällig für einen Devisenkursverfall. Der Differenzbetrag zwischen der Margin von 3900 Dollar und dem vollständigem Kontraktwert von 55 000 Dollar, also 51 100 Dollar, kann zinsbringend in der Heimatwährung angelegt werden. Dafür profitiert man so auch nicht von einer Aufwertung der Fremdwährung – was in der Regel auch nicht gewollt ist, denn man will auf den Basiswert setzen. Die Währungsveränderung ist dabei ein unerwünschtes Risiko.

3 Optionen und mehr

Optionen zählen wie Futures zu den Derivaten. Beide können das Portfoliomanagement gleichermaßen bereichern. Der Preis dieser Finanzinstrumente hängt von der Wertentwicklung des jeweiligen Basiswerts ab. Anleger können Futures und Optionen entweder spekulativ einsetzen oder auch zur Absicherung nutzen. Obwohl beide eine starke Hebelwirkung besitzen, gibt es doch beträchtliche Unterschiede: Während beim Einsatz von Futures vor allem die Bewegung des Basiswertes über Erfolg und Misserfolg entscheidet, reicht die Einschätzung der Richtung des Marktes bei Optionen bei weitem nicht aus. Die Preisbildung ist hier wesentlich komplexer. So hängt der Optionspreis nicht nur von der Bewegung des Basiswerts ab, sondern ebenso stark von den anderen großen Einflussfaktoren, wie beispielsweise der Volatilität. Sie wirkt während der Laufzeit auf den Optionspreis, weshalb im Folgenden zwischen einer Fälligkeits- und einer Laufzeitbetrachtung unterschieden wird.

Um die Preisbewegungen von Optionen nachzuvollziehen und zu beurteilen, sind theoretische Grundkenntnisse unerlässlich. Auf den Einsatz umfangreicher Formeln oder Integralen der höheren Mathematik wird dabei so weit wie möglich verzichtet. Im Mittelpunkt stehen die Einsatzmöglichkeiten von Optionen in der Praxis, nicht die Herleitung der Bewertungsformeln, die ihren Schöpfern, wie Fischer Black & Myron Scholes, 1997 den Nobelpreis einbrachten. Für den mathematisch interessierten Leser empfiehlt sich das weitere Studium von Fachliteratur zu Log-Normalverteilungen, kontinuierlichen Aktienrenditen und der geometrischen Brown'schen Molekularbewegung. Hierzu haben wir im Anhang eine Literaturliste mit Büchern zusammengestellt, die andere Aspekte des Optionshandels behandeln. Des Weiteren gibt es Checklisten, die vor allem dem Einsteiger helfen sollen, die Chancen und Risiken von Optionsgeschäften zu verstehen, denn deren Einsatzmöglichkeiten – besonders bei der Kombination von Optionen – sind vielfältiger und komplexer als bei Futures.

3.1 Definition – Das „Wesen" einer Option

Eine Option lässt sich am besten mit einer Versicherung vergleichen. So wird beispielsweise der Kaufpreis einer Aktie bereits heute für einen Zeitpunkt in der Zukunft festgelegt. Für diese Sicherheit bezahlt der Versicherungsnehmer, also der Optionskäufer, eine Versicherungsprämie, den Optionspreis. Der Versicherer – Optionsverkäufer oder Stillhalter genannt – vereinnahmt sie und verpflichtet sich seinerseits zur Lieferung der Aktie zum fixierten Preis. Klettert nun beispielsweise der Kurs der Aktie bis zum Ende der Laufzeit der Option (Versicherungsende) über den vereinbarten Preis (Basispreis) hinaus, so bezahlt der Käufer den festgelegten Betrag, und der Stillhalter übereignet den versicherten Unternehmensanteil. In diesem Beispiel wäre der Optionskäufer im Vorteil, da er die Aktie am Ende der Laufzeit zu einem günstigeren Preis als dem aktuellen Kurs beziehen kann. Der Versicherungsnehmer (Optionskäufer) sichert sich also gegen steigende Kurse ab, gleichzeitig kann er nicht mehr als die bezahlte Versicherungsprämie (Optionspreis) verlieren. Diese Versicherung gegen steigende Kurse heißt Call oder Kaufoption. Das Gegenstück zum Call ist die Verkaufsoption, der so genannte Put; er ist die Versicherung gegen fallende Kurse. Es existieren nur diese beiden Optionstypen; sie werden im Folgenden näher erläutert.

Definieren lässt sich eine Option somit als das Recht, nicht aber die Verpflichtung, eine festgelegte Anzahl eines zugrunde liegenden Basiswerts (zum Beispiel eine Aktie) während (amerikanische Variante) oder bei Fälligkeit (europäische Variante) einer bestimmten Frist (Laufzeit) zu einem vorher vereinbarten Preis (Basispreis) zu kaufen (Call) oder zu verkaufen (Put).

So aussagekräftig diese Definition auch ist – schließlich bringt sie den Sachverhalt auf einen Punkt –, so wenig ist sie eine praktische Hilfe für den Einsteiger. Zum besseren Verständnis wird die Definition in ihre Bestandteile zerlegt:

Eine Option ist das Recht, aber nicht die Pflicht ...

Der Unterschied zum Future fällt auf: Der Optionskäufer (Optionsinhaber) hat das Recht, von seiner Option Gebrauch zu machen. Er ist dazu aber nicht verpflichtet. Während also der Future in jedem Fall zum Verfallszeitpunkt abgerechnet wird, kann das Geschäft beim Optionskontrakt auch ganz entfallen. Diese Situation tritt ein, wenn der Inhaber seine Option nicht ausübt. Man spricht deshalb bei Futures von unbedingten Termingeschäften, da das Geschäft nicht von der Bedingung abhängt, dass der Käufer sein Recht ausübt. Optionsgeschäfte sind aus dem gleichen Grund bedingte Termingeschäfte (siehe Abb. 1.1). Dies hat für die beiden Kontrakt- oder Geschäftspartner weitreichende Folgen. Hat der Optionskäufer die Möglichkeit, das Geschäft praktisch zu annullieren, ist sein Verlust in jedem Falle auf die gezahlte Optionsprämie begrenzt, während seine Gewinnmöglichkeit unbegrenzt ist.

Hat ein Anleger beispielsweise das Recht gekauft, die DaimlerChrysler-Aktie zu 32 Euro zu erwerben (Call-Option), wird er dieses Recht bei einem Aktienkurs von 28 Euro wohl kaum ausüben wollen. Vielmehr gibt er eine Order an die Börse und kauft die Aktie zum aktuellen Kurs von 28 Euro. Steigt hingegen der Kurs auf über 32 Euro, gewinnt sein Kaufrecht zu 32 Euro an Wert. Diese Bewegung ist grundsätzlich unbegrenzt, wenn es auch in der Praxis sicherlich Grenzen gibt. Der Käufer eines Calls spekuliert also auf steigende Kurse im Basiswert.

Umgekehrt ist die Situation beim Verkauf dieser Kaufoption, also wenn das Kaufrecht, die DaimlerChrysler-Aktie zu 32 Euro zu beziehen, an einen anderen Marktteilnehmer verkauft wurde. Der Call kann durch den Käufer ausgeübt werden, und der Verkäufer muss abwarten, ob der Inhaber des Calls die Option ausübt. Deshalb wird der Verkäufer einer Option auch Stillhalter genannt: Er muss stillhalten und hofft, dass der Kurs der Aktie nicht über den Basispreis klettert. Mit anderen Worten: Steigt der Aktienkurs von DaimlerChrysler über 32 Euro, muss der Verkäufer die festgelegte Anzahl an Aktien zu 32 Euro liefern. Je höher der Kurs steigt, umso teurer wird dieses Unterfangen. Sein Gewinn hingegen ist begrenzt. Mehr als die bei Geschäftsabschluss vereinnahmte Optionsprämie kann der Optionverkäufer nicht verdienen. Sein Kalkül liegt vielmehr darin, dass die Aktie nicht über 32 Euro steigt, da dadurch die Option wertlos verfällt.

... eine festgelegte Anzahl eines bestimmten Basiswerts (zum Beispiel einer Aktie) ...

Die Terminbörsen bestimmen die Größe ihrer Optionskontrakte. Aktienoptionen umfassen oft 100 Titel in einem Kontrakt. Bei „schweren" Titeln mit einem hohen Aktienkurs sind auch zehn oder 50 Aktien in einem Kontrakt möglich. Damit bei Indexoptionen die Gewinne oder Verluste in bar ausgeglichen werden können, findet bei diesen Optionen eine Bewertung der jeweiligen Indexpunkte statt. Bei einer DAX-Option sind das fünf Euro pro Index-Punkt, bei EuroStoxx-50-Optionen zehn Euro je Punkt und bei Bund-Future-Optionen zehn Euro je 0,01 Punkte im Bund-Future. Die Optionsprämie, die vom Käufer für seine Position eingesetzt werden muss beziehungsweise die der Verkäufer erhält, errechnet sich aus Kontraktzahl mal Kontraktgröße mal aktuellem Optionspreis. Angenommen, jemand kauft 20 Call-Kontrakte auf die DaimlerChrysler-Aktie. Da ein Optionskontrakt 100 Werte umfasst und 2,50 Euro kostet, muss er 5000 Euro aufbringen: 20 Kontrakte mal 100 Aktien mal die Optionsprämie von 2,50 Euro.

Da eine Option das Recht beinhaltet, eine bestimmte Anzahl des Basiswerts zu beziehen, stellt sich wie bei Futures-Kontrakten die Frage nach der Lieferung des zugrunde liegenden Finanzinstruments. Kein Problem ist dies bei Aktien: Hier kann sich der Anleger die Papiere einfach ins Depot einbuchen lassen. Bei Index-Optionen hingegen werden wie bei den Index-Futures die Wertedifferenzen in bar ausgeglichen, da eine physische Lieferung zu umständlich ist. Es muss aber keine Lieferung erfolgen, Optionspositionen können jederzeit wieder geschlossen, also glattgestellt, werden.

... innerhalb eines festgelegten Zeitraumes (amerikanische Variante) oder zu einem bestimmten Zeitpunkt (europäische Variante) ...

Das Recht auf Optionsausübung erstreckt sich für den Optionskäufer natürlich nicht auf Lebenszeit. Vielmehr gibt es eine bestimmte Frist für die Ausübung seines Rechts. Bei Optionen unterscheidet man hinsichtlich der Ausübung zwischen zwei verschiedenen Varianten: der amerikanischen und der europäischen Variante der Ausübung. Bei der amerikanischen Variante hat der Optionsinhaber die Möglichkeit, während der gesamten Laufzeit der Option von seinem erworbenen Recht Gebrauch zu machen. Besitzt eine Option dagegen ein europäisches Ausübungsrecht, kann der Optionsinhaber nur am Verfallstag entscheiden, ob er die Option ausübt oder nicht. Die Ausstattung als europäische oder amerikanische Option gibt jedoch keinen Hinweis darauf, in welcher Region welche Ausgestaltung anzutreffen ist. So existieren auch an der in Europa beheimateten Terminbörse Eurex Optionen mit beiden Ausübungsmöglichkeiten. Dabei ist das Ausübungsrecht bei Indexoptionen europäisch und bei Aktienoptionen amerikanisch.

... zu einem bestimmten Preis (Basispreis) zu kaufen (Call) oder zu verkaufen (Put).

Neben der Versicherung mit Kaufoptionen (Calls) gegen steigende Preise bieten Put-Optionen die Möglichkeit, sich gegen fallende Kurse zu versichern. Im Gegensatz zur Kaufoption erwirbt der Anleger mit dem Put das Recht, den entsprechenden Basiswert zu einem bestimmten Preis verkaufen zu dürfen. Der Preis, zu dem der Call-Inhaber kauft und der Put-Besitzer verkauft, wird Basispreis genannt. Für das DaimlerChrysler-Beispiel bedeutet dies, dass der Put-Käufer das Recht hat, die Aktien beispielsweise zu 32 Euro innerhalb der Laufzeit (bei amerikanischer Ausübung) zu verkaufen. Fällt die Aktie unter 32 Euro, kann der Anleger die Aktie am Aktienmarkt für beispielsweise 28 Euro kaufen und sie über seine Verkaufsoption zu 32 Euro veräußern. Er erzielt einen Gewinn von vier Euro abzüglich der gezahlten Optionsprämie. Bei einer Kaufoption hingegen könnte der Anleger die Aktie zu 32 Euro beziehen. Steigt diese etwa auf 38 Euro, bezieht sie der Investor über die Option zu 32 Euro und verkauft sie mit einem Gewinn von sechs Euro für 38 Euro.

3.2 Klassifizierung von Optionen

Beim Handel mit terminbörslich gehandelten Optionen stehen viele verschiedene Laufzeiten sowie Basispreise zur Verfügung. Um den Handel einfach und übersichtlich zu gestalten, haben die Terminbörsen die unterschiedlichen Optionsbestandteile eines Kontrakts klassifiziert. Bei der Orderaufgabe müssen die in der Grafik aufgeführten Merkmale wie Call oder Put, Basiswert, Basispreis und Verfallmonat angegeben werden.

Neben diesen standardisierten, an einer Börse handelbaren Optionen können auch individuell zwischen den Kontraktpartnern ausgehandelte Optionen (Over-the-Counter-Optionen) vereinbart werden. Privatanleger tummeln sich in der Regel aber nicht in diesem Sektor, da das OTC-Geschäft eine hohe Bonität erfordert und die Höhe des Gegenwerts in der Regel das Vermögen eines durchschnittlichen Anlegers übersteigt. Deshalb stehen die standardisierten Kontrakte hier im Vordergrund.

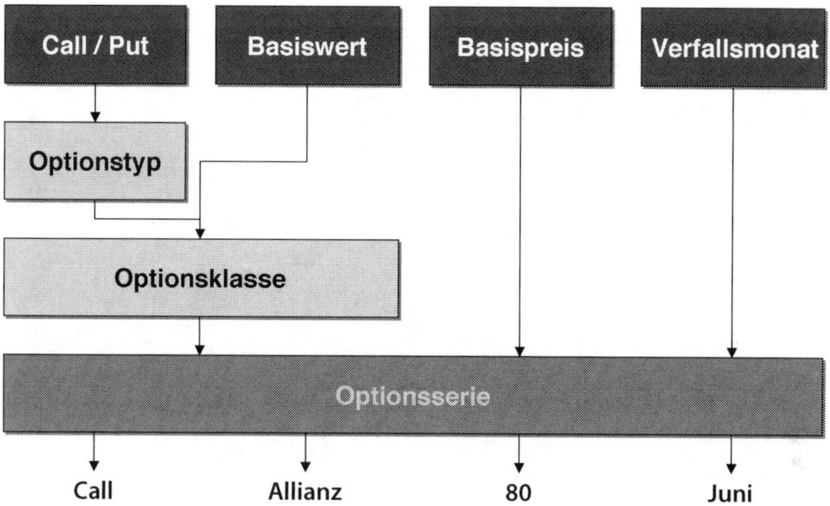

Abb. 3.1: *Klassifizierung einer Allianz-Option*

Da der Schwerpunkt dieses Buchs auf Aktien- und Index-Produkten der Eurex liegt, sollen vorrangig die Optionskontrakte auf diese Basiswerte näher vorgestellt werden. Doch auch die viel genutzten Bund-Future-Optionen kommen nicht zu kurz, und das Kapitel schließt mit einer Übersicht über diverse Optionskontrakte. Bevor wir jedoch auf die Optionskontrakte der Eurex eingehen, soll an dieser Stelle der Unterschied zwischen terminbörslich gehandelten Optionen und Optionsscheinen erklärt werden.

Exkurs:

Optionen vs. Optionsscheine

Der Teufel steckt im Detail, wenn sich auch Optionen und Optionsscheine gleichen wie eineiige Zwillinge. Sind doch Optionsscheine nichts anderes als verbriefte Optionen mit gleicher Funktionsweise. Ein Emittent – in der Regel eine Bank – verkleidet gleichsam eine Option in den Mantel einer Inhaberschuldverschreibung. Durch das Konstrukt der Inhaberschuldverschreibung besitzt der Optionsscheinkäufer einen Auszahlungsanspruch gegen das emittierende Institut, dessen Höhe sich aus dem Wert der Option bestimmt. Die Inhaberschuldverschreibung ist auch die Voraussetzung für den Handel von Optionsscheinen an einer Kassa-Börse. Sie können dann wie Aktien oder Renten an der jeweiligen Börse (keine Terminbörse) gehandelt werden. Durch die Verbriefung als Wertpapier ist auch kein gesondertes Margin-Konto für den Erwerb von Optionsscheinen erforderlich. Der Anleger kann sie sich – die Termingeschäftsfähigkeit vorausgesetzt – jederzeit in sein Wertpapierdepot legen.

Der Emittent stellt als Market Maker für seine Papiere fortlaufend An- und Verkaufskurse. An einer Terminbörse stellen ebenfalls Market Maker Preise für Optionen. Während man bei Optionsscheinen auf die Preise des jeweiligen Emittenten angewiesen ist, konkurrieren an einer Terminbörse mehrere voneinander unabhängige Market Maker um den besten Preis. Ein weiterer Nachteil des Optionsscheinhandels ist, dass der Anleger in der Wahl seiner Strategie stark eingeschränkt ist. Er kann Optionsscheine nicht wie Optionen leerverkaufen, also short gehen. Das hat auch Konsequenzen für die Strategien: Mit Optionen können Anleger variabel Optionsverkäufe in eine Strategie umsetzen. Bei Optionsscheinen werden solche Strategien zwar auch als Fertigprodukt angeboten, doch kann der Anleger die Zutaten nicht selber bestimmen. Er ist auf die Auswahl des Emittenten angewiesen. Vorteil der Optionsscheine ist jedoch ihre geringe Stückelung, also ein kleines Bezugsverhältnis. In der Regel bezieht sich ein Warrant nämlich nur auf einen Teil des Basiswerts, sodass auch mit einem kleineren Budget Optionsprodukte gehandelt werden können.

Weitere Unterschiede bestehen in den Handelszeiten sowie in den zugrunde liegenden Basiswerten. Während Optionsscheine bei vielen Emittenten von 8.00 Uhr bis 22.00 Uhr gehandelt werden, ist die Handelszeit bei Optionen auf die jeweilige Gegebenheit der Terminbörse beschränkt. So ist der Handel bei DAX-Optionen von 8.50 Uhr bis 17.30

Uhr beschränkt. Allerdings sind die Preise der Optionsscheine bei geschlossener Heimatbörse bei manchen Emissionshäusern etwas höher, als wenn der Optionsmarkt geöffnet hat. Außerdem bieten viele Emittenten verschiedene Basiswerte an. Neben Aktien- und Indexprodukten gehören Renten-, Währungs- oder auch Goldoptionsscheine zur Angebotspalette eines Emittenten. Sie lassen sich zwar auch über Optionskontrakte an Terminbörsen handeln, doch muss der jeweilige Broker diese Kontrakte auch anbieten. Da Optionsscheine und Optionen sich so stark ähneln, lohnt ein Preisvergleich beider Instrumente. Die Wahl für eines der beiden Instrumente hängt also neben dem Preis auch von der gewünschten Strategie sowie den angebotenen Basiswerten ab. Nicht zuletzt entscheidet auch das zur Verfügung stehende Kapital über die Entscheidung für eines der beiden Produkte.

3.2.1 Aktienoptionen

Aktienoptionen liegen einzelne Aktien als Basiswerte zugrunde. An der europäischen Terminbörse Eurex werden Aktienoptionen auf ausgewählte niederländische, finnische, französische, deutsche, italienische, Schweizer und US-Titel gehandelt. Die Optionskontrakte beziehen sich meist auf 100 Aktien. Sie sind bei Erfüllung eines Optionskontrakts zu liefern.

Die Eurex bildet für Aktienoptionen verschiedene Gruppen, die unterschiedlich lange Laufzeiten haben. Die maximale Laufzeit variiert dabei zwischen 24 und 60 Monaten. Im Allgemeinen gilt: Für alle Basiswerte gibt es Optionen mit Verfallsdatum im nächsten, übernächsten und dem darauf folgenden Monat. Darüber hinaus werden die nächsten drei Quartalsmonate des Zyklus März, Juni, September und Dezember als Verfallstag angeboten. Der Verfallstag ist immer der dritte Freitag im betreffenden Monat. Ein Beispiel: Ende August existieren auf jeden Fall Aktienoptionen mit den Laufzeiten September, Oktober, November (die nächsten drei Verfallsmonate) sowie Dezember, März und Juni (die darauf folgenden Quartalsmonate). Die weiteren Verfallstage sind abhängig von der Zuordnung des Basiswerts.

Auf diese Weise werden die Laufzeiten standardisiert. Auch die Basispreise folgen bestimmten Grundregeln, wobei das Intervall der angebotenen Preise von der Kurshöhe des Basiswertes abhängt. Die kleinste Veränderung, die die meisten Aktienoptionspreise einnehmen können (Tickgröße), beträgt 0,01 Euro. Aktienoptionen auf deutsche Aktien können an jedem Börsentag während der Laufzeit bis 20.30 Uhr ausgeübt werden. Allerdings lohnt sich die vorzeitige Ausübung nur in Ausnahmefällen. Am letzten Handelstag ist die Ausübung bis 21.00 Uhr möglich.

3.2.2 Indexoptionen

Die Eurex bietet Indexoptionen auf bekannte Aktienindizes, wie beispielsweise den DAX, den EuroStoxx 50 oder den TecDAX, sowie auf verschiedene europäische Branchenindizes an. Der entscheidende Unterschied zu den Aktienoptionen liegt darin, dass der Index nicht physisch lieferbar ist. Deshalb werden Indexoptionen wie Index-Futures durch einen Barausgleich erfüllt. Bei DAX-Optionen wird ein Indexpunkt mit fünf Euro bewertet, beim EuroStoxx 50 mit zehn Euro und beim TecDAX mit einem Euro. Die kleinste mögliche Optionspreisveränderung (Tickgröße) beträgt hier 0,1 Indexpunkte. Das entspricht bei DAX-Optionen einem Wert von 0,50 Euro, bei EuroStoxx-50-Optionen einem Wert von einem Euro und bei TecDAX-Optionen einem Wert von 0,10 Euro.

Bei den Indexoptionen handelt es sich im Gegensatz zu den Aktienoptionen um Optionen mit europäischem Ausübungscharakter. Es ist dem Optionsinhaber also nicht möglich, sein Optionsrecht während der Laufzeit auszuüben. Dies bedeutet aber nicht, dass der Inhaber nicht von Kursbewegungen während der Laufzeit profitieren kann. Die Option wird jeden Tag an der Eurex gehandelt und ist somit auch veräußerbar.

Die Laufzeiten sind je nach betrachtetem Index unterschiedlich. Auch hier werden auf jeden Fall die nächsten drei aufeinander folgenden Monate sowie drei aufeinander folgende Quartalsmonate aus dem Zyklus März, Juni, September und Dezember angeboten. Bei EuroStoxx-50-Optionen und bei DAX-Optionen ist die längste angebotene Optionslaufzeit 60 Monate, bei TecDAX-Optionen nur 24 Monate. Am Verfallstag wird anhand eines Schlussabrechnungspreises geprüft, welche Optionen einen Wert aufweisen und welche nicht.

Dieser Schlussabrechnungspreis wird für den DAX um 13.00 Uhr berechnet, beim EuroStoxx 50 um 12.00 Uhr und beim TecDAX um 13.10 Uhr. Bei DAX- und TecDAX-Optionen wird dieser Abrechnungskurs in einer Auktion im elektronischen Handelssystem, dem Xetra-System, ermittelt. Dort werden die Kassa-Kurse für die im Index enthaltenen Werte festgestellt, um dann den Schlussabrechnungskurs des jeweiligen Index zu berechnen. Beim EuroStoxx 50 geht man anders vor, da viele internationale Werte im Index enthalten sind, die nicht alle auf Xetra gehandelt werden. Zwischen 11.50 und 12.00 Uhr wird der Durchschnittswert aller Indexkurse als Schlussabrechnungskurs herangezogen. Um die Kontraktabrechnungen zu vereinfachen, nimmt die Eurex für ihre DAX-, EuroStoxx-50- und TecDAX-Futures-Kontrakte die gleichen Schlussabrechnungskurse wie für die Index-Optionen.

Da an den Quartalsmonaten am jeweils dritten Freitag des betreffenden Monats sowohl Aktien- als auch Indexoptionen zusätzlich zu den Index-Futures auslaufen – man spricht vom „Hexensabbat" –, werden an diesen Tagen bis zur Index-Abrechnung um 13.00 Uhr die Kurse stark von der Terminbörse beeinflusst. Große Kursschwankungen bei hohen Umsätzen sind an diesen Tagen keine Seltenheit, sie erhöhen das Risiko des wertlosen Verfalls, besonders bei Optionen, deren Basispreise in der Nähe des aktuellen Kurses liegen. Es ist daher ratsam, diese Optionen nicht bis zu diesem allerletzten Tag zu halten, sondern schon vorher glattzustellen.

3.2.3 Zinsoptionen

Neben Aktien- und Aktienindexoptionen bietet die Eurex auch den Handel mit Optionen auf Zinssätze beziehungsweise Bundesanleihen an. Dabei liegen diesen Optionen ausschließlich Futures-Kontrakte als Basiswert zugrunde, und die Ausübungsmodalitäten folgen der amerikani-

Börse[2]	Basiswert	Beschreibung	Kontraktwert
Eurex	Euro-Bund-Future	Option auf einen Future-Kontrakt auf eine fiktive mittelfristige Schuldverschreibung des Bundes oder der Treuhand mit 8,5- bis 10,5-jähriger Laufzeit und einem Zinssatz von sechs Prozent	ein Euro Bund-Future (100.000 Euro)
Eurex	DAX	Option auf den Deutschen Aktienindex (DAX 30)	5 Euro pro Indexpunkt
Eurex	Dow Jones EuroStoxx 50	Option auf den Dow Jones EuroStoxx 50 Index	10 Euro pro Indexpunkt
Eurex	deutsche Einzeltitel	Option auf deutsche Einzelwerte außer Allianz, Münchener Rückversicherung, Porsche und SAP	100 Aktien des Basiswertes
Eurex	deutsche Einzeltitel	Option auf Allianz, Münchener Rückversicherung, Porsche oder SAP	10 Aktien des Basiswertes
Liffe	3 Monate Euribor-Future	Option auf einen Future-Kontrakt auf die European Interbank Offer Rate für drei Monate	ein 3 Monate Euribor-Future (3 000 000 Euro)
CBOT – Chicago Board of Trade (e-cbot)	10 Jahre US T-Note Future	Option auf einen Future-Kontrakt auf eine fiktive langfristige US-Schuldverschreibung mit 6,5- bis 10-jähriger Laufzeit und einem Zinssatz von sechs Prozent	ein 10 Jahre US T-Note Future (100 000 US-Dollar)
CBOT – Chicago Board of Trade (e-cbot)	30 Jahre US T-Note Future	Option auf einen Future Kontrakt auf eine fiktive langfristige US-Schuldverschreibung mit einer Mindestlaufzeit von 15 Jahren und einem Zinssatz von sechs Prozent	ein 30 Jahre US T-Bond Future (100 000 US-Dollar)
CBOT - Chicago Board of Trade	Dow Jones Industrial Average Mini-Future	Option auf einen DJI-Mini-Future-Kontrakt	5 US-Dollar pro Indexpunkt
CME-Globex	Euro-Dollar-FX-Future	Option auf einen Euro-Dollar-FX-Future-Kontrakt	125 000 Euro
CME-Globex	S&P-500-Mini-Future	Option auf einen S&P-500-Mini-Future-Kontrakt	50 US-Dollar pro Indexpunkt
CME-Globex	Nasdaq-100-Mini-Future	Option auf einen Nasdaq-100-Future-Mini-Kontrakt	20 US-Dollar pro Indexpunkt
ISE – International Securities Exchange	amerikanische Aktien	Optionen auf rund 700 amerikanische Einzelwerte	100 Aktien des Basiswerts

Abb. 3.2: *Übersicht über bedeutende Kontraktspezifikationen ausgewählter Optionskontrakte*[1]

Tick(kleinste Preisveränderung)	Ausübungsart	Letzter Handelstag	Handelszeit[3]
10 Euro = 0,01 Prozentpunkte	amerikanisch	Sechs Börsentage vor dem ersten Kalendertag des Fälligkeitsmonats	8.00 bis 19.00 Uhr
0,50 Euro = 0,10 Indexpunkte	europäisch	Der dritte Freitag des jeweiligen Fälligkeitsmonats	8.50 bis 17.30 Uhr
1 Euro = 0,1 Indexpunkte	europäisch	Der dritte Freitag des jeweiligen Fälligkeitsmonats	8.50 bis 17.30 Uhr
0,01 Euro	amerikanisch	Der dritte Freitag des jeweiligen Fälligkeitsmonats	8.50 bis 17.30 Uhr
0,01 Euro	amerikanisch	Der dritte Freitag des jeweiligen Fälligkeitsmonats	8.50 bis 17.30 Uhr
12,50 Euro = 0,005 Indexpunkte	amerikanisch	Zwei Börsentage vor dem dritten Mittwoch des Fälligkeitsmonats	8.00 bis 19.00 Uhr
15,625 US-Dollar = 1/64 Prozentpunkt	amerikanisch	Der letzte Freitag im Vormonat des Fälligkeitsmonats, wenn dieser mindestens zwei Börsentage vor dem letzten Börsentag des Monats liegt	2.00 bis 23.00 Uhr
15,625 US-Dollar = 1/64 Prozentpunkt	amerikanisch	Der letzte Freitag im Vormonat des Fälligkeitsmonats, wenn dieser mindestens zwei Börsentage vor dem letzten Börsentag des Monats liegt	2.00 bis 23.00 Uhr
5 US-Dollar pro Indexpunkt	amerikanisch	Der Tag vor dem dritten Freitag des jeweiligen Fälligkeitsmonats	2.17 bis 23.00 Uhr
1 Pip = 0,0001 = 12,50 $	amerikanisch	In der Regel der zweite Freitag vor dem dritten Mittwoch des jeweiligen Fälligkeitsmonats	rund 24 Stunden
12,50 US-Dollar pro 0,25 Indexpunkte	europäisch	Der dritte Freitag des jeweiligen Fälligkeitsmonats	rund 24 Stunden
5 US-Dollar pro 0,25 Indexpunkte	europäisch	Der dritte Freitag des jeweiligen Fälligkeitsmonats	rund 24 Stunden
0,01 US-Dollar	amerikanisch	Der dritte Freitag des jeweiligen Fälligkeitsmonats	15.30 bis 22.02 Uhr

1) Andere Kriterien, wie Erfüllung, Liefertage und Fälligkeitsmonate, die Berechnung des täglichen Abrechnungspreises und des Schlussabrechnungspreises, sowie alle Ausnahmen sind entweder im Buch oder auf den jeweiligen Internetseiten der Börsen aufgeführt.

2) Internetaddressen der Börsen: Eurex = www.eurexchange.com; Eurex US = www.eurexus.com; euronext.liffe = www.liffe.com; CBOT = www.cbot.com; CME-Globex = www.cme.com; OneChicago = www.onechicago.com

3) Mitteleuropäische Zeit (MEZ)

schen Variante. Bei der Erfüllung der Optionskontrakte werden die jeweiligen Futures-Kontrakte geliefert. Optionen auf den Bund-Future können an jedem Börsentag während der Laufzeit bis 20.00 Uhr ausgeübt werden. Bei Bund-Futures-Optionen werden wieder die Laufzeiten der drei nächsten aufeinander folgende Monate sowie der darauf folgende Monat aus dem Quartalszyklus März, Juni, September und Dezember angeboten. Somit stehen Laufzeiten von maximal sechs Monaten zur Verfügung. Die Tick-Größe beträgt 0,01 Punkte, dies entspricht einem Wert von 10 Euro. Der letzte Handelstag ist bei den Optionen anders als beim Bund-Future: Sechs Börsentage vor dem ersten Kalendertag des Verfallmonats der Option ist Handelsschluss.

3.3. Die vier Grundpositionen

Die beiden Optionstypen – Call und Put – können jeweils gekauft und verkauft werden. Der Kauf eines Calls wird als „Long Call" bezeichnet und der Kauf eines Puts als „Long Put". Analog dazu nennt man einen verkauften Call „Short Call" und einen verkauften Put „Short Put". Zur besseren Übersicht werden alle vier Basispositionen ausführlich mit einer Break-even-Rechnung (Gewinnschwellenrechnung) dargestellt. Die Beispiele und Grafiken beziehen sich in diesem Kapitel auf die Gewinn- und Verlustsituation, wie sie sich am Laufzeitende der Optionen ergeben. Die Fälligkeitsgraphen der Grundpositionen, die auf der y-Achse den absoluten Gewinn oder Verlust anzeigen und auf der x-Achse den Kurs des Basiswerts, bestehen aus zwei Linien: einer waagerechten, die die bezahlte oder eingenommene Prämie darstellt, und einer zweiten, die sich genau am Basispreis der Option anschließt und im 45 Grad Winkel ansteigt oder abfällt. Diese zweite Linie stellt die Gewinn- oder Verlustpartizipation bei Fälligkeit dar: Die Optionen gehen dann eins zu eins mit dem Basiswert mit. Steigt oder fällt der Basiswert um einen Euro, verliert oder gewinnt die Option ebenfalls einen Euro.

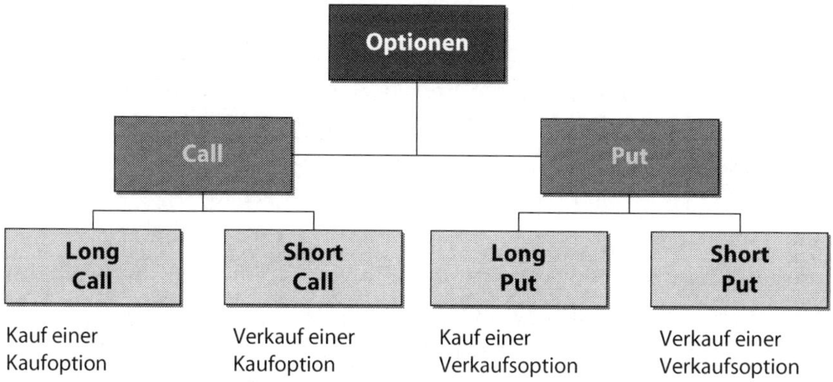

Abb. 3.3: Optionspositionen

3.3.1 Long Call

Wie bereits in der Einführung vorgestellt, hat der Käufer eines DaimlerChrysler-Calls mit einem Basispreis von 32 Euro das Recht, die Aktie von DaimlerChrysler innerhalb der Laufzeit (amerikanische Variante)

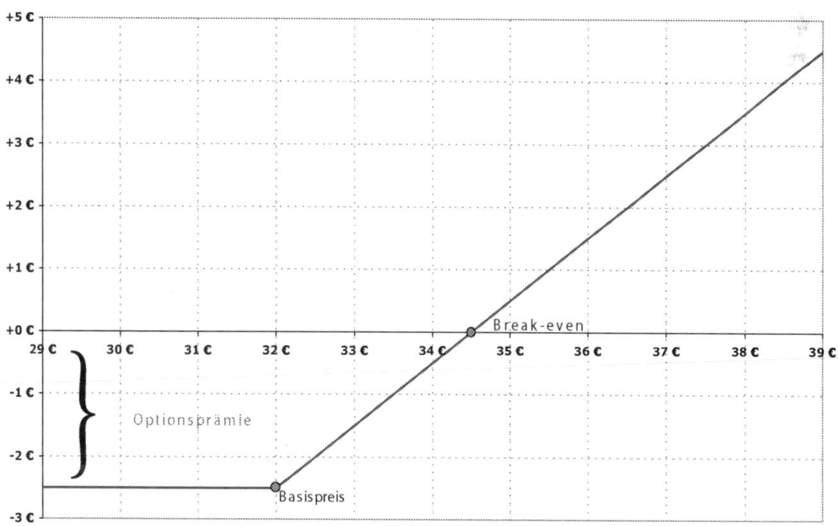

Abb. 3.4: Gewinn- und Verlustprofil DaimlerChrysler Long Call

zu einem Preis von 32 Euro zu beziehen. Dies lohnt sich für den Anleger erst dann, wenn die Aktie über 32 Euro notiert, da er sie andernfalls über die Börse zu einem günstigeren Preis beziehen könnte. Für dieses Recht bezahlt der Optionskäufer eine Prämie, die im vorliegenden Beispiel 2,50 Euro betragen soll. Einen Gewinn erzielt der Call-Käufer dann, wenn die über die Option zu 32 Euro bezogene Aktie beim Verkauf an der Börse mehr erbringt, als er für Basispreis zuzüglich gezahlter Optionsprämie aufgewendet hat: Das ist die Gewinnschwelle, und sie beträgt im Beispiel 34,50 Euro. Erfüllt sich seine Erwartung nicht und bleibt die Aktie unter dem Basispreis, würde die Option wertlos verfallen. In einem solchen Fall würde der Anleger einen Totalverlust in Höhe der Prämie von 2,50 Euro erleiden. Bei einem starken Kursanstieg der Aktie ist das Gewinnpotenzial jedoch unbegrenzt.

3.3.2 Short Call

Der Verkauf eines Calls ist – wie bereits gezeigt – die Gegenposition zum Long Call. Der Verkäufer einer Call-Option auf die DaimlerChrysler-Aktie mit einem Basispreis von 32 Euro setzt darauf, dass die DaimlerChrysler-Aktie nicht über 32 Euro steigt. Dann erzielt der Verkäufer oder Stillhalter seinen maximalen Gewinn in Form der vereinnahmten Optionsprämie. Im Vergleich zur Long-Position fällt die unterschiedliche Verteilung der Risiken auf: Während der Call-Käufer lediglich seine gezahlte Optionsprämie verlieren kann, besteht für den Stillhalter ein unbegrenztes Verlustpotenzial. Deshalb wird beim Optionsverkauf, unabhängig vom Optionstyp, eine Margin von Seiten der Terminbörse fällig. Die Chancen aus beiden Positionen scheinen ähnlich asymmetrisch verteilt: Die Long-Position kann nahezu unendlich hohe Gewinne erzielen, während der Gewinn des Stillhalters auf die Prämieneinnahme begrenzt ist. Die auf den ersten Blick wenig interessante Strategie des Call-Verkaufs kann aber dennoch gerade in Zeiten stagnierender Märkte überaus lukrativ sein, wie im Kapitel 5.3.1 ausführlich dargestellt wird. Bei steigenden Kursen dient die eingenommene Optionsprämie als Puffer. Steigt der Aktienkurs aber über den Basispreis plus die erhaltene Prämie, entstehen Verluste.

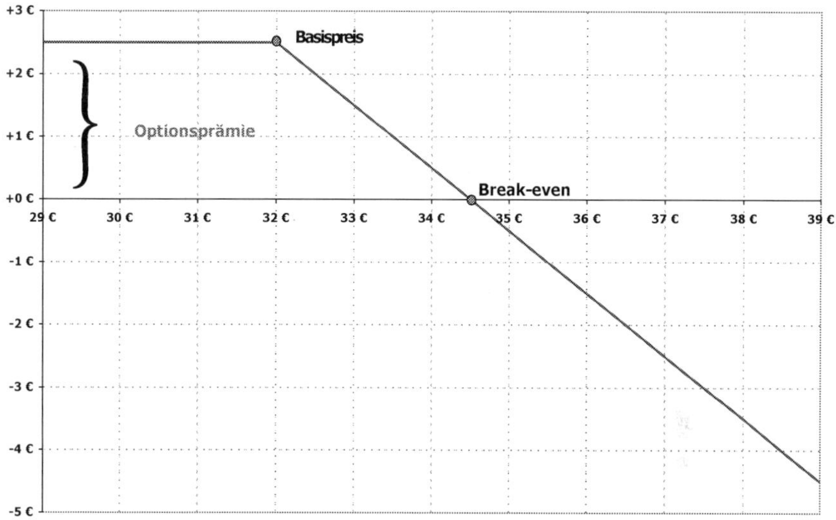

Abb. 3.5: Gewinn- und Verlustprofil DaimlerChrysler Short Call

3.3.3 Long Put

Der Kauf einer Verkaufsoption ist das strategische Gegenstück zum Long Call. Im Gegensatz zur Kaufoption setzt der Investor auf einen sinkenden Kurs des Basiswerts bis zur Fälligkeit. Im Beispiel kauft der Investor für angenommene zwei Euro einen Put auf die DaimlerChrysler-Aktie mit einem Basispreis von 32 Euro. Im Gegensatz zum Long Call hat er nun das Recht, die Aktie von DaimlerChrysler innerhalb der Laufzeit (amerikanische Variante) zu einem Preis von 32 Euro zu verkaufen. Fällt nun die Aktie unter 32 Euro, wird er von seinem Recht Gebrauch machen und die Aktien zu 32 Euro an den Stillhalter verkaufen.

Analog zum Call lässt sich die Gewinnschwelle am Verfallstag beim Long Put aus Basispreis minus Prämie errechnen. Im Beispiel macht der Anleger also einen Gewinn, wenn der Aktienkurs unter 30 Euro fällt (32 minus 2). Notiert zum Verfall die Aktie hingegen über dem Basispreis, erleidet der Investor einen Totalverlust. Vergleichbar zum Long Call ist aber auch bei einer Long-Put-Position der Verlust auf die Höhe der Op-

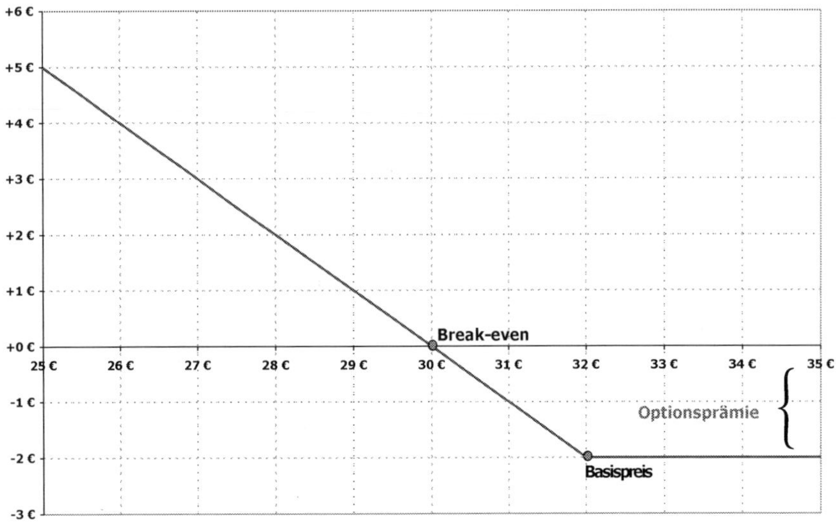

Abb. 3.6: *Gewinn- und Verlustprofil DaimlerChrysler Long Put*

tionsprämie begrenzt, während das Gewinnpotenzial theoretisch unbegrenzt ist, da der Basiswert nicht unter null fallen kann.

3.3.4 Short Put

Der Verkauf eines Puts schließt die Aufzählung der vier Grundpositionen ab. Bei dieser Position wird das Recht, einen Basiswert zu einem vorher festgelegten Preis zu verkaufen, veräußert. Wie auch beim Verkauf eines Calls trägt hier der Stillhalter ein nahezu unbegrenztes Verlustrisiko, während die Gewinnchance auf die Prämieneinnahme begrenzt ist. Über Gewinn oder Verlust entscheiden wieder der Kurs und die gezahlte Optionsprämie: Notiert die Aktie beziehungsweise der jeweilige Basiswert unter dem Basispreis abzüglich der vereinnahmten Prämie, entsteht ein Verlust. Gewinne fährt der Anleger ein, wenn der Basispreis bis zum Verfallstag erreicht oder überschritten wird. Im zuvor beschriebenen Beispiel eines DaimlerChrysler-Puts, der zu zwei Euro verkauft wurde, bedeutet dies, dass Verluste ab 30 Euro und darunter entstehen. Der Gewinn in Höhe von zwei Euro entsteht bei Kursen von

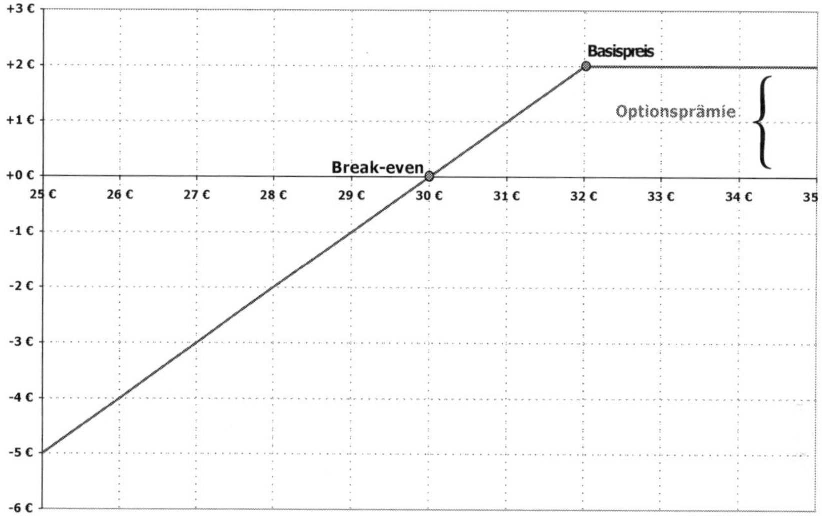

Abb. 3.7: Gewinn- und Verlustprofil DaimlerChrysler Short Put

32 Euro und höher. Wie beim Short Call federt die Optionsprämie mögliche Verluste ab. Gleichzeitig ist auch beim Put-Verkauf eine Margin zu hinterlegen.

Die Chancen und Risiken der vier Grundpositionen mit Basis Verfallstag sind nun besprochen. Folgende Checkliste fasst die wichtigsten Elemente zur Beurteilung und Auswahl einer Option am Fälligkeitstag zusammen:

Checkliste Grundposition Optionen:

→ Ist der Verlust begrenzt, oder besteht eine unbegrenzte Verlustmöglichkeit?

→ Gibt es einen Maximalgewinn beziehungsweise eine Maximalrendite, oder sind die Gewinnmöglichkeiten unbegrenzt?

→ Wann ist der Break-even (Gewinnschwelle) erreicht?

- → Wann entsteht ein Totalverlust der gezahlten Prämie?
- → Wie sieht der Prämienvergleich absolut aus?
- → Innerhalb welcher Laufzeit wird eine Kursbewegung erwartet?
- → Welche Basispreise sind bei entsprechender Kurserwartung auszuwählen?

Bisher wurden nur die ersten vier Punkte besprochen; später, bei der Vorstellung der Strategien und bei der Laufzeitbetrachtung, helfen die restlichen Punkte bei der Auswahl der richtigen Option. Außerdem wird die Checkliste um die für Strategien wichtigen Beurteilungskriterien ergänzt, um auch dort zu einer fundierten Entscheidung zu gelangen. Die vier Grundpositionen bilden das Grundgerüst eines jeden Engagements in Optionen. Die Einsatzmöglichkeiten von Optionen lassen sich durch die Kombination dieser vier Strategien nahezu beliebig erweitern und verfeinern. Als Nächstes werden der Optionspreis, seine Bestimmungsfaktoren und weitergehende Strategien vorgestellt.

3.4 Der Optionspreis und seine Zusammensetzung

Zahlreiche Faktoren bestimmen den Optionspreis, doch es sind stets genau zwei Komponenten, aus denen er sich zusammensetzt: der innere Wert und der Zeitwert. Mit ihnen kann der Optionspreis ohne komplizierte Optionspreisformeln bestimmt werden. Natürlich kann der Optionspreis mit Hilfe von mathematischen Optionspreismodellen genau quantifiziert werden. Dabei gibt es für unterschiedliche Basiswerte verschiedene Optionspreisrechner. Das 1973 für Aktienoptionen entwickelte, richtungsweisende Black-Scholes-Modell wird im Anhang ausführlich erläutert. Optionsformeln für andere Basiswerte sind meist leicht abgewandelt, beruhen aber immer noch auf dem Black-Scholes-Modell.

Mittlerweile werden Optionsrechner kostenlos im Internet angeboten, sodass die Berechnung von Optionspreisen heute relativ einfach ist. Für die Preisberechnung von Eurex-Optionen empfehlen wir den umfangreichen Rechner „StrategyMaster" der Firma mmFinance (www.mmFinance.com). Mit diesem Options-Tool können Preise für alle Eurex-Optionen kalkuliert werden. Neben der Optionspreisberechnung können auch Simulationen für Eurex-Optionen und -Strategien grafisch aufbereitet werden. Zusätzlich können Anleger auch Preise für Devisenoptionen, die an der Eurex nicht gehandelt werden, ausrechnen. Der Rechner in Form einer CD-ROM kostet 19 Euro netto plus Mehrwertsteuer.

3.4.1 Innerer Wert

Bei den zuvor beschriebenen vier Grundpositionen sind wir von einem Optionspreis von 2,50 Euro für den Call und zwei Euro für den Put ausgegangen, ohne ihn vorher ausgerechnet zu haben. Die Preise lassen sich zwar mit einem Optionspreisrechner schnell bestimmen, doch was bedeutet der Preis beziehungsweise wie hoch sind die jeweiligen Komponenten? Im Allgemeinen hängt der Preis für ein Wertpapier von dem Angebot und der Nachfrage nach diesem Finanzinstrument ab. Bei Optionen bestimmen darüber hinaus noch zwei weitere Bestandteile den Preis: der bereits erwähnte innere Wert und der Zeitwert. Der innere Wert bezeichnet den Teil des Optionspreises, den die Option bei sofortiger Ausübung erzielen würde; er wird deshalb auch Ausübungswert genannt. Liegt die DaimlerChrysler-Aktie bei 35 Euro, könnte man einen 32er-Call auf den Wert sofort ausüben und drei Euro kassieren. Ein Call wird also nur einen inneren Wert aufweisen, wenn der Basispreis unter dem aktuellen Kurs des Basiswerts liegt. Beim Put ist es umgekehrt: Hier existiert nur ein innerer Wert, wenn sich der Basispreis über dem derzeitigen Kurs befindet. Befindet sich der Put-Basispreis unter und der Call-Basispreis über dem derzeitigen Kurs, existiert kein innerer Wert. Er ist dann null, kann aber auch nicht negativ werden. Am Verfallstag ist die Auszahlung des Optionsrechts nur abhängig von der Differenz des Basispreises zum aktuellen Kurs, also vom inneren Wert. Der Zeitwert ist dann null. Deshalb zeigen die Grafiken zu den vier Grundpositionen mit Basis Verfallstag nur den inneren Wert der Optionen.

3.4.2 Zeitwert

Am Optionsmarkt notieren die Optionsprämien aber oft über dem inneren Wert. Dieser Aufschlag wird Zeitwert genannt und kann auch als eine Art Risikoprämie verstanden werden, die über das hinaus verlangt wird, was bei sofortiger Ausübung ohnehin schon realisiert werden kann, nämlich der innere Wert. Ist der innere Wert null, besteht der Optionspreis nur aus dem Zeitwert. Wie beim inneren Wert bestimmt der Basispreis die Höhe des Zeitwerts. An dieser Stelle muss einigen Seiten vorgegriffen werden, um die Unterschiede zu erklären. Bei Optionen „am Geld“ ist der Zeitwert am höchsten und nimmt ab je weiter die Optionen „aus oder ins Geld“ laufen. Am Beispiel eines Calls wird der Zeitwertanteil am Optionspreis deutlich (siehe Abb. 3.8).

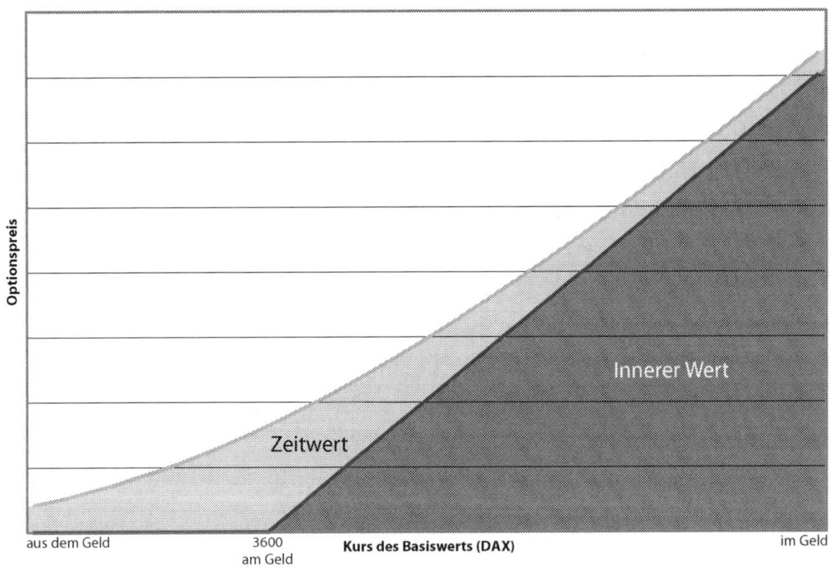

Abb. 3.8: *Zusammensetzung eines 3600er-DAX-Calls*

In die Risikoprämie Zeitwert fließt auch die Chance ein, dass die Option am Laufzeitende einen positiven Wert aufweist. Diese Chance hängt zum einen von der Laufzeit der Option und zum anderen von der Schwankungsintensität des Basiswerts ab. Je länger die Laufzeit einer Option und je volatiler der zu Grunde liegende Titel, desto höher ist diese Gewinnchance, und umso größer ist folglich auch der Zeitwert. Das liegt an der ungleichen, asymmetrischen Risikoverteilung, die mit einer Optionsposition verbunden ist. Während beim Kauf von Aktien, Futures oder anderen Basiswerten das Risiko unbegrenzt ist, sind beim Kauf von Calls oder Puts die Risiken auf die gezahlte, absolut niedrigere Optionsprämie begrenzt. Da Schwankungen bedeuten, dass der Kurs steigen oder fallen kann, partizipiert der Optionskäufer voll an gewinnbringenden Ausschlägen. Bei negativen Ausschlägen kann er nur maximal seinen Prämieneinsatz verlieren. Alle Verluste, die darüber hinausgehen, trägt der Optionskäufer nicht mehr. Deshalb bedeuten hohe Kursschwankungen mehr Chancen auf einen Gewinn, während die Verlustmöglichkeiten eingeschränkt bleiben. Und je länger die Laufzeit einer Option ist, desto mehr Zeit bleibt, um von gewinnbringenden Kursverläufen zu profitieren. Der Zeitwert kann wie der innere Wert null werden, aber in der Regel keinen negativen Wert annehmen. Die folgende Grafik veranschaulicht die Zusammensetzung des Optionspreises:

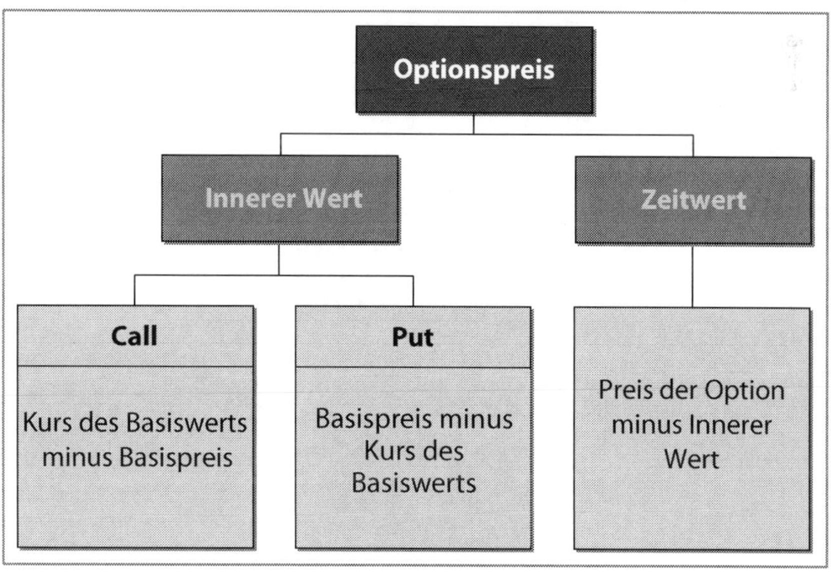

***Abb. 3.9:** Zusammensetzung des Optionspreises*

3.5 Einflussgrößen des Optionspreises

Losgelöst von der exakten Berechnung des Optionspreises mit einem Optionspreismodell muss ein Anleger die verschiedenen Einflussfaktoren und ihre Wirkung auf den Preis kennen, um die richtige Anlageentscheidung zu treffen. Einerseits stehen sicherlich der Basiswert (also beispielsweise die Aktie oder der Index) und der Preis, zu dem ein Anleger eben jenen Basiswert kaufen oder verkaufen will (Basispreis), im Mittelpunkt der Optionsauswahl. Andererseits ist der Basiswert keineswegs der einzig entscheidende Parameter für den Optionspreis und damit für die Auswahl der richtigen Option. Investoren, die etwa nur ein Kursziel vor Augen haben, ohne sich jedoch Gedanken um den Zeitraum zu machen, in dem das Kursziel erreicht werden soll, erleiden häufig schnell Schiffbruch, weil neben dem Kurs des Basiswerts und dem Basispreis auch die Restlaufzeit und die Volatilität großen Einfluss auf den Optionspreis haben. Da es sich bei Optionen um Termingeschäfte handelt, darf der Zins als Einflussgröße nicht außer Acht gelassen werden, genau-

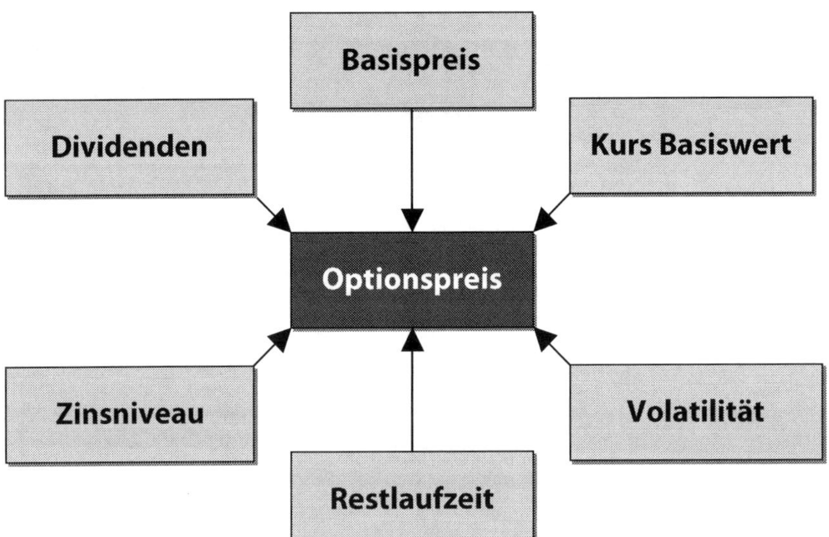

***Abb. 3.10:** Einflüsse auf den Optionspreis*

so wenig wie Dividenden bei Aktien- oder Indexoptionen. Diese Größen sind dann der Input, um den Optionspreis auszurechnen (siehe Abb. 3.9). Während der Laufzeit einer Option haben meist die Kursbewegung des Basiswerts und die Volatilitätsentwicklung den größten Einfluss auf die Optionsprämie.

3.5.1 Kurs des Basiswerts

Je höher der Kurs des Basiswerts steigt, desto mehr gewinnt ein Call an Wert. Denn der Anleger kann die Aktie dann zum niedrigeren Call-Basispreis beziehen und direkt am Aktienmarkt verkaufen. Beim Put verhält es sich umgekehrt: Je tiefer die Aktie fällt, desto stärker legt die Put-Option zu. Denn dann kann man sein Verkaufsrecht ausüben und die Aktie zu einem höheren Preis als an der Börse verkaufen.

3.5.2 Basispreis

Der Einfluss des Basispreises wird schnell klar. Je tiefer der Basispreis des Calls, desto teurer die Option. Dann bekommt der Call einen hohen inneren Wert und damit auch eine hohe Prämie. Beim Put ist es wieder umgekehrt: Je höher der Basispreis, desto größer ist der Wert der Option. Auch in diesem Fall besitzt der Put einen hohen inneren Wert und damit einen hohen Optionspreis.

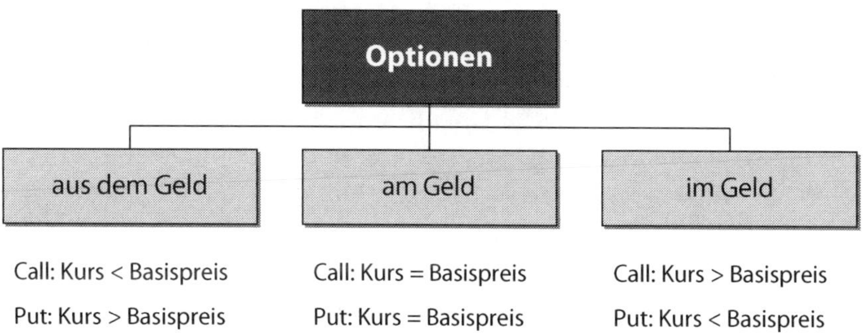

Abb. 3.11: *Einteilung von Optionen mit verschiedenen Basispreisen*

Mit Hilfe des Basispreises und des Kurses des Basiswerts lassen sich die Optionen sehr gut charakterisieren: Ein Call mit einem Basispreis unterhalb des derzeitigen Kassa-Kurses, der also auch einen inneren Wert aufweist, bezeichnet man auch als „im Geld". Puts „im Geld" haben dagegen einen Basispreis, der über dem aktuellen Kurs steht. „Aus dem Geld" nennt man Optionen, die keinen inneren Wert haben und nur aus dem Zeitwert bestehen. Beim Call liegt dann der Basispreis über und beim Put unterhalb des aktuellen Kurses. Schließlich werden auch solche Optionen mit „am Geld" bezeichnet, bei denen sich Basispreis und aktueller Kurs in etwa entsprechen. Normalerweise sollte der Terminkurs für die Unterteilung „im, am oder aus dem Geld" herangezogen werden, da Optionen erst in der Zukunft fällig werden. Doch die Unterscheidung wurde zur Vereinfachung auf den aktuellen Kurs des Basiswerts bezogen und wird im Folgenden beibehalten.

3.5.3 Laufzeit

Zur Erklärung des Einflusses der Laufzeit auf die Optionsprämie greifen wir wieder das Versicherungsbeispiel vom Anfang des Kapitels auf. Hier wurde deutlich: Je länger die Versicherungsfrist läuft, desto höher wird die zu zahlende Versicherungsprämie sein. Übertragen auf Optionen bedeutet dies: Je länger die Laufzeit einer Option, desto höher der Zeitwert und somit der Optionspreis. Die Wahrscheinlichkeit, dass der Call oder der Put einen positiven Wert entwickelt, ist in einem längeren Zeitraum größer als in einem kürzerem Zeitabschnitt.

Umgekehrt nimmt der Zeitwert ab, je kürzer die Laufzeit wird. Optionen unterliegen also einem Zeitwertverfall. Am Verfallstag ist der Zeitwert null, der Optionspreis besteht nur noch aus dem inneren Wert. Das hat Konsequenzen für den Optionskäufer und den Stillhalter. Letzterer verdient immer am Zeitwertverfall, da er Optionen und damit auch den Zeitwertanteil an ihnen verkauft hat. Für den Käufer einer Option ist der Zeitwertverfall dagegen negativ, hat er doch den Zeitwert in der Optionsprämie mitbezahlt und sieht ihn nun mit abnehmender Laufzeit dahinschwinden.

3.5.4 *Zinsen*

Anleger haben die Wahl, ein Basisinstrument, also beispielsweise eine Aktie, direkt zu kaufen oder über einen Call zu beziehen. Da die Prämie für den Call geringer ist als der Kauf des Basiswerts, kann die Differenz zinsbringend angelegt werden. Je höher der Zins, desto vorteilhafter das Geschäft mit den Calls, und umso größer wird folglich die Nachfrage nach Calls sein. Der Preis dieser Option steigt also. Eine andere Erklärung zum Einfluss der Zinsen leuchtet ebenfalls unmittelbar ein: Je höher die Zinsen sind, desto stärker wird der Basispreis, der künftige Kaufpreis des Basistitels, auf den heutigen Wert (Barwert) abgezinst. Dadurch verringert sich der Barwert des Basispreises, und je niedriger der Basispreis, desto wertvoller die Call-Option.

Beim Put verhält es sich umgekehrt: Höhere Zinsen führen zu niedrigeren Optionsprämien. Hier wird der Basispreis durch steigende Zinsen stärker abgezinst, und ein niedriger Basispreis bedeutet einen tieferen Verkaufspreis. Es gilt ferner: je niedriger der Put-Basispreis, desto geringer der Wert des Puts.

3.5.5 *Dividenden*

Zusätzlich gilt es bei Aktienoptionen, den Einfluss der Dividende auf den Optionspreis im Auge zu behalten. Zunächst ist die erwartete Dividendenzahlung oder Ausschüttung im Preis der Option berücksichtigt. Einfluss nimmt somit während der Laufzeit lediglich eine unerwartete Ausschüttung oder das Wegfallen einer Dividende auf Grund schwacher Unternehmensgewinne. Dabei freut sich der Besitzer eines Calls über eine geringere Dividende, da der Abschlag nach der Dividendenzahlung im Kurs der Aktie kleiner ausfällt. Einen Put-Inhaber begeistert hingegen eine unerwartete Dividendenerhöhung.

3.5.6. Volatilität

Für die meisten Anleger sind die bisherigen Einflussparameter noch relativ plausibel. Schwierigkeiten bereitet dagegen oftmals die Volatilität, da es unterschiedliche „Volatilitätsarten“ gibt. Volatilität bedeutet frei übersetzt Schwankungsbreite. Vereinfacht ausgedrückt beschreibt die Volatilität, wie stark die Aktie um ihren durchschnittlichen Kurs in einem bestimmten Zeitraum schwankt. Je stärker ein Basiswert schwankt, desto größer ist die Wahrscheinlichkeit, dass eine Option am Verfallstag einen positiven Wert erreicht (siehe Erklärung des Zeitwerts ab Seite 66). Deshalb beinhaltet eine hohe Volatilität für den Optionskäufer eine Chance und für den Stillhalter ein Risiko. Der Verkäufer von Optionen auf schwankungsintensive Werte wird daher eine höhere Risikoprämie – also Zeitwert – verlangen als für Calls oder Puts auf weniger volatile Titel. Je volatiler also ein Basiswert, desto höher der Zeitwert und damit auch der Optionspreis.

Die folgende Tabelle fasst noch einmal alle Einflussfaktoren auf Call- und Put-Preise zusammen.

Einflussfaktor	**Ereignis**	**Call**	**Put**
Basispreis	△	▽	△
Kurs des Basiswertes	△	△	▽
Volatilität	△	△	△
Restlaufzeit	△	△	△
Zinsniveau	△	△	▽
Dividenden	△	▽	△

Abb. 3.12: *Wie wirkt was auf den Optionspreis?*

Schaut man sich nun die verschiedenen Einflussgrößen genauer an, so fällt auf, dass bis auf die Volatilität alle Daten bekannt sind oder vom Anleger bestimmt werden können. Basispreis, Laufzeit, Kurs des Basiswerts, Zinsen und Dividenden sind beim Optionskauf oder -verkauf verfügbar. Die Volatilität ist allerdings eine Unbekannte, denn niemand kennt die künftige Schwankungsbreite eines Basiswerts. Die Volatilität ist also eine Schätzgröße für alle Marktteilnehmer, egal ob professioneller Händler einer Bank oder Privatanleger, die nur hin und wieder in Optionen engagiert sind. Da es verschiedene Volatilitätsgrößen gibt und sie eine zentrale Bedeutung für den Optionspreis haben, wird der Volatilität ein eigener Abschnitt gewidmet. Im nächsten Kapitel werden dann die Auswirkungen aller Optionsparameter während der Laufzeit auf den Optionspreis ausführlich erläutert.

4

Optionsbewertung – mit Volatilitäten und Griechen

Bisher wissen wir von der Volatilität, dass sie eine der Einflussgrößen ist, die mit am stärksten auf den Optionspreis wirken: Obwohl die Entwicklung des zu Grunde liegenden Titels zum Beispiel richtig eingeschätzt wurde, kann eine negative Volatilitätsentwicklung die Gewinne teilweise oder sogar ganz vernichten. Es geht auch umgekehrt: Eine positive Volatilitätsentwicklung kann die Gewinne verstärken. Doch wie quantifiziert man diese Größe, und was sagt sie dann über den Optionspreis aus? Dazu muss zunächst der Begriff der Volatilität näher erläutert werden. Als Erstes gilt es, die Schwankungsintensität beziehungsweise Kursverteilung eines Basistitels zu bestimmen, um einen brauchbaren Input für die spätere Berechnung des Optionspreises zu bekommen. Die Beispiele und Rechnungen zur Erklärung der unterschiedlichen Volatilitätsarten beziehen sich, wie zuvor, auf Aktien und Indizes.

4.1 Renditeverteilung von Aktien- und Indexkursen

Um die Verteilung der Aktien- oder Indexkurse statistisch aufzubereiten und daraus eine Volatilitätszahl abzuleiten, braucht man zunächst die Kurse des zu Grunde liegenden Titels. Dafür wurden beispielhaft die historischen Tagesrenditen des DAX über einen Zeitraum von zwei Jahren aufbereitet. Dabei fällt auf, dass einige Tagesrenditen häufiger vorkommen, während andere weniger oft auftreten. Aus dem Balkendiagramm in Abb. 4.1 wird dies ersichtlich. Bei anderen Indizes oder Aktien sieht die Verteilung der Kurse beziehungsweise ihrer Renditen ähnlich aus.

Mathematisch wird dieser glockenförmige Verlauf der Renditeverteilung als Normalverteilung beschrieben. Zu deren Parametern zählen zum einen der Mittelwert, also die Tagesrendite, die mit der höchsten Wahrscheinlichkeit erreicht wird, und zum anderen die Standardabweichung. Sie gibt Aufschluss darüber, wie stark und mit welcher Wahrscheinlichkeit die Renditen um den Mittelwert streuen, also wie spitz oder flach die Normalverteilungskurve verläuft. Je spitzer die Kurve, desto geringer die Standardabweichung und damit die Volatilität; je breiter die Verteilungskurve, desto höher die Volatilität. Mit Hilfe der Standardabweichung kann bei annähernd normal verteilten Ereignissen (Aktienrenditen) jedem Ereignis eine Wahrscheinlichkeit zugeordnet werden. So liegen bei Normalverteilungen etwa zwei Drittel aller Fälle im Bereich der ersten Standardabweichung.

4.2 Arten von Volatilität

Man unterscheidet grundsätzlich zwischen zwei Volatilitätsmaßstäben. Neben der historischen Volatilität, die sich aus der Schwankungsbreite von vergangenen Kursen beziehungsweise Renditen errechnet, gibt es die so genannte implizite Volatilität, die, wie der Name schon sagt, implizit in den Optionspreisen steckt und sich aus diesen herausrechnen lässt. Unter der Marktvolatilität, einer speziellen Form der impliziten

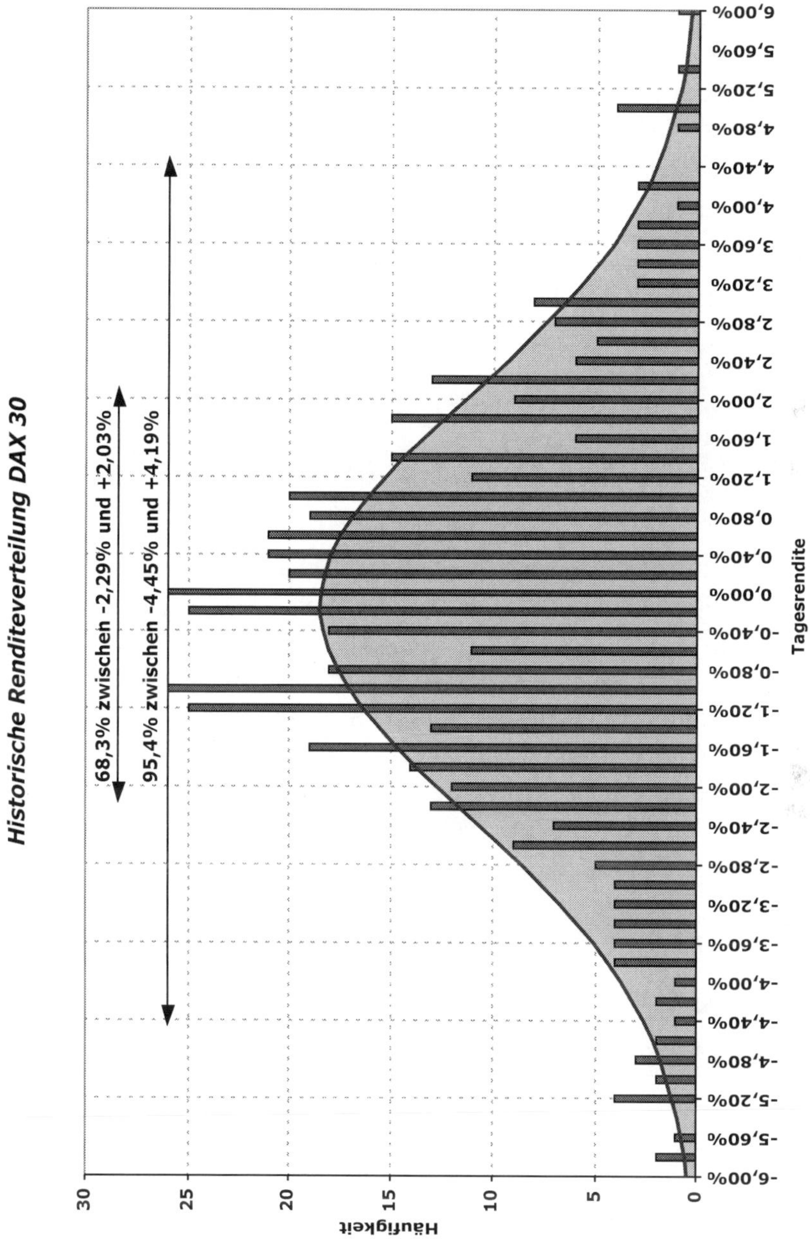

Abb. 4.1: *Verteilung der Tagesrenditen des DAX im Zeitraum 1.1.2001 bis 31.12.2002*

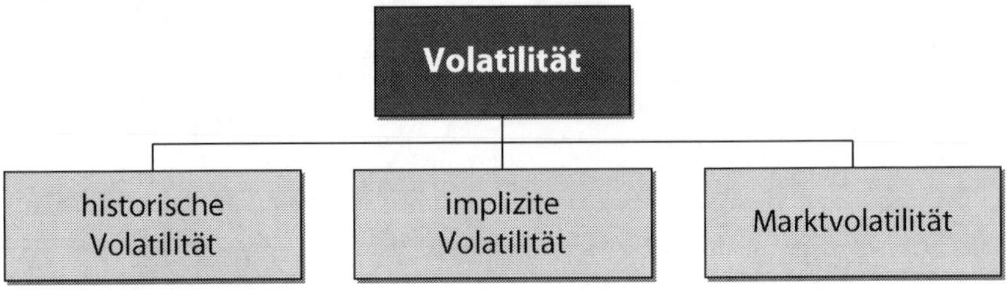

***Abb. 4.2:** Arten von Volatilität*

Volatilität, versteht man das Volatilitätsniveau, das sich aus mehreren Optionen errechnen lässt. Die Volatilitäten werden üblicherweise als Prozentzahlen pro Jahr angegeben.

Die historische Volatilität wird auch als tatsächliche Schwankungsbreite bezeichnet, da sie auf tatsächlichen Kursbewegungen beruht. Sie ist also die Standardabweichung von der durchschnittlichen Rendite in einem bestimmten Zeitraum und steht damit allen Marktteilnehmern in gleicher Form zu Verfügung. Wie am DAX-Beispiel bereits deutlich wurde, sagt die historische Volatilität nur etwas über die Schwankungsbreite aus, aber nicht über die Richtung eines Markts. Die historische Volatilität in Form der Standardabweichung misst sowohl Kurssteigerungen als auch Kursrückgänge.

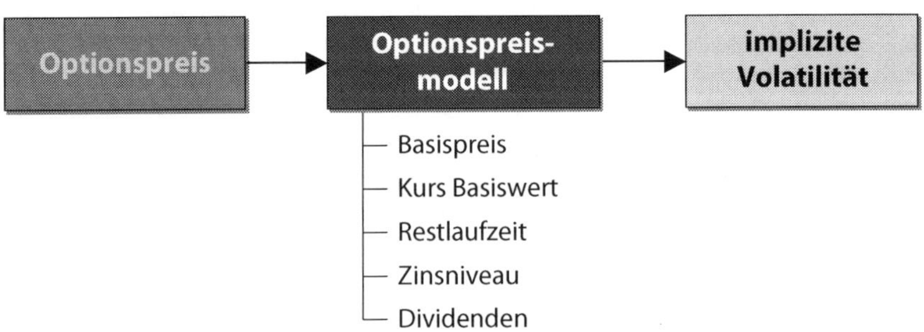

***Abb. 4.3:** Errechnung der impliziten Volatilität*

Letzteres gilt natürlich auch für die implizite Volatilität. Sie ist aber im Gegensatz zur historischen eine Schätzgröße, denn in der Optionspreisformel ist die Volatilität als einzige Variable nicht bekannt. Die historische Volatilität dient aber als Ausgangspunkt für die Schätzung. Liegt der am Optionsmarkt gehandelte Preis einer Option vor, kann im Umkehrverfahren auch aus dem Optionspreis die implizite Volatilität errechnet werden (siehe Abb. 4.3).

Die Marktvolatilität stellt ein bestimmtes implizites Volatilitätsniveau mehrerer Optionen dar. Die Eurex stellt mit dem VDAX beispielsweise einen Indikator zur Verfügung, der ein Barometer für die kurzfristige

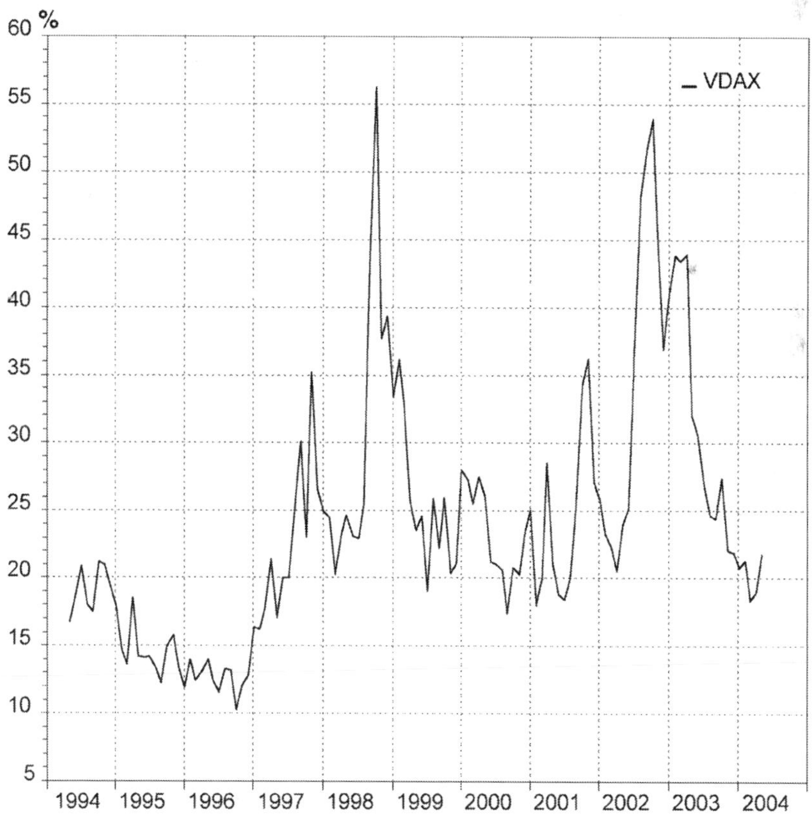

***Abb. 4.4:** Kursentwicklung des VDAX*

Marktvolatilität des DAX-Index ist. Der VDAX besteht aus mehreren Optionen, die allesamt „am Geld" liegen und eine Restlaufzeit von bis zu 45 Tagen haben. Er repräsentiert also das Volatilitätsniveau kurz laufender Optionen. Wie der Chart in Abb. 4.4 verdeutlicht, ist ein Niveau von unter 20 Prozent im VDAX als gering und über 50 Prozent als hoch anzusehen.

Ob eine Option preiswert oder teuer ist, zeigt einem nicht nur die Höhe der impliziten Volatilität, sondern auch ein Vergleich mit der historischen. Man vergleicht dabei die am Geld liegende implizite Volatilität mit der gleich langen historischen. Liegt die historische Volatilität weit unterhalb der impliziten Volatilität, signalisiert das zwei unterschiedliche Bewertungen der Schwankungsbreite. Der Optionsmarkt geht in diesem Fall von einer großen künftigen Schwankungsbreite aus, die es bisher aber nicht gegeben hat. Erwarten Anleger jetzt eine weiterhin ruhige Lage, ist mit Short-Positionen in Optionen in der Regel mehr zu verdienen als bei Basiswerten mit einer geringeren Differenz zwischen gleich langer historischer und impliziter Volatilität. Behält der Anleger Recht, und es bleibt bei der aktuell ruhigen Verfassung des Basiswerts, dürften sich die impliziten Volatilitäten beruhigen und sich der niedrigeren historischen allmählich annähern. In diesem Fall hilft die Volatilitätsentwicklung Short Calls und Puts.

Umgekehrt, wenn die implizite weit unterhalb der vergleichbaren historischen Volatilität liegt, zeigt das eine relativ günstige Bewertung von Optionen an. Es lohnt sich auch in diesem Fall, die Differenz der Volatilitätsverläufe zu vergleichen, um weitere Informationen für den Kauf von Calls oder Puts zu gewinnen. Je größer die Differenz der beiden Volatilitätsarten, desto lohnenswerter kann ein Optionskauf sein.

Anleger sollten bei dieser Vorgehensweise für die Auswahl von Short- oder Long-Kandidaten längere Kursverläufe der Volatilitätsvergleiche von mindestens sechs Monaten heranziehen, um die beiden Volatilitätsentwicklungen besser miteinander vergleichen zu können. Der Vergleich der zwei Volatilitätsarten unterliegt dabei keiner festen Regel, sondern gibt dem Anleger zusätzliche Informationen, wie er einen Optionspreis zu bewerten hat und sie für seine Strategie nutzen kann. Wie die historische Volatilität berechnet wird, zeigt der nächste Abschnitt.

4.2.1 Historische Volatilität

Im Folgenden wird am Beispiel der Deutschen Telekom AG die historische Fünf-Tage-Volatilität der Aktie ermittelt. Keine Angst: In der Praxis müssen diese Kennzahlen nicht manuell berechnet werden, sondern finden sich auf diversen Finanzseiten im Internet. Für das bessere Verständnis einer Angabe, wie beispielsweise „30 Prozent Volatilität", ist es hilfreich, einmal die Berechnung dieser Kennzahl selbst vorzunehmen. Mathematisch weniger Interessierte können dabei den nächsten Abschnitt ohne weiteres überspringen und direkt zur Analyse der Aussagekraft der historischen Volatilität auf Seite 85 weiterblättern.

Berechnung der historischen Fünf-Tage-Volatilität am Beispiel der Deutschen Telekom AG

Mathematisch betrachtet handelt es sich bei der historischen Volatilität um die Standardabweichung der Renditen von ihrem Durchschnitt, die ein Basisobjekt, zum Beispiel eine Aktie, in einem bestimmten Zeitraum erreicht. Um die Standardabweichung und somit die historische Volatilität zu berechnen, müssen Renditen addiert und subtrahiert werden können.

Ein einfaches Beispiel zeigt, warum: Steigt eine Aktie um zehn Prozent und fällt dann um denselben Prozentsatz, glaubt man, das Ergebnis sei unverändert. Das ist aber bei der Berechnung von Aktienrenditen falsch: Eine Aktie steht bei 100 und steigt um zehn Prozent auf 110. Danach fällt sie wieder um zehn Prozent; jetzt steht die Aktie aber bei 99 und nicht wieder bei 100. Die Basis zur Berechnung der Rendite ist eine andere geworden, daher der Unterschied. Um diese Bewegungen mathematisch richtig zu verknüpfen, nimmt man den Logarithmus der Preisrelationen und definiert diesen als Rendite. Die Preisrelation ist dabei der Kurs am Ende der Betrachtungsperiode, zum Beispiel der Schlusskurs von heute, geteilt durch den Anfangskurs, beispielsweise der Schlusskurs von gestern.

Für die folgende Berechnung der historischen Volatilität wird mit S_0 der anfängliche Kurs einer Aktie und mit S_1 deren Kurs zum Ende der Betrachtungsperiode bezeichnet.

$$r = \ln\left(\frac{S_1}{S_0}\right)$$

Für die Ermittlung der historischen Fünf-Tage-Volatilität der Aktie der Deutschen Telekom gehen wir der Einfachheit halber davon aus, dass während dieses Zeitraums keine Dividendenzahlungen stattgefunden haben. Aus den gleichen Gründen nehmen wir nicht den Terminkurs einer Aktie, sondern den Kassa-Kurs. Als Ausgangsbasis dienen sechs aufeinander folgende Schlusskurse der Aktie, mit deren Hilfe die Berechnung durchgeführt werden soll. Hierbei ist zu beachten, dass die benötigte Zeitreihe immer einen Tag länger sein muss als der zu berechnende Zeitraum, da die Veränderungen der Kurse und nicht die Kurse an sich betrachtet werden.

Zur Ermittlung der historischen n-Tage-Volatilität werden also (n + 1) Stichproben benötigt. Die kontinuierliche Rendite im Intervall i liegt dann bei

$$r = \ln\left(\frac{S_1}{S_0}\right) = \ln\ (12{,}36/12{,}59\ ) = -0{,}018437396$$

(erste Rechnung in der Tabelle 4.5), wobei

$$i = 2{,}3{,}\ldots,\ n + 1$$

Für die Deutsche-Telekom-Aktie stellt sich dies in Tabellenform in Abbildung 4.5 dar.

i	Kurs der Deutsche-Telekom-Aktie	Kontinuierliche Rendite im Intervall i
	12,59	
2	12,36	-0,01843740
3	12,77	0,03263322
4	12,60	-0,01340186
5	12,48	-0,00956945
6	12,55	0,00559330
	arithmetisches Mittel	**-0,00063644**

Abb. 4.5: *Renditeberechnung*

Der nächste Schritt besteht nun in der Berechnung des arithmetischen Mittelwerts der ermittelten Renditen. Zu diesem Zweck werden diese addiert und durch die Anzahl der Stichproben geteilt. Die Formel hierfür lautet:

$$\bar{r} = \frac{1}{n}\sum_{i=2}^{n+1} r$$

Nun kann mit Hilfe der bisherigen Zwischenergebnisse die Varianz σ^2 der Renditen berechnet werden. Diese stellt die durchschnittliche quadrierte Abweichung der einzelnen Renditen von ihrem arithmetischen Mittelwert dar. Die Quadrierung ist hierbei ein probates Mittel, um starke Ausschläge auch überproportional zu gewichten. Es gilt:

$$\sigma^2 = \frac{1}{n}\sum_{i=2}^{n+1} (r_i - \bar{r})^2 =$$

Die Rechnung für die erste quadrierte Abweichung lautet:

$$(-0{,}01843740-(-0{,}00063644))^2 = 0{,}000316874$$

i	Kurs der Deutsche-Telekom-Aktie	Kontinuierliche Rendite im Intervall i	Quadrierte Abweichung der Rendite vom Mittelwert
	12,59		
2	12,36	-0,01843740	0,00031687
3	12,77	0,03263322	0,00110687
4	12,60	-0,01340186	0,00016296
5	12,48	-0,00956945	0,00007980
6	12,55	0,00559330	0,00003881
	arithmetisches Mittel	**-0,00063644**	**0,00034106**

Abb. 4.6: *Renditeberechnung und quadrierte Abweichung der Rendite vom Mittelwert*

Um aus diesem Zwischenergebnis die tägliche Volatilität σ_T, die gemäß Definition die Standardabweichung der Renditen ist, zu errechnen, muss lediglich noch die Wurzel aus der Varianz gezogen werden:

$$\sigma_T = \sqrt{0{,}00034106} = 0{,}018467809$$

Im betrachteten Beispiel ergibt sich somit ein Wert von 1,85 Prozent (siehe auch Abb. 4.7). Die Volatilität wird der Vergleichbarkeit halber immer auf ein Jahr „indexiert". Die tägliche Volatilität muss also noch mit der Wurzel der Anzahl der Handelstage pro Jahr (zirka 252) multi-pliziert werden, um die jährliche Volatilität (σ_J) zu ermitteln. Diese Zahl entspricht dem Annualisierungsfaktor in der Tabelle aus Abbildung 4.7.

$$\sigma^2{}_J = \sigma^2{}_T \cdot 252$$

$$\sigma_J = \sigma_T \cdot \sqrt{252} = 1{,}847\ \%\ \text{mal}\ \sqrt{252} = 29{,}32\ \%$$

Es werden nicht die tatsächliche Anzahl der Tage pro Jahr angesetzt, da statistische Erhebungen ergeben haben, dass die Volatilität entscheidend durch den Handel selbst verursacht wird und nicht etwa durch Nachrichten oder ähnliche Faktoren, die auch an Nicht-Handelstagen

I	Kurs der Deutsche-Telekom-Aktie	Rendite im Intervall i	Quadrierte Abweichung der Rendite vom Mittelwert
	12,59		
2	12,36	-0,01843740	0,00031687
3	12,77	0,03263322	0,00110687
4	12,60	-0,01340186	0,00016296
5	12,48	-0,00956945	0,00007980
6	12,55	0,00559330	0,00003881
	arithmetisches Mittel	**-0,00063644**	**0,00034106**
		Wurzel aus 0,00034106 (tägliche Volatilität)	**1,847 %**
		Annualisierungsfaktor	**15,87**
		historische Volatilität p. a.	**29,32%**

Abb. 4.7: *Abschlussrechnung zur Ermittlung der historischen Volatilität*

auftreten. Würde die Berechnung anhand von Wochen- bzw. Monatsrenditen basieren, so wäre der Annualisierungsfaktor die Wurzel aus 52 beziehungsweise 12.

Für die Deutsche Telekom ergibt sich im Beispiel somit ein annualisierter Wert der historischen, tatsächlichen Volatilität von rund 29,32 Prozent. Diese Größe bedeutet, dass mit einer Wahrscheinlichkeit von 68,26 Prozent (eine Standardabweichung) der Aktienkurs der Deutschen Telekom innerhalb eines Jahres vom heutigen Kurs des sechsten Tages von 12,55 Euro aus gesehen um 29,32 Prozent nach oben und unten schwankt. Die erste Standardabweichung beträgt hier also 3,68 Euro (12,55 Euro mal 0,2932). Somit schwankt der Kurs der Deutschen-Telekom-Aktie mit einer Wahrscheinlichkeit von 68,26 Prozent zwischen 16,23 und 8,87 Euro (Addition beziehungsweise Subtraktion von 3,68 Euro vom letzten Kurs bei 12,55 Euro).

Das Besondere an Standardabweichungen und damit historischen Volatilitäten ist, dass sie summiert werden können. Die zweite Standardabweichung beträgt demnach 7,36 Euro. Das bedeutet wiederum, dass mit einer Wahrscheinlichkeit von 95,44 Prozent (zweite Standardabweichung) die Kurse der Deutschen Telekom im kommenden Jahr um 7,36 Euro nach oben und unten schwanken werden. Anleger sollten die hohen Wahrscheinlichkeitszahlen aber nicht mit Sicherheit verwechseln. Nur weil ein Ereignis – beispielsweise stark steigende oder stark fallende Kurse – unwahrscheinlich ist, heißt es nicht, dass es überhaupt nicht eintreten kann.

4.2.2 Implizite Volatilität

Die historische Volatilität kennt pro Zeitraum nur eine Größenordnung, nämlich die tatsächliche Schwankung des Basiswerts selber. Dagegen gibt es bei Optionen pro Basispreis eine implizite Volatilität, da es sich bei dieser Größe um Schätzungen über die erwartete künftige Schwankungsbreite des Basiswerts handelt. Je nach Erwartung werden die verschiedenen Optionen und die darin enthaltenen Risiken unterschiedlich bewertet, und es wird eine Kompensation für diese Risiken verlangt. Dies geschieht in Form des bereits vorgestellten Zeitwerts, der maßgeblich von der impliziten Volatilität beeinflusst wird. Denn sie ist die einzige Variable in der Optionspreisformel, die diese Erwartungen, wie hoch wohl das Risiko ist, widerspiegeln kann, da sie nicht bekannt ist und geschätzt werden muss. Die implizite Volatilität, die auch als Optionsvolatilität bezeichnet wird, bestimmt also zu einem großen Teil den Zeitwert und damit die Risikoprämie einer Option. Da Optionen mit unterschiedlichen Basispreisen verschiedene Chancen und Risiken aufweisen, spielt auch die Wahl des Basispreises bei der Bestimmung der impliziten Volatilität eine Rolle. Dabei weist jeder Basispreis eine andere implizite Volatilität auf.

Macht man sich einmal die Mühe und trägt die impliziten Volatilitäten von Optionen der gleichen Restlaufzeit in Abhängigkeit ihres Basispreis in ein Diagramm ein, so fällt auf, dass Optionen am Geld mit einem Basispreis in der Nähe des aktuellen Aktienkurses eine geringere implizite Volatilität ausweisen als weit aus dem Geld oder im Geld stehende Optionen des gleichen Basiswerts. Da die Form des Diagramms an ein

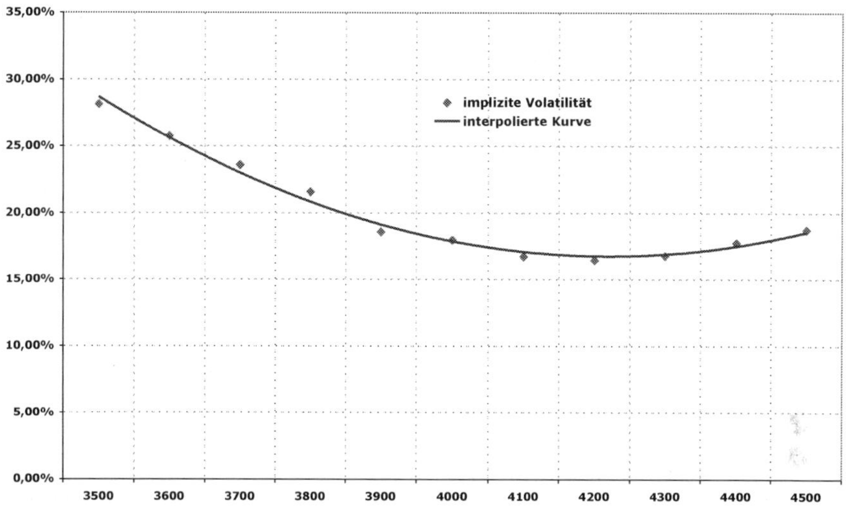

Abb. 4.8: *Smile-Effekt der impliziten Volatilitäten von DAX-Optionen*

Lächeln erinnert, wird dieser Effekt auch als Volatilitäts-Smile oder Volatilitäts-Skew bezeichnet.

Eine der Gründe hierfür kann sein, dass Anleger eine günstige Absicherung ihres Portfolios über Put-Optionen aus dem Geld suchen. Durch die erhöhte Nachfrage steigt dann der Preis und damit die implizite Volatilität dieser Optionen. Außerdem sind weit aus dem Geld liegende Call-Optionen häufig kaum noch etwas wert. Würden diese mit der vergleichbaren Volatilität von am Geld liegenden Optionen gepreist, wären sie wertlos. De facto wird aber am Markt noch ein Preis für sie bezahlt. Wird aus diesem dann die Volatilität rückgerechnet, liegt das Niveau der Schwanksintensität weit über dem von Optionen am Geld.

Angebot und Nachfrage können jedoch dafür sorgen, dass der Tiefpunkt des Smiles nicht genau bei Optionen am Geld liegt, sondern bei Optionen, die sich leicht aus dem Geld befinden. Diese Calls werden gerne gegen Long Calls oder gegen Long-Positionen im Basiswert verkauft. Denn das Risiko der Long-Positionen wird durch den Verkauf der

Optionen vermindert. Das größere Angebot drückt dann implizite Volatilität und Preis, sodass der Tiefpunkt des Volatilitäts-Smiles meist bei diesen Optionen liegt.

Im nächsten Schritt zur Beurteilung von Optionen sollen die Auswirkungen aller Einflussgrößen auf die Optionsprämie quantifiziert werden.

4.3 Die Griechen

Mit Hilfe der Sensitivitätsfaktoren aus dem Black-Scholes-Optionsmodell lassen sich die Einflussfaktoren auf den Optionspreis auch während der Laufzeit genau messen. Als Maß dafür haben sich die griechischen Buchstaben Delta, Gamma, Theta und Vega eingebürgert, weshalb man auch von den „Griechen“ spricht. Die einzelnen Optionen – „im, am oder aus dem Geld“ – reagieren unterschiedlich auf eine Veränderung einer dieser Einflussfaktoren, und das spiegeln die Kennzahlen wider. Sie geben an, wie sich der Optionspreis verändert, wenn der Kurs des Basisinstruments, die implizite Volatilität, die Laufzeit oder der Zinssatz sich ändert. Dabei wird immer nur der Einfluss eines Parameters auf den Optionspreis betrachtet, während die anderen Faktoren konstant bleiben. So lassen sich die einzelnen Auswirkungen besser überschauen und quantifizieren.

Die Griechen	
Sensitivitätskennzahl	Einflussparameter für
Delta	Kursveränderung des Basiswerts
Gamma	Deltaveränderung
Vega	Änderung der impliziten Volatilität
Theta	Verkürzung der Laufzeit
Rho	Änderung des relevanten Zinssatzes

Abb. 4.9: *Welche Kennzahl zeigt welche Veränderung an?*

4.3.1 Delta

Das Delta gibt die Veränderung des Optionspreises an, wenn sich der Kurs des Basiswerts um eine Einheit ändert. Hat eine Call-Option beispielsweise ein Delta von 0,5, bedeutet dies: Steigt ein Basiswert, zum Beispiel die DaimlerChrysler-Aktie, um einen Euro, nimmt die Option um 0,5 Euro zu. Das Delta hat bei Calls stets einen Wert zwischen null und eins. Manchmal wird das Call-Delta auch zwischen null und 100 angegeben. Bei einem Delta von eins verhält sich die Option wie der Basiswert selber. Eine Veränderung in der Aktie um einen Euro bedeutet somit eine Änderung im Call von einem Euro. Ein Delta von 0,5 ergibt sich meistens bei „am Geld“ liegenden Optionen. Üblicherweise haben Calls „im Geld“ ein Delta von größer als 0,5 und gehen stärker mit dem Basiswert mit, je weiter sie „ins Geld“ laufen. Entsprechend haben Calls „aus dem Geld“ in der Regel ein Delta von unter 0,5.

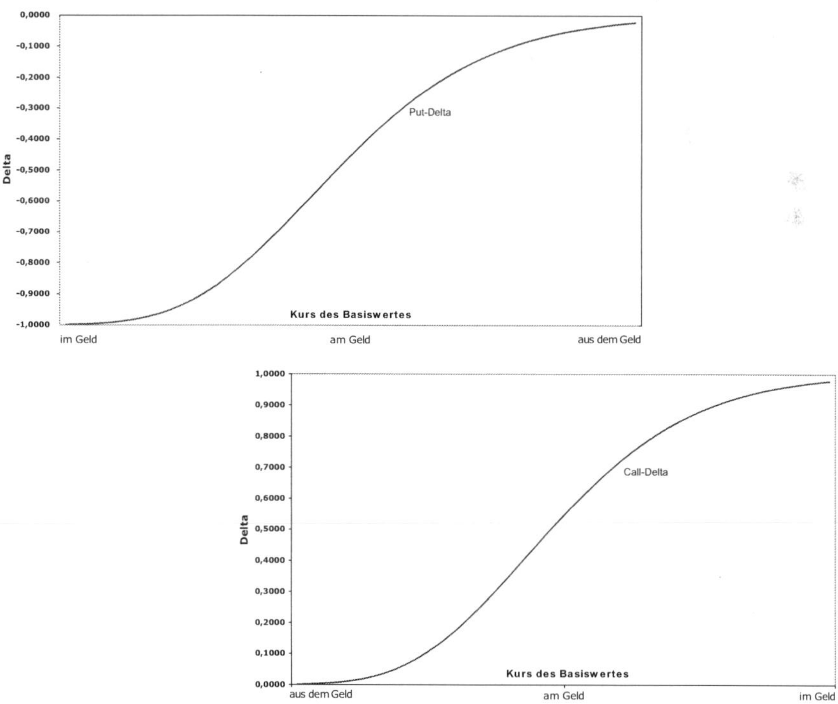

***Abb. 4.10:** Call- und Put-Delta*

Bei Put-Optionen bewegt sich das Delta zwischen null und minus eins, da die Verkaufsoption bei steigendem Kurs des Basiswerts fällt. Hier ergibt sich ein identischer Verlauf wie bei den Kaufoptionen, nur dass bei „am Geld“ befindlichen Puts das Delta minus 0,5 beträgt. Und bei einem Put, der beispielsweise „im Geld“ steht, liegt das Delta meist zwischen minus 0,5 und minus eins. Ein Put „aus dem Geld“ liegt zwischen minus 0,5 und null. Wie an der Abbildung 4.10 zu sehen, ist die Preissensitivität bei Optionen im Gegensatz zu Futures nicht linear. Der Future bewegt sich bis auf die Basis meist parallel zum Basisinstrument.

Das Delta enthält noch eine weitere Aussage: Es steht auch für die Wahrscheinlichkeit, mit der eine Option am Laufzeitende einen positiven inneren Wert aufweisen wird. So bedeutet ein Delta von eins, dass die Option mit einer sehr hohen Wahrscheinlichkeit am Fälligkeitstag einen inneren Wert erreichen wird. Bei einem Delta von 0,1 ist die Wahrscheinlichkeit dagegen sehr gering. Und bei am Geld liegenden Optionen mit einem Delta von 0,5, stehen die Chancen für einen positiven Wert 50 zu 50.

Da das Delta die Sensitivität zum Kurs des Basiswerts misst, können Anleger mit Hilfe von Optionen ihr Kursrisiko weitgehend ausschalten, eine so genannte Delta-neutrale Position aufbauen. So kann beispielsweise beim Kauf von zehn Aktien-Calls mit einem Delta von 0,5 und einer Kontraktgröße von 100 Aktien je Option, 500 dieser Aktien verkauft werden, um keinem Kursrisiko ausgesetzt zu sein. Der Aktienumfang aus den zehn Optionskontrakten beträgt zwar 1000 Aktien, doch sie gehen auf Grund des Deltas nur zur Hälfte mit dem Basiswert mit. Daher brauchen auch nur 500 Aktien verkauft zu werden. Ein weiteres Beispiel für den Aufbau einer deltaneutralen Position ist die Absicherung eines Aktiendepots mit Put-Optionen (siehe Kapitel 5). Dort spielt auch das Gamma eine große Rolle.

4.3.2 Gamma

Das Delta ist allerdings keine statische Kennzahl. Mit jeder Bewegung des Basiswerts ändert sich auch das zugehörige Delta. Diese Veränderung des Deltas wird durch das Gamma ausgedrückt. Das Gamma ist also das Delta des Deltas.

Weist der DaimlerChrysler-Call bei einem Aktienkurs von 34 Euro ein Delta von 0,5 und ein Gamma von 0,1 aus, und steigt nun die DaimlerChrysler-Aktie um einen auf 35 Euro, nimmt auch das Delta um 0,1 auf dann 0,6 zu. Für den Optionspreis ergibt sich demzufolge, dass er beim Anstieg der Aktie von 34 auf 35 Euro um 50 Cent steigt. Bei einem weiteren Anstieg um einen Euro würde er dann 60 Cent zulegen – immer unter der Annahme, dass sich die anderen Einflussparameter (Zinsen, Volatilität, Restlaufzeit) nicht ändern.

Bei einem Kursrückgang wäre der Effekt umgekehrt: Das Delta nimmt um das Gamma ab, und der Verlust verringert sich im nächsten Schritt.

Für den Käufer einer solchen Option ist diese Entwicklung erfreulich: Bei Kurssteigerungen partizipieren Call-Käufer immer stärker vom Anstieg, je weiter die Option „ins Geld" läuft, da das Delta steigt. Bei Kurs-

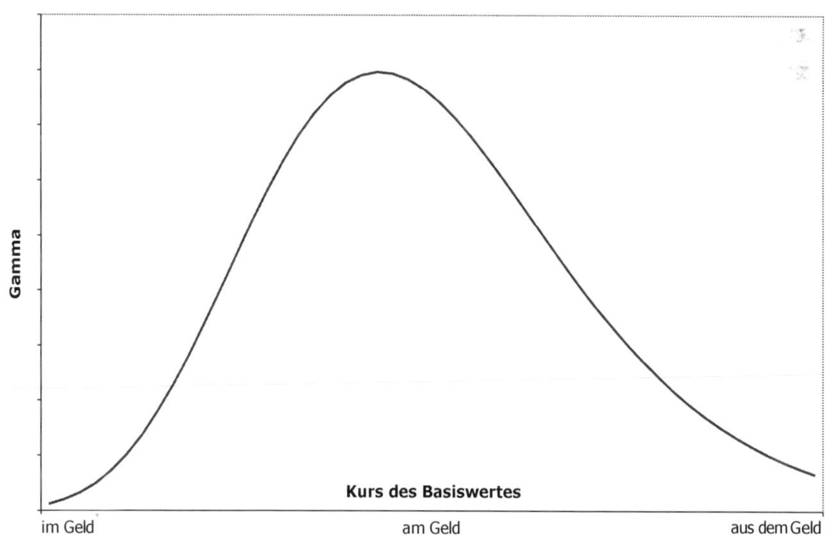

Abb. 4.11: Gamma-Verlauf für Call und Put

rückgängen verlieren sie peu à peu weniger, weil das Delta immer kleiner wird. Beim Put ist die Situation genau umgekehrt: Bei fallenden Kurse gewinnt der Put-Käufer immer stärker, und bei steigenden Kursen verliert er allmählich immer weniger. Das Gamma wirkt sich also zum Vorteil von Call- und Put-Optionskäufern und zum Nachteil von Optionsverkäufern aus, denn sie nehmen ja die genau entgegengesetzte Gamma-Position ein. Somit ist der Kauf von Optionen als Anlagevehikel für Trendfolger besonders gut geeignet. Bei einem positiven Kursverlauf erhöht sich die Partizipation, und bei negativer Kursentwicklung verringert sie sich.

Doch auch das Gamma verändert sich und ist bei „am Geld" liegenden Optionen am höchsten. Laufen die Optionen „aus" oder „ins Geld", so sinkt das Gamma allmählich ab (siehe Abb. 4.11).

4.3.3 Vega

Das Vega ist das Maß für den Einfluss der impliziten Volatilität (erwartete Schwankungsbreite) auf den Optionspreis. Gerade der Einfluss der Volatilität wird von vielen Anlegern anfangs unterschätzt. Dabei kann sie einen entscheidenden Einfluss auf die Entwicklung des Optionspreises haben. Die Interpretation entspricht jener der übrigen griechischen Kennzahlen: Einem Vega von 0,3 folgt eine Erhöhung des Optionspreises um 0,3 Euro, falls die Volatilität um einen Prozentpunkt steigt. Umgekehrt verhält es sich bei einer Senkung der Volatilität um eins.

Der Einfluss der Volatilität ist bei Kauf- und Verkaufsoptionen identisch: je größer die Volatilität, desto höher der Optionspreis. Wie bei der Besprechung der Volatilität bereits gesehen, ist ein Anstieg der impliziten Volatilität für den Käufer von Calls oder Puts vorteilhaft. Dagegen ist ein Volatilitätsrückgang für Optionsverkäufer positiv. Neben dem Delta ist das Vega vor allem kurzfristig der am stärksten preisbeeinflussende Faktor. Daher gibt es auch viele Investoren, die gezielt Strategien einsetzen, die auf steigende (beim Kauf von Optionen) oder fallende (beim Verkauf von Optionen) Volatilität setzen. Diese Strategien heißen „Straddle" oder „Strangle" und werden später in Kapitel 5.5 und 5.6 vorgestellt.

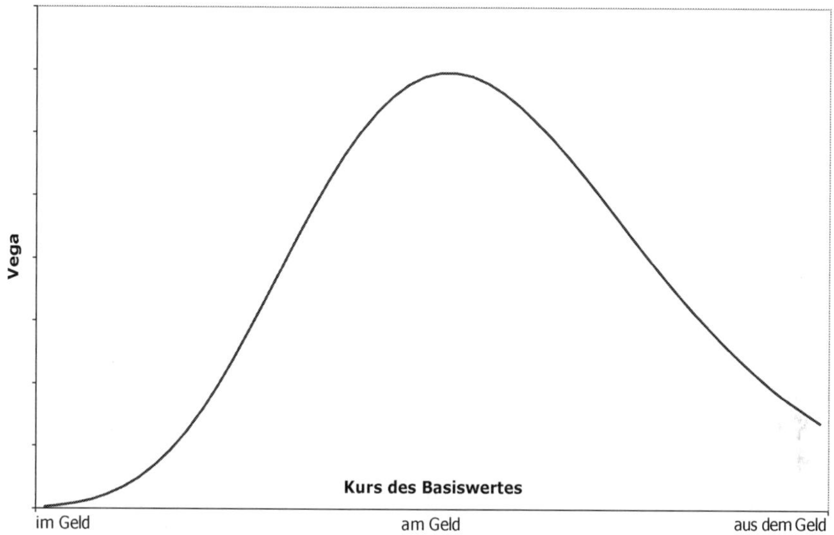

Abb. 4.12: Entwicklung des Vega in Abhängigkeit vom Kurs des Basiswerts

Wie in der Abbildung 4.12 ersichtlich, ist der Einfluss der Volatilität – das Vega – auf Optionen, die „am Geld" notieren, eindeutig am größten. Je weiter sich der Kurs des Basiswerts vom Basispreis der „am Geld" liegenden Option entfernt, desto geringer ist der Einfluss der Volatilitätsveränderung. Das gilt für die absolute Wertveränderung. Da die Prämie bei Optionen „aus dem Geld" niedriger ist, verlieren oder gewinnen diese Optionen prozentual am meisten. Das wird in Kapitel 5 deutlich, in dem die verschiedenen Anwendungen besprochen werden.

4.3.4. Theta

Das Theta ist die Kennzahl für die Veränderung des Optionspreises aufgrund einer Verringerung der Restlaufzeit. Das Theta misst also den Zeitwertverfall in Abhängigkeit der Laufzeit. Die Interpretation folgt der für die bereits genannten Kennzahlen. Ein Theta von minus 0,02 bedeutet, auf das Beispiel bezogen, dass die Kaufoption auf DaimlerChrysler mit

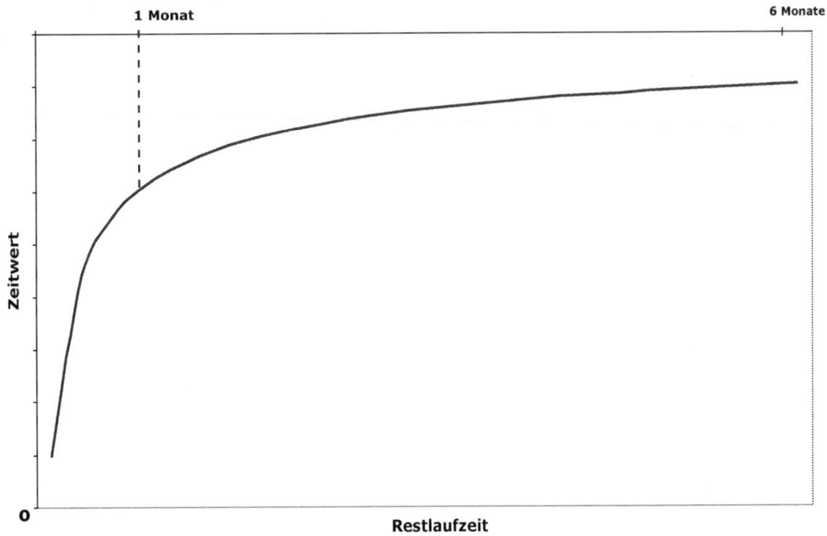

Abb. 4.13: *Theta in Abhängigkeit von der Restlaufzeit*

jedem Tag um 0,02 Euro an Wert verliert. Betrug der Optionspreis 5,52 Euro, so sinkt er einen Tag später auf 5,50 Euro, wenn nur das Theta betrachtet wird. Zu beachten ist jedoch, dass auch das Theta nicht gleich bleibt, da der Zeitwertverlust nicht geradlinig verläuft. Je näher das Verfallsdatum rückt, desto stärker nimmt der Zeitwert ab. Das Theta sollte deshalb insbesondere bei kurz laufenden Optionen mit einer Frist von rund vier Wochen besondere Beachtung finden, da der Zeitwertverfall dann rapide zunimmt (siehe Abb. 4.13).

Aus der obigen Erklärung des Theta wird klar, dass eine Long-Position – das kann sowohl ein Call als auch ein Put sein – immer ein negatives Theta und eine Short-Position immer ein positives Theta hat. Beim Kauf eines Calls oder Puts nehmen Anleger einen Zeitwertverfall in Kauf, wohingegen Optionsverkäufer von ihm profitieren. Der Zeitwertverfall und steigende Volatilitäten wirken also genau entgegengesetzt. Während ein Anstieg der impliziten Volatilität Long-Positionen hilft, schadet ihnen der Ablauf der Restlaufzeit. Dagegen hilft ein Rück-

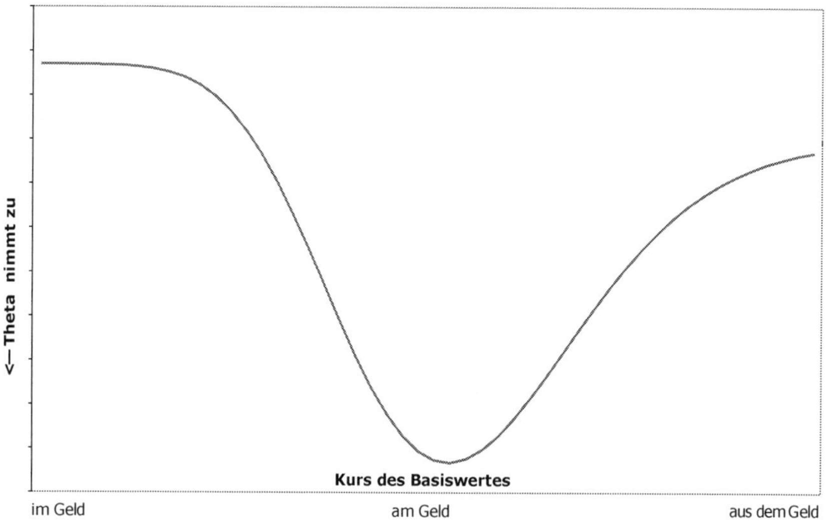

***Abb. 4.14:** Theta in Relation zum Kurs des Basiswerts*

gang der impliziten Volatilität einer Short-Position genauso wie der Zeitwertverfall. Wie beim Einfluss der impliziten Volatilität unterliegen „am Geld“ liegende Optionen dem größten Zeitwertverfall.

4.3.5 Rho

Das Rho gibt den Einfluss der kurzfristigen Zinsen auf den Optionspreis wider. Dabei ist der Zusammenhang beim Call stets positiv und beim Put stets negativ. Besitzt ein Call ein Rho von 0,1, so steigt die Optionsprämie um 0,10 Euro an, wenn die kurzfristigen Zinsen um einen Prozentpunkt steigen. Steigen die Zinsen, nimmt der Call-Optionspreis zu, was für den Call-Besitzer positiv und für den Inhaber eines Short Calls negativ ist. Fallen die Zinsen jedoch, wirkt sich das positiv auf den Short Put und negativ auf den Long Call aus.

Beim Put ist die Situation umgekehrt: Steigen die Zinsen, sinkt der Put-Optionspreis, was für eine Short-Put-Position vorteilhaft und für einen Long Put negativ ist. Fallen die Zinsen, profitiert dagegen der Long Put und der Preis eines Short Puts sinkt. Je länger die Laufzeit und je weiter eine Option „im Geld" liegt, desto größer die Kapitalbindung aus der Optionsprämie und umso stärker ist dann der Einfluss der Zinsen und damit des Rho. Diese Aussagen gelten für Optionen auf den Basiswert selber, eine Aktie oder einen Index. Bei Optionen auf einen Future als Basiswert sind die Auswirkungen anders. Da Rho aber bei Aktien- und Indexoptionen unter allen Kennzahlen die geringste Bedeutung hat, wollen wir es an dieser Stelle bei der gängigen Betrachtung von Optionen auf Kassa-Instrumente bewenden lassen. Die Tabelle in Abb. 4.15 verdeutlicht noch einmal alle Zusammenhänge der Sensitivitätskennzahlen. Im übernächsten Kapitel sechs liegt der Schwerpunkt dann auf der Anwendung der Kennzahlen im Optionsmanagement.

Sensitivitätskennzahlen auf einen Blick				
	Delta	Gamma	Vega	Theta
Long Call	positiv	positiv	positiv	negativ
Short Call	negativ	negativ	negativ	positiv
Long Put	negativ	positiv	positiv	negativ
Short Put	positiv	negativ	negativ	positiv

Abb. 4.15: *Übersicht über die Auswirkung der Griechen auf die Optionspreise der Grundpositionen*

Die Auswirkungen der Kennzahlen auf den Optionspreis dienen auch als Vorzeichen bei der Bezeichnung von Optionspositionen. So hat ein Long Call mit einem Delta von 0,7 ein Delta-Position von +0,7. Die Vorzeichen gelten für alle Kennzahlen. Zum Beispiel lägen das Gamma dieser Call-Option bei +1,5, das Vega bei +10,4 und das Theta bei –3,9.

5 Weiterführende Optionsstrategien

Wir haben uns bei der Auswahl der Optionsstrategien auf solche beschränkt, die für Privatanleger vergleichsweise einfach umzusetzen und, was noch wichtiger ist, zu beurteilen sind. So haben alle hier aufgeführten Optionspositionen eine eindeutige bullishe oder bearishe Ausrichtung hinsichtlich des Kurses oder der impliziten Volatilität, zwei entscheidende Einflussfaktoren für Erfolg oder Misserfolg. Wir stellen hier keine Strategien vor, die ursprünglich bullish waren, aber nach einer bestimmten Kurs- oder Volatilitätsbewegung bearish werden. Butterflies, Ratio Spreads und Time Spreads sind zum Beispiel solche Optionsstrategien, und sie werden aus diesem Grund auch in diesem Buch nicht behandelt. Wer sich für diese umfangreicheren Strategien interessiert, den verweisen wir auf unsere Literaturliste, die wir am Ende dieses Buchs zusammengestellt haben.

Für Privatanleger geeignet sind die vier Grundpositionen Bull und Bear Spreads sowie Straddles und Strangles: Diese Strategien behalten ihre bullishe oder bearishe Ausrichtung bei, unabhängig davon, was mit dem Kurs oder der impliziten Volatilität passiert. Dadurch sind sie für den Einsteiger und auch für den Optionsanwender mit fortgeschrittenen Kenntnissen leichter zu handhaben.

Der Schwerpunkt dieses Kapitels liegt in den diversen Anwendungsmöglichkeiten dieser Strategien. Die einzelnen Strategien werden anhand von erwarteten Kursszenarien vorgestellt. So gewinnt der Leser einen Eindruck von den verschiedenen Anwendungsmöglichkeiten. Dabei können allerdings nicht jedes denkbare Börsenszenario und jede Optionspreisveränderung analysiert werden, denn dies würde den Rahmen des Buchs sprengen. Die übliche Betrachtungsweise der Strategien wurde hier als Unterteilung dieses Kapitels gewählt. Dabei werden die Gewinnchancen und die Verlustrisiken der einzelnen Strategien sowohl für den Verfallszeitpunkt als auch während der Laufzeit betrachtet. Anleger können im Folgenden die Rechnungen und Simulationen der Strategien selber – am besten mit einem geeigneten Optionsrechner, wie beispielsweise dem StrategyMaster – nachvollziehen und sie dann mit Blick auf ihre eigenen Bedürfnisse beurteilen. Da die vier Grundpositionen mit Blick auf den Fälligkeitstermin bereits ausführlich vorgestellt wurden, liegt der Schwerpunkt bei ihnen auf der Laufzeitbetrachtung.

Anhand der Sensitivitätskennzahlen wurde klar, wie sich der Optionspreis während der Laufzeit verändern kann. Für die Auswahl einer geeigneten Option oder Strategie muss der Anleger deshalb zunächst seine Erwartungen, innerhalb derer eine Kursbewegung erwartet wird, formulieren (siehe auch zweiter Teil der Checkliste in Kapitel 3.3). Dann sind die Laufzeiteinflüsse, wie sie durch das Vega oder Theta ausgedrückt werden, mit einzubeziehen. Erst danach sollte er sich für einen Basispreis entscheiden, also dafür, ob die Optionen „im“, „am“ oder „aus dem Geld“ liegt. In den Beispielen wurde durchgängig ein Zinssatz von 2,5 Prozent bei der Berechnung der Optionspreise unterstellt.

5.1 Anlageszenario: steigende Kurse – Long Call

„Die" beste Option für einen bestimmten Zweck gibt es nicht, vielmehr müssen Chancen und Risiken, die sich aus dem Optionsengagement ergeben, sorgfältig gegeneinander abgewogen werden. Deshalb muss der Anleger eine gemäß seiner Risikoneigung und seines Anlagehorizonts geeignete Option beziehungsweise Optionsstrategie auswählen. Das Risiko definiert sich allerdings nicht nur über die Wahl des Basispreises oder den Einfluss der Optionspreisfaktoren, sondern auch über die Anzahl der gehandelten Kontrakte.

Calls dienen oft als Ersatz für einen Aktien- oder Indexkauf. Der Kapitaleinsatz ist geringer, und man partizipiert ebenfalls an steigenden Kursen. Anleger sollten aber nicht den Fehler machen und im gleichen Umfang des Preises des Basiswerts Calls erwerben. Ein Beispiel macht dies deutlich: Ein Sechs-Monats-Call mit einem Basispreis von 3600 Punkten kostet rund 590 Punkte bei einem angenommenen DAX-Stand von 4000 Indexpunkten und einer impliziten Volatilität von 30 Prozent. Ein Anleger könnte statt eines DAX-Index im Wert von 4000 Punkten knapp sieben Optionskontrakte des 3600er-Calls zu jeweils 590 Punkten kaufen. Das wesentlich höhere Risiko dieser Position wird anhand des Deltas deutlich, das pro 3600er-Call 0,75 beträgt. Nimmt man nun das Delta mal die rund sieben Kontrakte, kommt man auf ein Gesamt-Delta der Optionsposition von etwa fünf. Ein Anleger hat also das fünffache Kursrisiko im Vergleich zu einer DAX-Long-Position.

Im Vergleich zu Calls am oder aus dem Geld ist ein Call im Geld am wenigsten riskant. Diese Optionen gehen während der Laufzeit, absolut betrachtet, am stärksten mit dem Kurs des Basiswerts mit. Ein tief im Geld befindlicher Call mit einem niedrigen Basispreis verhält sich wie der Basiswert selber. Auf Grund der hohen Prämie ist aber die prozentuale Veränderung bei einer Kursbewegung im Vergleich zu Calls am oder im Geld am geringsten. Ein Totalverlust entsteht bei Calls im Geld erst, wenn die Aktie unter den Basispreis fällt. Bei aus dem Geld liegen-

Basispreise	DAX-Call-Optionen 4 Monate Restlaufzeit	
	Implizite Volatilität	Preis in Indexpunkten
3500	26,51%	591,28
3600	24,97%	503,23
3700	23,52%	418,74
3800	22,16%	338,99
3900	21,65%	271,50
4000	20,52%	206,19
4100	19,24%	147,56
4200	18,94%	106,48
4300	18,64%	74,01
4400	18,05%	47,48
4500	17,86%	30,56

DAX: 4022,86 Punkte, Zinssatz: 2,05% p.a.(aktueller Euribor-Satz), Restlaufzeit: 112 Tage – teilweise exponentiell interpoliert

Abb. 5.1: *DAX-Calls und ihre Preise*

den Calls jedoch müsste der DAX lediglich bis zur Fälligkeit stagnieren beziehungsweise geringfügig steigen, und es entstünde trotzdem ein Totalverlust.

Vergleicht man die prozentualen Gewinn- und Verlustmöglichkeiten aus einer Kursbewegung des Basiswerts heraus, dann ist der Call aus dem Geld am riskantesten und am chancenreichsten, da die zu zahlende Prämie am niedrigsten ist. Das heißt, bei Optionen aus dem Geld ist die Hebelwirkung am stärksten. Doch der größte Hebel nutzt nichts, wenn die Kursbewegung im Basiswert nur sehr gering ausfällt. Wie bei der Besprechung des Deltas gezeigt wurde, muss der Kurs schon kräftig steigen, damit Calls aus dem Geld in die Gewinnzone kommen, wenn sie bis zum Verfall gehalten werden.

Exkurs

Hebel und Omega

Gerade Einsteiger werfen häufig zuerst einen Blick auf den Hebel, der sich aus dem Wert des kontrollierten Basisinstruments, geteilt durch das eingesetzte Kapital, errechnet.

$$Hebel = \frac{Preis\ des\ Basiswerts}{Optionspreis}$$

Abb. 5.2: *Hebel-Formel*

Er alleine gibt aber bei Optionen wenig Aufschluss über künftige Preisveränderungen, da er nicht die Preisveränderung der Option auf Grund einer Bewegung im Basiswert mit einbezieht. Das Delta drückt genau dieses Verhältnis aus; deshalb ist es besser, den Hebel mit dem Delta zu multiplizieren. Mit diesem Hebel, der auch als Omega oder theoretischer Hebel bezeichnet wird, kann dann eine Veränderung des Optionspreises auf Grund der Kursbewegung gut abgeschätzt werden.

$$Omega = Hebel\ x\ Delta$$

Abb. 5.3: *Omega-Formel*

Allerdings ist das Delta nicht konstant und damit auch das Omega nicht. Deshalb ist im Gegensatz zum Future der Hebel beziehungsweise das Omega bei Optionen ab Kaufzeitpunkt nicht konstant. Beim Future ist er nach dem Kauf deshalb konstant, weil der Future-Preis nur von der Bewegung im Basiswert abhängt. Der Hebel ist also eine Größe, mit der man die Chancen und die Risiken im Future beurteilen kann.

Der Optionspreis hängt aber auch von anderen Faktoren, wie Volatilität oder Laufzeitveränderungen, ab, weshalb die Hebelwirkung ab dem Kaufzeitpunkt für den Anleger nicht konstant ist. Nimmt beispielsweise die implizite Volatilität nach dem Kauf zu, verstärkt sich das ursprünglich ermittelte Omega. Umgekehrt schwächt er sich bei einem Rückgang der Volatilität ab. Meist ist zwar der Einfluss der Kursbewegung auf den Optionspreis am stärksten, aber er wirkt nicht alleine auf den Preis einer Option. Deshalb ist die Aussagekraft eines Hebels bei Optionen eingeschränkt.

Der aus dem Geld liegende Call legt prozentual zwar am stärksten zu; da aber die An- und Verkaufsspannen hier oft größer sind als bei am Geld befindlichen Optionen, nimmt die hohe Spanne viel vom Gewinn. Manchmal reicht eine kleine Kursbewegung nicht aus, um die Geld-Brief-Spanne der Optionen aus dem Geld zu überwinden. Sie sind daher auch aus diesem Blickwinkel am riskantesten. Anleger können für verschiedene Optionen aus dem Geld Preisanfragen an die Market Maker stellen, auf diese Weise die Spannen mit denjenigen von anderen Optionen vergleichen und so beurteilen, ob sich ein Engagement lohnt. Es empfiehlt sich, das Szenario vorher am Optionsrechner zu simulieren.

Während der Laufzeit einer Option müssen darüber hinaus die Auswirkungen der Volatilität (Vega) und einer Verkürzung der Restlaufzeit (Theta) auf den Optionspreis beachtet werden. Das Vega wirkt prozentual am stärksten bei Optionen aus dem Geld. Dagegen ist der absolute Prämienbetrag, den ein Anleger nach dem Kauf einer Call-Option bei einem Volatilitätsrückgang oder durch eine geringer werdende Laufzeit verlieren kann, bei Calls am Geld am höchsten. Nach dem Call-Kauf sollte es daher nicht zu einem allzu starken Rückgang der impliziten Volatilität kommen.

In der Praxis tritt dieser Fall jedoch vergleichsweise oft ein, weil Aktienkurse in der Regel langsam und mit geringen Kursausschlägen nach oben gehen. Dann passiert es, dass ein Long Call zwar an der Kurssteigerung partizipiert, aber unter einem Volatilitätsrückgang leidet. Die Volatilitätsbewertung sinkt, weil die Unsicherheit nach Kursanstiegen aus dem Markt schwindet. Für den Anleger hat das zur Folge, dass er in manchen Fällen trotz richtiger Markteinschätzung Verluste aufgrund der rückläufigen Volatilität hinnehmen muss. Als Faustregel gilt: Calls am Geld oder aus dem Geld nur kaufen, wenn entweder das Volatilitätsniveau niedrig ist oder kein Rückgang der impliziten Volatilität erwartet wird. Mit anderen Worten: Wenn Anleger erwarten, dass die Bewegung im Basiswert stärker sein wird als ein möglicher Rückgang in der Volatilität plus einem Zeitwertverfall, angezeigt durch das Theta, lohnen sich Long Calls am oder aus dem Geld. Ansonsten ist ein Call im Geld die bessere Wahl, da er weniger stark unter einem Volatilitätsrückgang leidet. Wir haben für den beispielhaft ausgewählten 3600er-Sechs-Monats-Call eine Kurs-Volatilitäts-Matrix erstellt. In Abbildung 5.4 sind die Auswirkungen auf den Optionspreis bei einer Veränderung dieser Größen abzulesen.

DAX-Call-Option in Indexpunkten							
implizite Volatilität / DAX-Stand	15%	20%	25%	30%	35%	40%	45%
3000	8,08	25,96	51,90	83,22	118,07	155,31	194,19
3100	16,39	41,60	73,78	110,15	149,13	189,79	231,57
3200	30,34	63,30	101,39	142,31	184,91	228,55	272,85
3300	51,83	92,00	135,18	179,91	225,50	271,59	317,98
3400	82,50	128,37	175,42	223,01	270,88	318,87	366,89
3500	123,44	172,76	222,18	271,61	320,99	370,28	419,48
3600	174,99	225,16	275,37	325,56	375,68	425,71	475,62
3700	236,78	285,27	334,73	384,64	434,77	484,97	535,17
3800	307,79	352,51	399,88	448,59	498,03	547,89	597,97
3900	386,63	426,15	470,35	517,06	565,22	614,26	663,85
4000	471,76	505,35	545,61	589,69	636,06	683,87	732,63
4100	561,68	589,23	625,11	666,08	710,25	756,50	804,13
4200	655,08	676,96	708,30	745,87	787,52	831,91	878,18

Abb. 5.4: *Kurs-Volatilitäts-Matrix eines 3600er DAX-Calls mit sechs Monaten Restlaufzeit*

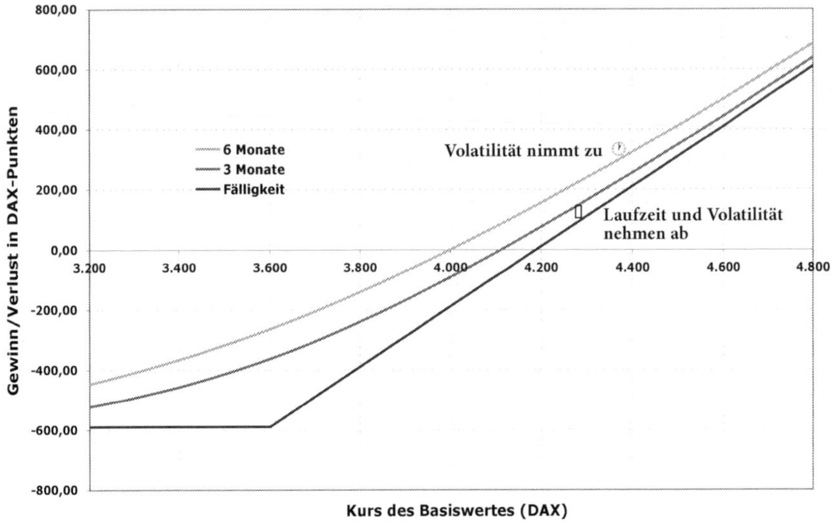

Abb. 5.5: *Long Call mit Volatilitäts- und Laufzeiteinflüssen*

Das Theta für den 3600er-Sechs-Monats-Call (implizite Volatilität bei 30 Prozent) beträgt bei einem Kurs von 4000 DAX-Punkten derzeit 0,91 Punkte pro Tag. Mit abnehmender Restlaufzeit wird der Zeitwert immer kleiner, die Zeit läuft also gegen den Call-Inhaber (siehe Abb. 5.5).

Im Beispiel-Call wurde eine Laufzeit von sechs Monaten gewählt, doch für den Anleger stellt sich vor jedem Optionskauf die Frage, für welche Laufzeit er sich entscheiden soll. Eine Änderung der impliziten Volatilität wirkt sich einerseits stärker auf lang laufende Optionen aus, andererseits sind die tatsächlichen Volatilitätsänderungen am Optionsmarkt bei kurzfristigen Optionen größer. Daher lässt sich eine eindeutige Aussage, welche Laufzeit in Bezug auf die implizite Volatilität die beste ist, nicht treffen.

Wie stark die kurzfristige implizite Volatilität schwanken kann, zeigt die nächste Abbildung 5.6. Innerhalb von nur einer Woche fiel der DAX von 4145 auf 3810 Punkte. Sofort nahm die Unsicherheit zu, und die implizite Volatilität kurz laufender einmonatiger DAX-Optionen stieg

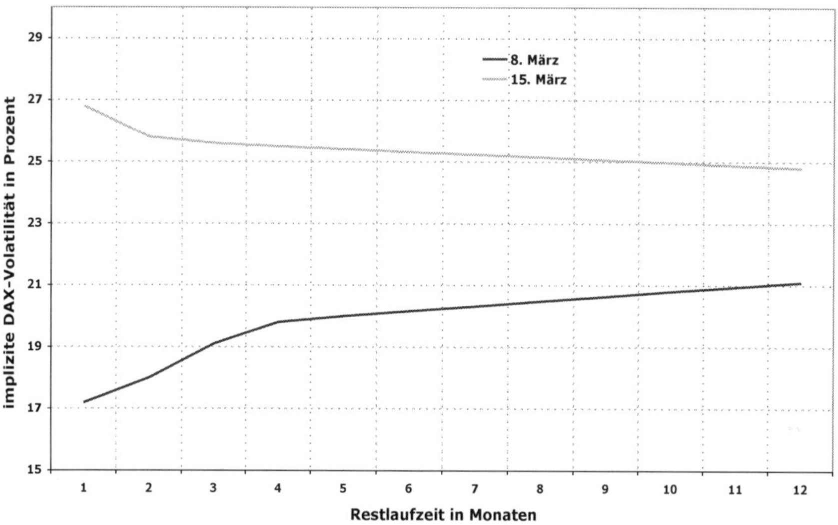

***Abb. 5.6:** Zeitstruktur der impliziten Volatilitäten*

um knapp zehn Prozentpunkte von 17,2 auf 26,8 Prozent an. Dagegen sind die impliziten Volatilitäten von Zwölf-Monats-Optionen nur um vier Prozentpunkte angestiegen.

Beim Zeitwertverfall durch eine Verkürzung der Restlaufzeit sind die Verhältnisse klarer: Hier nagt die Zeit am stärksten bei kurz laufenden Optionen. An folgender Faustformel können sich Anleger orientieren: Die Optionslaufzeit sollte in der Regel doppelt so lang sein wie der Anlagehorizont. Allerdings ist darauf zu achten, dass genügend Liquidität in den ausgewählten Optionskontrakten vorhanden ist. Je länger die Laufzeit ist, desto illiquider ist dort häufig der Handel.

5.1.1 Statische Absicherung

Auf den ersten Blick ist die Einordnung der Absicherung eines Aktiendepots mit Put-Optionen bei den Call-Optionen irritierend. Die Sache wird jedoch schnell klarer, wenn man bedenkt, dass eine Aktienposition zusammen mit einem Long Put nichts anderes ist als ein synthetischer, also mit anderen Optionen erzeugter Long Call (siehe Grafik in Abb. 5.7). Deshalb eignet sich diese Position ebenfalls für steigende Börsen. Aus der Grafik wird noch etwas anderes deutlich: Aus dem Preis eines Calls lässt sich derjenige eines Puts ermitteln und umgekehrt. Der Zusammenhang zwischen Call- und Put-Preisen wird mit der Put-Call-Parität beschrieben und ist im Anhang unter 1 erläutert.

Mit dem Kauf von Put-Optionen können Anleger ihr Aktiendepot genauso absichern, wie es mit Short-Futures-Positionen möglich ist (siehe Kapitel 3.1). Wie beim Depotschutz mit Futures möchte man vorübergehende Turbulenzen überstehen, ist aber von den langfristigen Aussichten seiner Titel überzeugt. Fallen beispielsweise Dividendenzahlungen in die Zeit der Unsicherheit, können Depotinhaber mit Optionen und Futures die Ungewissheit überstehen und gleichzeitig ihre Dividende kassieren. Voraussetzung für die Absicherung mit DAX-Puts ist wiederum, dass Korrelation und Ausmaß der Depotbewegung in etwa jenen

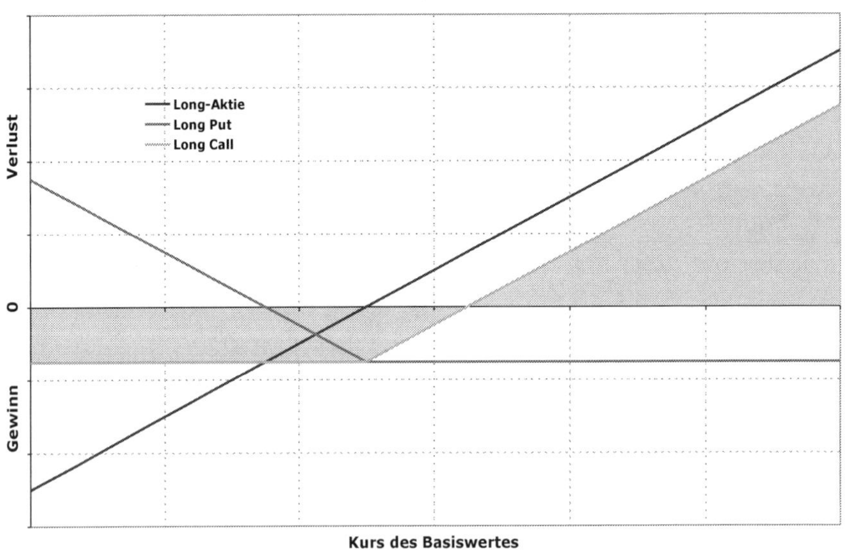

Abb. 5.7: *Synthetischer Long Call: Long Aktie plus Long Put*

des DAX entsprechen. Allerdings ist es mit Put-Optionen auf Aktien auch möglich, einzelne Titel zu hedgen.

Das Prinzip der Absicherung mit Optionen soll zunächst wieder mit Bezug auf den Verfallstag erklärt werden. Deshalb wird diese Absicherungsform auch als statisch bezeichnet, denn die Anzahl der Put-Optionen bleibt bis zum Verfall gleich. Bei der im nächsten Abschnitt vorgestellten dynamischen Absicherung wird dann, je nach Bewegung im Basiswert, die Put-Anzahl während der Laufzeit angepasst.

Der grundlegende Unterschied zwischen der Absicherung mit Optionen oder derjenigen mit Futures besteht in den größeren Wahlmöglichkeiten mit Optionen. Anleger können je nach Basispreis der Option ihre Absicherungswünsche genauer realisieren. Im Gegensatz zum Futures-Hedge oder, was dem gleichkommt, dem Depotverkauf steigt man mit Optionen nicht zum aktuellen Kurs komplett aus dem Markt aus. Anleger können vielmehr an einem weiteren Kursanstieg partizipieren, sollte der erwartete Aktienkursverfall nicht eintreten. Man verliert auf diese Weise allerdings einen Teil des möglichen Ertrags, nämlich in Höhe der gezahlten Optionsprämie. Fällt die Kurssteigerung jedoch gering aus, hat man unter Umständen die Prämie verloren, ohne dass sie von Kurssteigerungen im Basiswert kompensiert werden konnte.

Dieses Gewinn- und Verlustprofil erinnert an eine Versicherung: Im Schadensfall, also bei fallenden Kursen, greift der Put und gleicht die Verluste aus der Aktien- oder Indexposition aus. Tritt der Schadensfall nicht ein, gewinnt man zunehmend mit steigenden Kursen, und die Put-Options-Versicherung verfällt. Dafür zahlt man dem Optionsverkäufer eine Prämie. Diese Flexibilität hat aber ihren Preis: Im Vergleich zur Absicherung mit Futures bezahlt man durch den Put-Kauf meist auch einen Zeitwertanteil. Daher ist die Absicherung mit Optionen teurer als mit Futures.

Über die Höhe des Basispreises bestimmt der Anleger quasi seine „Selbstbeteiligung“. Sie ist umso höher, je tiefer der Basispreis des verwendeten Puts gewählt wird. Dafür ist die Prämie für diese Puts niedriger als bei Put-Optionen mit einem höheren Basispreis, sprich einer niedrigeren Selbstbeteiligung. Denn erst ab dem Basispreis einer Put-Option greift die Versicherung bei Fälligkeit. Dann kompensieren sich Gewinne und Verluste bis auf die gezahlte Prämie und die Transaktionskosten. Allerdings können auch bei der Absicherung mit Put-Optionen Hedging-Verluste oder -Gewinne durch eine Änderung im Aktien-Beta oder den Korrelationen der Aktienpositionen im Depot entstehen. Um diese Auswirkungen gering zu halten, ist, wie bei der Absicherung mit Futures, das Portfolio-Beta in die Rechnung einbezogen worden.

Ein Beispiel:
Bei einem DAX-Stand von 4000 Punkten möchte man sein Depot in Höhe von 180 000 Euro bis zum nächsten Verfallstag in zwei Monaten vor einem erwarteten zehnprozentigen Kursrückgang schützen. Man ist bereit, Verluste in Höhe von fünf Prozent bis zu einem Kurs von 3800 Punkten in Kauf zu nehmen, und wählt deshalb einen DAX-Put mit einem Basispreis von 3800 und Verfall in acht Wochen. Bei einer impliziten Volatilität von 30 Prozent kostet der 3800er-Put 101 Punkte; es ergibt sich dann ein zu zahlender Betrag von 505 Euro (fünf Euro pro DAX-Punkt). Da sich die Puts zum Verfall hin eins zu eins mit dem DAX bewegen, ermittelt man die Anzahl der benötigten Put-Kontrakte – unter Berücksichtigung des Depot-Betas von 1,1 – nach folgender Formel:

$$\text{Anzahl Put-Optionen} = \frac{\text{abzusichernder Depotwert}}{\text{Punktwert x Indexstand}} \text{ x Portfolio-Beta}$$

Abb. 5.8: *Formel zur Anzahl der benötigten Puts für eine Absicherung zum Fälligkeitstag*

$$\text{Anzahl Put-Optionen} = \frac{180\,000}{5 \text{ x } 4000} \text{ x } 1{,}1 = 9{,}9 \approx 10$$

Abb. 5.9: *Beispielrechnung zur Formel in Abb. 5.8*

Zur Absicherung des DAX-Depots in Höhe von 180 000 Euro ist also der Kauf von zehn 3800er-DAX-Puts notwendig. Der Preis für die Absicherung eines solchen Depots über zwei Monate beläuft sich damit auf 5050 Euro, also knapp drei Prozent des Depotwerts. Der Depotbetrag von 180 000 Euro mag so manches Privatanlegerdepot übersteigen, doch ist das nur ein Beispiel und soll daher auch mit den Zahlen aus dem Absicherungsbeispiel mit Futures kompatibel sein.

5.1.2 Dynamische Absicherung

Was machen Anleger jedoch, wenn die erwartete Kurskorrektur schneller als erwartet vonstatten geht und ein weiterer Kursrückgang nicht erwartet wird? Dann sollte der Put verkauft und die Versicherung damit vorzeitig gekündigt werden. Daher werden in der Praxis Depots meist nur vorübergehend abgesichert, bis die Turbulenzen überstanden sind. Ein anderer Grund für einen kurzfristigen Hedge kann die Unsicherheit sein, die mit der Veröffentlichung neuer Quartalszahlen von Unternehmen einhergeht. Auch in diesem Fall gilt es, eine vorübergehende Ungewissheit zu überstehen.

Bei dieser dynamischen Absicherung braucht der Anleger aber mehr Puts als bei der auf die Fälligkeit ausgerichteten Absicherung. Denn der Nachteil der statischen, auf den Verfallstag abgestimmten Absicherungsform besteht darin, dass die Versicherung erst vollständig am Fälligkeitstag greift. Denn ein Put geht – im Gegensatz zur Bewertung am Verfallstag – während der Laufzeit nicht absolut im gleichen Umfang mit, wie der Index fällt; er macht absolut gesehen nur einen Teil der Bewegung im Basiswert mit. Das zeigt das Delta, das mit Ausnahme von tief im Geld liegenden Puts größer als minus eins ist. Bei minus eins fällt der Put im Verhältnis eins zu eins mit dem Kurs des Basiswerts mit.

Das bedeutet, dass die Anzahl der benötigten Puts, wie sie aus dem statischen Hedge errechnet wurden, für eine kurzfristige Absicherung nicht ausreichend ist und entsprechend erhöht werden muss. Mit Hilfe des Deltas errechnet man die neu benötigte Anzahl an Puts für die dynamische Absicherung.

Der 3800er-Put aus dem obigen Beispiel hat ein Delta von minus 0,4. Das heißt, dass der Put nur um 0,4 Punkte steigt, wenn der DAX um einen Punkt fällt. Ohne Anpassung der Put-Anzahl durch das Delta wäre ein Anleger nur zu 40 Prozent vor einem Kursverfall geschützt. Die Formel muss also um diesen Faktor ergänzt werden:

$$\text{Anzahl Put-Optionen} = \frac{\text{abzusichernder Depotwert}}{\text{Punktwert x Indexstand x (-1) x Put-Delta}} \text{ x Portfolio-Beta}$$

Abb. 5.10: *Formel zur Anzahl der benötigten Puts für eine Absicherung zum Fälligkeitstag*

$$\text{Anzahl Put-Optionen} = \frac{180\,000}{5 \text{ x } 4000 \text{ x } (-1) \text{ x } (-0{,}4)} \text{ x } 1{,}1 = 24{,}75 \approx 25$$

Abb. 5.11: *Beispielrechnung zur Formel in Abb. 5.10*

Bei der dynamischen Absicherung sind also 25 der 3800er-DAX-Puts zur Absicherung eines DAX-Depots im Umfang von 180 000 Euro notwendig. Wie bereits bei der Besprechung der Kennzahlen gezeigt wurde, ist das Delta jedoch nicht konstant: Es variiert mit der Bewegung im Basiswert. Daher muss der Absicherungsumfang nach einer entsprechenden Kursbewegung angepasst werden. Fallen die Kurse, nimmt das Put-Delta zu, und weniger Kontrakte, als ursprünglich ermittelt, sind zur Absicherung nötig. Das lässt sich durch Einsetzen der höheren (negativen) Delta-Zahl in die Formel schnell berechnen. Somit kann ein Teil der Puts mit Gewinn verkauft werden, ohne dass die Absicherung aufgelöst wird. Ist das Kursziel der erwarteten Korrektur allerdings erreicht worden, kann die Absicherung auch vollständig aufgelöst werden. Hier wird deutlich, dass die Absicherung variabel gehalten werden sollte und sich an den Erwartungen des Anlegers ausrichten muss. So können Anleger auch von vornherein weniger als die erforderlichen 25 Optionskontrakte kaufen und sind dann eben nur teilweise bei fallenden Kursen abgesichert.

Der Anleger sollte aber vor der Absicherung klare Vorstellungen über den Absicherungsumfang und seine Kurserwartung haben.

Bei wider Erwarten steigenden Kursen nimmt das Delta ab, und man braucht mehr Puts zur vollständigen Absicherung des Depots. Wie schnell das Delta sich verändert und wie oft dann die Absicherung neu angepasst werden müsste, zeigt das Gamma der Position. Je nach Depotumfang variiert dabei das Risiko in absoluten Beträgen. Simulationen am Optionsrechner helfen die Position zu überwachen. In welchen Kurs- und Zeitabständen die Absicherung angepasst werden sollte, hängt wiederum auch von der Kurserwartung ab. Deshalb sollten die Abstände nicht zu klein gewählt werden, da die Transaktionskosten sonst immens steigen. Als grobe Faustregel gilt, eine Anpassung bei einer fünfprozentigen Kursänderung vorzunehmen. Für das DAX-Beispiel bedeutet dies, dass die Absicherung nach rund 200 Punkten angepasst werden sollte.

Auf eine Diskussion um die Wertentwicklung von Puts anhand der Volatilitätsbewegung oder einer Abnahme der Restlaufzeit wird an dieser Stelle verzichtet, da die Absicherung anhand des Put-Deltas ausreichend erklärt werden kann. Da Put-Optionen bei fallenden Kursen das richtige Optionsinstrument sind, werden sie auch in diesem Anlageszenario detailliert besprochen.

Exkurs:

Synthetische Optionspositionen

Wie bei der Depotabsicherung mit Puts gezeigt, lassen sich Optionspositionen mit anderen Optionen sowie mit Positionen im zugrunde liegenden Basiswert synthetisch konstruieren. Formt man beispielsweise die Gleichung

Long Call = Long Index plus Long Put

um, so stellt sich ein Long Index als Long Call und Short Put dar. Aus dem Long Put auf der rechten Seite der Gleichung wird durch Umformen

(Subtraktion) ein Short Put auf der linken Seite der Gleichung. Durch entsprechendes Umstellen ergeben sich insgesamt sechs verschiedene synthetische Positionen:

Long Call = Long Index plus Long Put

Short Call = Short Index plus Short Put

Long Put = Long Call plus Short Index

Short Put = Short Call plus Long Index

Long Index = Long Call plus Short Put

Short Index = Short Call plus Long Put

Voraussetzung für diese Beziehungen ist allerdings, dass die Basispreise sowie die Laufzeiten der Optionen identisch sind. Außerdem müssen die Optionen europäischen Ausübungscharakter haben, eine vorzeitige Ausübung ist also ausgeschlossen. Aus diesen Gleichungen lassen sich auch Call- und Put-Preise ins Verhältnis setzen. Diese Beziehung wird auch als Put-Call-Parität bezeichnet (siehe Anhang 1).

5.2 Anlageszenario: stagnierende oder leicht steigende Kurse

Die in diesem Kapitel vorgestellten Optionsstrategien partizipieren nur bis zu einer bestimmten Grenze von einem Kursanstieg. Deshalb haben wir sie in einem Kapitel zusammengefasst. Die Grenzen sind jeweils die Basispreise der verkauften Optionen, die aber bei entsprechender Wahl nach oben verschoben werden können. Dann erfahren diese Strategien eine stärkere bullishe Ausrichtung, weshalb wir sie dann auch ins vorige Unterkapitel hätten einordnen können. Da aber das Gewinnpotenzial begrenzt bleibt, ist es sinnvoller, sie in die Kategorie seitwärts bis steigend einzuordnen. Die Basispreise können aber auch tiefer als der aktuelle Kurs liegen. Dann kann sogar selbst bei fallenden Kursen bis zur Fälligkeit noch der maximale Gewinn – wenn er auch klein ist – erzielt werden. Diese konservativen Varianten werden jedoch ebenfalls in diesem Abschnitt behandelt.

5.2.1 Short Put

Eines der Ziele eines Short Put ist, eine zusätzliche Prämieneinnahme zu erzielen. Diese Strategie ist dann besonders geeignet, wenn sich der Kurs kaum bewegt oder nur leicht steigt. Dann verliert die Put-Option an Zeitwert und kann günstiger zurückgekauft werden, oder sie verfällt zum Fälligkeitstag ganz, und die gesamte Put-Prämie kann als Gewinn verbucht werden. Die Short-Put-Strategie lässt sich beliebig oft im Jahr wiederholen, sodass zusätzliche Prämieneinnahmen möglich sind.

Gerne werden kurzfristige Optionen am Geld verkauft, da der Zeitwertverfall (Theta) dieser Optionen absolut am größten ist. Je kürzer die Restlaufzeit, desto größer der Zeitwertverfall. Darüber hinaus setzen Anleger mit einer verkauften Option auf einen Rückgang der impliziten Volatilität. Deshalb werden Put-Optionen oft nur dann verkauft, wenn das Volatilitätsniveau hoch ist oder kein Volatilitätsanstieg erwartet wird. Je optimistischer der Ausblick für den Kurs des Basiswerts, desto weiter im Geld kann der Put theoretisch gewählt werden. Bei einer sehr optimistischen Kurserwartung hat aber ein Long Call größere Gewinnmöglichkeiten, da beim Short Put der Gewinn auf die Prämieneinnahme begrenzt ist.

Wie das folgende Beispiel zeigt, ist auch der Verkauf eines aus dem Geld liegenden Puts eine Alternative zum Put am Geld, da die Wahrscheinlichkeit, dass der Put bis zum Verfall einen inneren Wert aufbaut, geringer ist. Aufgrund der unbegrenzten Verlustmöglichkeit bei fallenden Kursen sollten Anleger sich für einen Basispreis entscheiden, bis zu dem sie im schlimmsten Fall einen Kursverfall bis zur Fälligkeit in Kauf nehmen könnten.

Beispiel:
Ein DAX-Put mit einer Laufzeit von einem Monat und einem Basispreis von 3800 Punkten wird bei einem DAX-Stand von 4000 Punkten zu 51 Punkten verkauft. Die implizite Volatilität beträgt also 30 Prozent. Bleiben nach zwei Wochen Kurs und Volatilität zufällig genau gleich, beträgt der Wert des Puts nur noch 23 Punkte. Ein Kursverfall des DAX von 112 Punkten auf 3888 Indexpunkte (Volatilität bleibt gleich) innerhalb dieser zwei Wochen würde den Gewinn aus dem Zeitwertverlust des Short Put wieder zunichte machen, ebenso ein Anstieg der impliziten Volatilität um zwölf Prozentpunkte auf 42 Prozent (Kurs des Basiswerts bleibt konstant). Diese Zusammenhänge zwischen Kurs-, Volatilitäts- und Zeitwertentwicklung werden in Abb. 5.12 deutlich.

Neben der Renditesteigerung kann ein Short Put indirekt auch zum Kauf des entsprechenden Basiswerts genutzt werden. Allerdings geht dies nur bei Aktien, da diese Optionen effektiv erfüllt werden können. Dabei

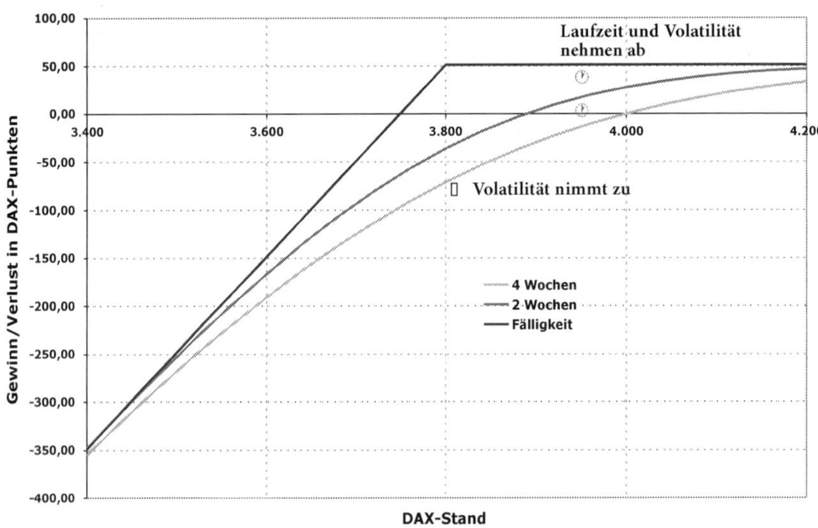

Abb. 5.12: Short Put mit Volatilitäts- und Laufzeiteinflüssen

stellt der Basispreis des Puts minus die erhaltene Prämie den Kurs dar, zu dem ein Anleger die Aktie erwerben kann.

Beispiel:
Die DaimlerChrysler-Aktie hat gerade eine Kursrally hinter sich und steht nun bei 35 Euro. Dieses Kursniveau ist einem Anleger zu hoch, er wäre aber bereit, die Aktie bei 31 Euro zu erwerben. Nun kann er warten, bis der Kurs auf dieses Niveau sinkt, oder er veräußert einen Put mit einem Basispreis von 33 Euro zu zwei Euro. Über einen Short Put kann der Anleger die DaimlerChrysler-Aktie mit einem Abschlag zum derzeitigen Kurs von 35 Euro erwerben. Allerdings ist der Abschlag mit einem Nachteil verbunden: Steigt die Aktie weiter, bleibt der Gewinn auf die Prämieneinnahme von zwei Euro beschränkt, und man partizipiert nicht von weiter steigenden Kursen. In diesem Beispiel wäre der Aktienkauf ab einem Kurs von 37 Euro besser.

Fällt die Aktie unter den Basispreis, erwirbt der Verkäufer des Puts die Aktien zu 31 Euro, also zum Basispreis minus erhaltene Prämie. Erwartet man jedoch einen kräftigen Kursverfall der DaimlerChrysler-Aktie, ist es besser, die Korrektur abzuwarten und keinen Put zu verkaufen. Die Prämieneinnahme federt zwar die Verluste ein wenig ab, doch der Verlust kann sehr hoch ausfallen. Das unbegrenzte Verlustpotenzial dieser Position sollte nicht unterschätzt werden. So erweist sich der Verkauf von Optionen aus dem Geld oft als viel versprechend, da die Wahrscheinlichkeit, dass die Puts wertlos verfallen, groß ist. Gemäß ihrem Delta haben sie ja eine geringe Chance, am Verfallstag einen inneren Wert zu erreichen. Kommt es jedoch zu einem kräftigen Kursverfall im Basiswert, kann der Optionspreis stark zulegen. Daher sollten Anleger insbesondere bei Positionen mit unbegrenzten Verlustmöglichkeiten Stoppkurse setzen. Auch wenn sie für Optionen nicht ins Handelssystem der Terminbörse Eurex eingegeben werden können, sollte jeder Anleger sie aber für sich selbst formulieren und einhalten.

Möchte jemand eine Position in Aktien aufbauen, aber nicht alles auf einmal investieren, ist eine Mischung aus Direktkauf der Aktien und einem Put-Verkauf eine Alternative. So werden mit der Hälfte der vorgesehenen Position Aktien zum aktuellen Kurs gekauft, und für die andere Hälfte wird ein Put auf die Aktie geschrieben. Kommt es nicht zur Ausübung und steigen die Aktienkurse, partizipiert man wenigstens mit der Hälfte der Aktien. Bleibt der Kurs stabil, kann mit der Prämieneinnahme ein moderater Gewinn erzielt werden. Fällt die Aktie jedoch kräftig, verliert man stärker als beim alleinigen Verkauf des Puts. Denn mit den bereits erworbenen Aktien rutscht man kräftig ins Minus, ebenso mit den aus den Puts angedienten Titeln.

5.2.2 Gedeckter Short Call (Covered Call Writing)

Die Kombinationsmöglichkeiten, eine Optionsposition darzustellen, sind wie gezeigt vielfältig. So kann ein synthetischer Put aus einer Aktienposition plus einem Short Call auf diese Aktien erzeugt werden. Diese Strategie heißt auch Covered Call Writing, also gedeckter Short Call, und eignet sich ebenfalls für stagnierende beziehungsweise leicht steigende

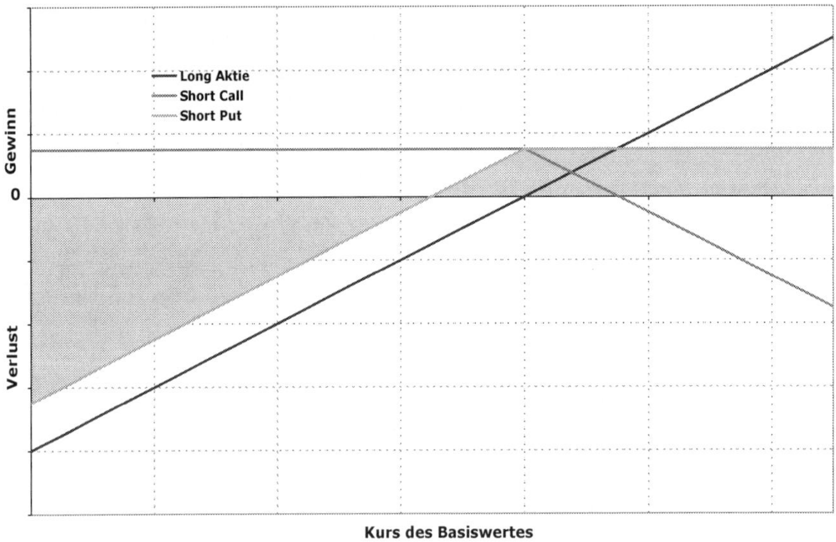

Abb. 5.13: Gedeckter Short Call – entspricht einem synthetischen Short Put (Long-Aktie plus Short Call)

Börsen. Gedeckt bedeutet, Call-Optionen auf seinen Aktienbestand zu verkaufen. Übersteigt der Kurs den Basispreis des Calls, werden die Aktien aus dem Bestand geliefert. Fallen die Kurse, federt die Prämieneinnahme wie beim Short Put den Abschwung ab.

Diese Kombination ist besonders für Aktionäre geeignet, die den Verkauf von Calls gegen ihre Aktienbestände als Ausstiegsstrategie betrachten. Anstatt die eigenen Aktien nach einem Kursanstieg zum aktuellen Kurs zu verkaufen, können Calls auf diese Titel verkauft werden. Dabei dient der Basispreis plus die eingenommene Prämie als Ausstiegskurs, falls der Aktienkurs am Laufzeitende über dem Basispreis steht. Dann müssen die Aktien zum Basispreis geliefert werden, und als Ausgleich hat man dafür eine Prämie erhalten. Allerdings ist der Verkauf über den Short Call nicht sicher, da ja auch der Aktienkurs zum Ende der Laufzeit unterhalb des Basispreises stehen könnte. Der folgende Vergleich zeigt die Unterschiede zwischen verschiedenen Handlungsalternativen, die sich einem Aktionär mit Blick auf den Verfallstag für seinen Aktienbestand bieten.

Beispiel:
Angenommen, ein Anleger hat sich zu einem unbestimmten Zeitpunkt in der Vergangenheit zum Kauf von 100 Aktien der DaimlerChrysler AG entschieden und diese für 26 Euro erworben. Es liegt nahe, dass die Meinung des Anlegers über die Aktie zum Kaufzeitpunkt positiv war, er also von einer Kurssteigerung ausging. Nach wenigen Monaten hat sich der Kurs in der Tat positiv entwickelt, der Anleger hat einen Buchgewinn von zehn Prozent erzielt. Der Investor sieht auf Grund der positiven Kursentwicklung das Potenzial kurzfristig, beispielsweise für die nächsten sechs Monate, ausgereizt, bleibt aber für die Aktie grundsätzlich positiv gestimmt.

Nun hat er drei Möglichkeiten:

1. Er verkauft die Aktie, legt das Geld für sechs Monate am Geldmarkt an und investiert erneut in den Wert. Wir gehen von einer durchschnittlichen Geldmarktrendite von 2,5 Prozent pro Jahr aus, das heißt er gewinnt 1,25 Prozent für das betrachtete halbe Jahr (keine unterjährige Verzinsung).

2. Er überwindet die „Durststrecke" und behält den Titel im Depot, auch wenn er kurzfristig keine Rendite erwartet, da er grundsätzlich positiv gegenüber der Aktie eingestellt ist und das Timing-Risiko des richtigen Wiedereinstiegs umgehen möchte.

3. Er verkauft einen Eurex-Call auf DaimlerChrysler mit einer Laufzeit von sechs Monaten und hinterlegt seine Aktien als Sicherheit. Diese Strategie wird auch als Covered Call Writing bezeichnet.

Alle drei Strategien erscheinen auf den ersten Blick logisch. Betrachten wir sie nun unter Chance-Risiko-Gesichtspunkten.

Strategie 1:
Der Vorteil dieser Strategie liegt auf der Hand: Der Anleger sichert sich die erreichten zehn Prozent und kann für die sechs Monate noch einen kleinen Zusatzertrag von 1,25 Prozent verbuchen. Das Problem für den Anleger liegt vor allem im Timing: Was, wenn die Aktie im betrachteten Zeitraum weitere fünf Prozent gewinnt? Der Anleger würde an dieser Kursentwicklung nicht teilhaben. Und wer sagt, dass die Aktien genau nach sechs Monaten wieder steigen und nicht erst nach zwölf? Der Anleger geht also davon aus, dass die Aktie nicht mehr steigt.

Strategie 2:
Die Strategie des Haltens ist wohl immer noch die am häufigsten angewandte bei Privatkunden. Anleger, die heute zu ihrer Hausbank gehen und sich für eine Aktienanlage interessieren, werden zuerst auf die notwendige langfristige Sichtweise hingewiesen, bei der Aktien gegenüber anderen Anlagen immer die höchste Rendite erzielt haben. Mit anderen

Worten: kaufen, weglegen, nach Jahren anschauen und sich über den Kursgewinn freuen. Dies erscheint aber nicht immer erfolgversprechend, wie nicht nur die Baisse seit März 2000 gezeigt hat. Vor allem Einzelaktien sind einem höheren Risiko ausgesetzt als ein diversifiziertes Portfolio oder ein Index. Der Grund für eine Aktienanlage ist nun einmal, dass der Anleger von einer guten Entwicklung des Wertes ausgeht, die zwar eintreten kann, aber nicht muss.

Strategie 3:
Der Anleger beauftragt seine abwickelnde Bank oder seinen Broker, eine Call-Option über die Terminbörse Eurex zu verkaufen. Damit verpflichtet er sich, seine DaimlerChrysler-Aktien zum gewählten Basispreis zu verkaufen, wenn die Option ausgeübt werden sollte. Als Sicherheit hinterlegt er seine Aktien, muss aber im Gegenzug kein Bargeld hinterlegen. Die Aktien sind die Margin; dafür vereinnahmt er die Optionsprämie. Für eine am Geld liegende Option kann er dabei durchaus eine realistische Zusatzrendite von acht Prozent für eine Laufzeit von sechs Monaten erzielen. Diese Zusatzrendite bringt dem Anleger im Vergleich zu den beiden anderen Strategien klare Timing-Vorteile, da er vor allem dann besser liegt, wenn sein Szenario nicht exakt eintrifft, grundsätzlich jedoch richtig ist.

Strategievergleich:
Vergleicht man nun die drei möglichen Szenarien, werden Vor- und Nachteile der Strategien noch einmal vor dem Hintergrund der dargestellten Zusammenhänge deutlich:

1. Die Aktie steigt kräftig: Sollte die Aktie im betrachteten Zeitraum weiter stark steigen, partizipiert der Anleger vor allem mit Strategie 2. Bei dieser „Halten-Strategie“ nimmt der Investor voll an der Kurssteigerung teil. Im Gegensatz dazu partizipiert der Anleger bei Strategie 1 nach dem Verkauf nicht mehr an der Kurssteigerung. Entgegen seiner Auffassung ist die Aktie also weitergelaufen. Immerhin: Er hat seine 11,25 Prozent erwirtschaftet, aber er steht vor der Frage, ob und wann er wieder einsteigen soll. Bei Strategie 3 würde der Stillhalter bei steigenden Kursen aufgefordert, die Aktien zum Basispreis zu liefern, sollte der Aktienkurs über dem

Basispreis liegen. Was zunächst ärgerlich klingt, muss jedoch im Gesamtzusammenhang betrachtet werden. Relativ schlechter stellt sich der Investor erst dann, wenn der Basiswert um mehr als die aus dem Optionsgeschäft erzielten acht Prozent steigt. Auch in diesem Fall muss betont werden, dass der Anleger mit dem Covered Call Writing nicht wirklich einen Verlust erleidet. Er kassiert immerhin addierte 18 Prozent. Er schneidet also „nur“ relativ zu Strategie 2 schlechter ab. Die Verkaufsstrategie 1 wird genau dann vom Covered Call Writing geschlagen, wenn die Termingeldrendite unter 16 Prozent jährlich, also der jährlichen prozentualen Prämieneinnahme, liegt, was selbst in Hochzinsphasen immer der Fall sein dürfte. Strategie 3 ist also besser als die Verkaufsstrategie, aber schlechter als die Variante, Aktien einfach nur zu halten.

2. Die Aktie stagniert: Betrachten Sie den Anlageerfolg einmal für den Fall, dass der Anleger mit seinen Erwartungen richtig liegt. Bei Strategie 1 kassiert der Aktionär zunächst seine zehn Prozent Kurserfolg und legt durch seine halbjährige Geldanlage noch einen kleinen „Renditebonus“ von 1,25 Prozent drauf. Alles richtig gemacht? Mitnichten. Die dargestellte Strategie ist dem Covered Call Writing sowohl unter Ertrags- als auch unter Risikogesichtspunkten unterlegen. Der Investor müsste auch hier einen Zinssatz von jährlich 16 Prozent auf seine Termineinlage geboten bekommen, um das Optionsgeschäft zu überbieten – ein kaum realisierbares Unterfangen. Zudem trägt der grundsätzlich positiv zur DaimlerChrysler-Aktie eingestellte Investor wieder das Timing-Risiko: Er steht vor der erneuten Frage, ob er wieder einsteigen oder das Termingeldgeschäft verlängern soll. Die Strategie 2 des Haltens dürfte hier für jeden ersichtlich die klar schlechteste sein, da der Anleger für das betrachtete Halbjahr sein Kapital zur Verfügung gestellt hat, ohne einen Ertrag zu erhalten (Dividende unberücksichtigt).Um den Risikogesichtspunkt zu diskutieren, wird im dritten Szenario die Möglichkeit fallender Kurse betrachtet.

3. Die Aktie fällt: Wurde im Fall steigender Kurse auf der Risikoseite maximal über nicht gemachte Gewinne gesprochen, so sind die handfesten Verlustmöglichkeiten des Anlegers zu betrachten. Wie bei stagnierenden Kursen ist die schlechteste Strategie die des Haltens. Der Inves-

tor muss zuschauen, wie seine „gewonnenen" zehn Prozent wieder dahinschmelzen. Bleibt er der Aktie gegenüber positiv, wird er weiterhin halten, was ihn sogar in die Verlustzone führen kann. Wohl dem, der Strategie 1 gewählt hat und seine Titel verkaufte. Das ist bei fallenden Kursen immer noch die beste Alternative. Sein Ertrag ist zunächst gesichert. Er hat die zehn Prozent kassiert und erhält den Ertrag auf sein Termingeld (im Beispiel 1,25 Prozent). Was aber macht der Stillhalter? Er stellt seine Call-Position mit Gewinn glatt und verkauft seine Aktien. Das bedeutet, er kauft den geschriebenen Call, der nun bei niedrigerem Aktienkurs und geringerer Laufzeit weniger wert ist, zurück. Den Differenzbetrag zwischen Verkauf und Kauf der Option muss er mit dem Verlust aus dem Aktienpreisrückgang verrechnen. Letzterer wird immer größer sein als der Gewinn aus dem Call-Verkauf. Bei fallenden Kursen ist also das Covered Call Writing schlechter als der rechtzeitige Verkauf, aber besser, als die Aktien nur zu halten.

Im Falle stark steigender oder kräftig fallender Kurse stellt das Covered Call Writing jeweils die zweitbeste Lösung im Vergleich zum Halten oder Verkaufen der Aktien dar. Es ist eine Art Kompromiss zwischen diesen beiden Alternativen und wird zur besten Lösung, wenn der

Aktienerfolg nach Halbjahr	-15%	-4%	0	4%	15%
Strategie 1: Aktie verkaufen plus Termingeld	10% + 1,25% = 11,25 % Gesamterfolg	10% + 1,25% = 11,25% Gesamterfolg	10% + 1,25% = 11,25% Gesamterfolg	10% + 1,25% = 11,25% Gesamterfolg	10% + 1,25% = 11,25% Gesamterfolg
Strategie 2: Aktie halten	10%-15% = -5% Gesamterfolg	10%-4% = 6% Gesamterfolg	10%+0% = 10% Gesamterfolg	10%+4% = 14% Gesamterfolg	10%+15% = 25% Gesamterfolg
Strategie 3: Aktie halten plus Call mit Basispreis gleich aktuellem Kurs verkaufen	10%+8%-15% = 3% Gesamterfolg	10%+8%-4% = 14% Gesamterfolg	10%+8%+0% = 18% Gesamterfolg	10%+8% = 18% Gesamterfolg	10%+8% = 18% Gesamterfolg
Vorteilhafteste Strategie	Aktie verkaufen	Aktie plus Call-Verkauf	Aktie plus Call-Verkauf	Aktie plus Call-Verkauf	Aktie Halten

Abb. 5.14: *Kursszenarien*

Aktienkurs am Basispreis des verkauften Calls endet. Die Abb. 5.14 zeigt die Zusammenhänge einmal übersichtlich mit Zahlenbeispielen.

5.2.3 Bull Price Spread mit Calls

Anstelle einer Short-Put-Strategie bieten sich auch Optionskombinationen an, um von seitwärts bis leicht steigenden Börsen ohne eindeutigen Trend zu profitieren. Bei diesen Kombinationen wird eine Option verkauft, die die Gewinnchancen somit begrenzt. Dafür ist bei den Kombinationen auch der Verlust begrenzt, was beim Put-Verkauf nicht der Fall ist. Eine solche Optionskombination, die von nur leichten Kurssteigerungen profitiert, ist der Bull Call Spread. Hier kauft der Anleger einen Call mit einer tiefen Basis und verkauft einen Call mit einer höheren Basis. Die Laufzeiten beider Calls sind identisch. Zwischen den Basispreisen partizipiert der Anleger von steigenden Kursen. An den Basispreisen sind jeweils die Gewinn- und Verlustchancen begrenzt.

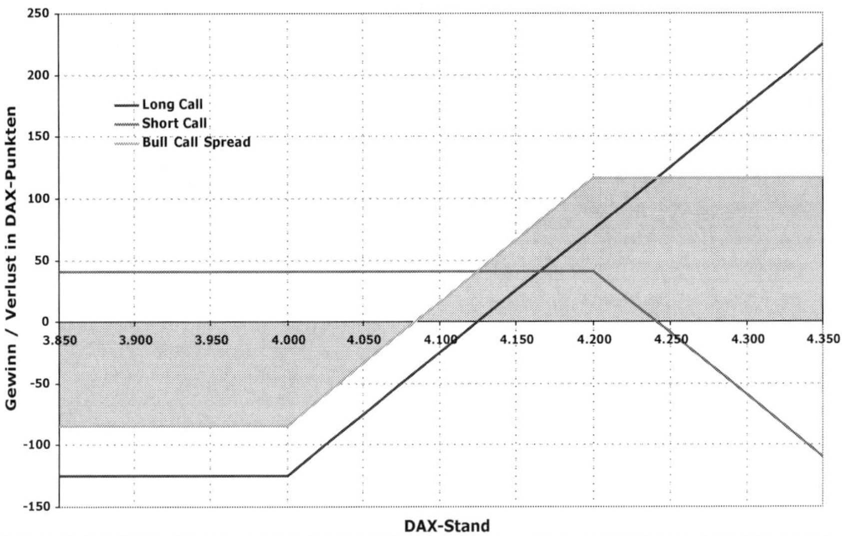

Abb. 5.15: *Bull Call Spread am Fälligkeitstag*

Grundsätzlich muss sich der Käufer eines Bull Spread über drei mögliche Szenarien am Fälligkeitstag im Klaren sein:

1. Totalverlust, wenn der Basiswert unter den Basispreis des gekauften Call rutscht;
2. Maximalgewinn, wenn der Kurs am Basispreis des verkauften Call oder darüber liegt;
3. Endet der Kurs zwischen den Basispreisen, bekommt der Anleger die Differenz zwischen aktuellem Kurs und Basispreis des Long Calls. Der Gewinn oder Verlust besteht aus dieser Differenz abzüglich der gezahlten Prämie.

Die Bull-Call-Spread-Strategie ist weniger riskant als ein alleiniger Call-Kauf. Letzterer ist zwar auch in dieser Optionskombination beinhaltet, aber durch den Verkauf eines Call wird eine Prämie vereinnahmt und somit der Einsatz verringert. So ist der absolut auf dem Spiel stehende Betrag beim Bull Spread niedriger als beim Erwerb eines „Solo"-Calls. Ein weiterer großer Vorteil dieser Strategie ist eine höhere Rendite, wenn die Basiswerte nur moderat steigen.

Beispiel:
Wir gehen wieder von einem aktuellen DAX-Stand von 4000 Punkten und einer Frist von rund sechs Wochen zum Verfall aus. Erwartet der Anleger den DAX am Verfallstag bei 4200 Punkten, also rund fünf Prozent höher, und möchte er dafür nicht mehr als 100 DAX-Punkte, also eine Prämie von 500 Euro (fünf Euro pro Punkt für ein DAX-Optionskontrakt) pro Kombination, riskieren, dann bietet sich der 4000–4200er-Call Spread an. Bei einer impliziten Volatilität von 22 Prozent für den Call mit Basis 4000 ergibt sich eine Prämie von 125 DAX-Punkten oder 625 Euro je Kontrakt. Der leicht aus dem Geld liegende 4200er-Short-Call wird in der Regel mit einer niedrigeren impliziten Volatilität von 20 Prozent berechnet und bringt nur 41 Punkte ein. Insgesamt kostet der 4000–4200er-Call-Spread also 84 Punkte beziehungsweise 420 Euro pro Position. Damit liegt er unter seinem vorgegeben Limit von 500 Euro. Die Gebühren des Maklers werden der Einfachheit halber ignoriert.

Die Bull-Call-Strategie kostet auf Grund des gekauften teureren Call originär immer Geld und ist somit in der Regel nicht marginpflichtig. Denn das Risiko ist wie bei einem „Solo"-Call auf die Prämienzahlung begrenzt. Spreads, für die im Voraus Geld zu entrichten ist, werden auch Debit Spreads oder Soll-Spreads genannt. An der Computerbörse Eurex gibt es die Möglichkeit, diese Kombination oder auch die später vorgestellten Bear Spreads auf einmal zu handeln. Aber nicht jede Bank und nicht jeder Intermediär bietet dies an; dort müssen dann die Aufträge für die Optionen einzeln aufgegeben werden.

Anleger sollten bei der Bewertung von Optionskombinationen wie bei einzelnen Optionspositionen nicht nur die zu zahlende Prämie vergleichen, sondern mehrere Punkte betrachten und deren Vor- und Nachteile gegeneinander abwägen. Für eine Bewertung des Bull Spreads am Fälligkeitstag greift man auf die in Kapitel 3.3 erstellte Checkliste zurück und prüft die wichtigsten Kriterien:

→ Ist der Verlust begrenzt, oder besteht eine unbegrenzte Verlustmöglichkeit (z.B. Nachschlusspflicht)?

→ Gibt es einen Maximalgewinn beziehungsweise eine Maximalrendite, oder sind die Gewinnmöglichkeiten unbegrenzt?

→ Wann ist der Break-even (Gewinnschwelle) erreicht?

→ Kann ein Totalverlust der gezahlten Prämie entstehen?

→ Prämienvergleich absolut

→ Innerhalb welcher Laufzeit wird eine Kursbewegung erwartet?

→ Welche Basispreise sind bei entsprechender Kurserwartung auszuwählen?

→ Ab welchem Kurs erreicht ein alternativer „Solo"-Call eine bessere Performance?

Der letzte Punkt ist im Vergleich zur Checkliste für Grundpositionen noch hinzugekommen, da der Bull Spread eine Alternative zum alleinigen Call darstellt. Anhand dieser Kriterien kann das Engagement am Fälligkeitstag beurteilt werden. Für die Bewertung am Laufzeitende entscheidet grundsätzlich nur der Kurs des zugrunde liegenden Basiswerts. Daher lässt sich die Checkliste auch auf viele andere Derivate-Konstruktionen übertragen.

Da diese Optionspositionen – wie auch die Grundpositionen – stark auf eine Veränderung im Kurs des Basiswerts reagieren, wird die Position meist nach der erwarteten Kursbewegung glattgestellt und nicht erst am Ende der Optionsfrist. Während der Laufzeit sind aber zusätzlich wieder die Einflüsse der impliziten Volatilität und der Laufzeitveränderung zu beachten. Denn die Bewertung von Optionspreisen hängt, wie bei den Einzelpositionen, dann nicht nur vom Kurs des Basiswerts ab. Die Checkliste sollte also um diese beiden Faktoren ergänzt werden. Doch im Folgenden soll der vorgeschlagene Call Spread erst einmal anhand der zunächst erstellten Checkliste beurteilt werden.

Die Prämie wurde bereits errechnet, und das Risiko ist auf die 420 Euro pro Optionskombination begrenzt. Der maximale Gewinn errechnet sich immer aus der Differenz der Basispreise, im Beispiel sind das 200 Punkte. Bezieht man nun die zu zahlende Prämie mit ein und zieht sie von der Differenz der Basispreise ab, ist der maximal mögliche Gewinn 116 Punkte (200 minus 84). Der maximale Gewinn wird immer dann erzielt, wenn der DAX am Verfallstag den höheren Basispreis des verkauften Calls erreicht beziehungsweise übersteigt; im Beispiel muss der DAX mindestens die 4200er-Marke erreichen. Bei einem Einsatz von 84 Punkten beträgt die maximale Rendite beim Stand von mindestens 4200 rund 138 Prozent.

$$Rendite = \frac{Gewinn}{Einsatz} \times 100 \qquad Rendite = \frac{116}{84} \times 100 = 138\ \%$$

***Abb. 5.16:** Renditeberechnung;* ***Abb. 5.17:** Beispielrechnung*

Der 4000er-Call allein hätte aufgrund des höheren Einstandspreises von 125 Punkten nur 60 Prozent Rendite gebracht. Auch die Gewinnschwelle wird beim Call Spread schneller erreicht als beim Solo-Call: 4084 anstatt 4125 DAX-Punkte. Der Break-even lässt sich genauso schnell errechnen:

Break-even = Basispreis + gezahlte Nettoprämie

Break-even = 4000 + 84 = 4084

Abb. 5.18: *Break-even-Rechnung;* ***Abb. 5.19:*** *Beispielrechnung*

Kommt es jedoch zu einer kräftigen Rallye und steigt der DAX sehr stark an, wäre der Call alleine die bessere Alternative. Ab Kursen von rund 4298 DAX-Punkten erzielt der „Solo-Call“ eine bessere Performance.

Outperformance-Punkt des Solo-Calls =

Basispreis + Call-Prämie + Call-Prämie x max. Performance des Call-Spreads

Abb. 5.20: *Formel für den Kurs, an dem ein vergleichbarer Call den Bull Spread outperformt*

Outperformance-Punkt = 4000 + 125 + 125 x 138% = 4298

Abb. 5.21: *Beispielrechnung zur Formel in Abb. 5.20*

Auch andere Kombinationen kommen für den Bull Spread in Frage. Er kann auch mit zwei aus dem Geld oder im Geld liegenden Calls konstruiert werden. Dabei ist die erste Alternative wesentlich riskanter, da der Kurs des Basiswerts bis zum Verfall stärker steigen muss um einen Gewinn zu erzielen. Bei der zweiten Möglichkeit kann der Kurs des Basiswerts bis zur Fälligkeit sogar bis auf den Basispreis des verkauften Call fallen, und die

Strategie würde noch den Maximalgewinn erzielen. Kommt es nicht zu einer sehr starken Aufwärtsbewegung im Basiswert, ist der Bull Spread besser als ein reiner Call-Kauf, wenn man die möglichen Szenarien am Verfallstag betrachtet.

Nun gilt es, die Bull-Spread-Strategie während der Laufzeit zu beurteilen. An diesem Punkt gilt es, die Checkliste um die Sensitivitätskennzahlen Delta, Vega und Theta zu erweitern. Wie bei Einzel-Optionspositionen helfen sie dabei, die Entwicklung der Optionspreise während der Laufzeit einzuschätzen. Sie wirken auf Optionskombinationen genauso wie auf einzelne Optionen. Nur ist beim Kauf und Verkauf der gleichen Option die Differenz der Kennzahlen für das Chance-Risiko-Verhältnis relevant. Dabei haben die Kennzahlen unterschiedliche Vorzeichen, je nach Optionsposition und damit Auswirkung auf den Optionspreis.

Kauft ein Anleger beispielsweise einen Bull Spread, bei dem die gekaufte Option ein Delta von 70 hat und die verkaufte eines von 40, so hat der Bull Call Spread ein Gesamt-Delta von 30. Dabei wird deutlich, dass ein vergleichbarer Call alleine – in diesem Fall mit einem Delta von 70 – während der Laufzeit immer stärker auf eine Veränderung des Basiswerts reagiert als ein Bull Call Spread. Bei Letztgenanntem bremst der verkaufte Call die Wertentwicklung. Der Einfluss der Volatilität, gemessen am Vega, und der Einfluss der Laufzeit, gemessen am Zeitwertverfall (Theta), können beim Bull Spread genauso wie das Delta berechnet werden. Die Auswirkungen auf den Optionspreis eines Bull Spreads hängen davon ab, wo der Kurs des Basiswerts im Vergleich zu den Basispreisen steht. Anhand der Grafik in Abbildung 5.22 werden diese beiden Einflussgrößen auf einen Bull Spread deutlich: Eine sinkende implizite Volatilität wirkt dabei genauso auf den Optionspreis wie eine Verkürzung der Restlaufzeit.

Am besten unterscheidet man zwei Fälle bei der Laufzeitbetrachtung:

1) Befindet sich der Kurs des Basiswerts beim Bull Spread in der Nähe des Basispreises der verkauften Option, wirkt eine kürzer werdende Restlaufzeit oder eine sinkende implizite Volatilität positiv auf den

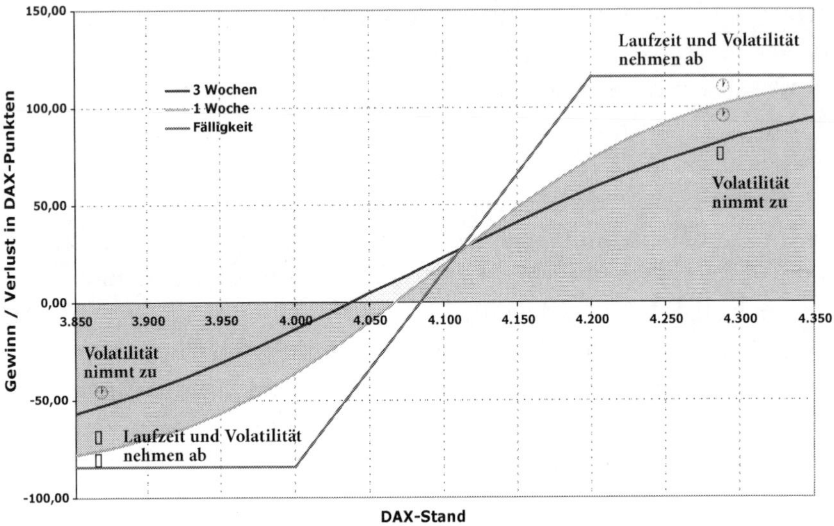

Abb. 5.22: Bull Spread mit Laufzeit- und Volatilitätseinflüssen

Optionspreis des Bull Spreads. Steigt dagegen die implizite Volatilität an, so sinkt der Preis des Bull Spreads während der Laufzeit.

2) Liegt der Kurs des Basiswerts nahe am Basispreis des gekauften Calls, ist der Einfluss einer sinkenden Volatilität und abnehmenden Restlaufzeit negativ. Steigt in diesem Fall aber die implizite Volatilität an, ist das positiv für den Optionspreis des Bull Spreads während der Laufzeit.

Auch wenn der Einfluss der Kursbewegung des Basiswerts am größten ist, sollten die Volatilitäts- und Zeitwerteinflüsse nicht vernachlässigt werden. Bei den vielen Konstellationsmöglichkeiten von Bull-Spread-Strategien wird noch einmal die Bedeutung eines Optionsrechners klar. Dort können nämlich die zahlreichen Kombinationen simuliert werden, was eine Entscheidungsfindung erleichtert.

5.2.4 Bull Price Spread mit Puts

Der Bull Spread lässt sich auch mit Put-Optionen darstellen. Dabei wählt man die gleichen Basispreise wie bei der Kombination mit Calls. Das heißt, der Put mit der tieferen Basis wird gekauft und derjenige mit einer höheren Basis wird verkauft. Dabei wird das gleiche Chance-Risiko-Profil erzielt wie bei einem Bull Spread mit Calls. Der Hauptunterschied liegt darin, dass der Käufer dieses Bull Spreads mit Puts eine Gutschrift erhält, da ein Put mit einem höheren Ausübungspreis teurer ist. Im Gegensatz zum Bull Spread mit Calls ist derjenige mit Puts ein so genannter Credit Spread oder Haben-Spread. Bei Bull Call Spreads muss also Kapital für die zu zahlende Prämie aufgebracht werden, während beim Äquivalent mit Puts dem Anleger die gleiche Summe erst einmal zufließt. Dafür muss aber eine Margin für die Position mit Puts hinterlegt werden. Die Prämieneinnahme stellt gleichzeitig den Maximalgewinn dar.

Da die Wertentwicklung und damit das Chance-Risiko-Profil bei beiden Bull Spreads gleich verläuft, braucht die Strategie nicht nochmal ausführlich diskutiert zu werden. Wie beim Bull Spread mit Calls können Anleger auch beim Äquivalent mit Puts verschiedene Ausgestaltungen vornehmen. Dabei sollte der gleiche Bewertungsprozess stattfinden, wie er beim Bull Spread mit Calls vorgenommen wurde. Zunächst sollte anhand der Checkliste das Chance-Risiko-Profil zum Verfallstag beurteilt werden. Nur müssen die Gewinnschwellen sowie das Verlustrisiko beim Bull Spread anders berechnet werden: Der Break-even liegt beim Basispreis des verkauften Puts minus die erhaltene Optionsprämie. Das maximale Verlustrisiko am Fälligkeitstag besteht beim Bull Put Spread aus der Differenz der Basispreise und dem erhaltenen Optionspreis. Nach dieser Bewertung gilt es, Delta, Vega und Theta einzubeziehen und Simulationen am Optionsrechner zu kalkulieren. So bekommt man ein Gefühl für die Wertentwicklung des Spreads.

5.3 Anlageszenario: stagnierende oder leicht fallende Kurse

Mit dem Kauf von Optionen setzen Anleger grundsätzlich auf eine kräftige Bewegung im Basiswert sowie in der Volatilität. Erwarten Anleger dagegen stagnierende Kurse und beziehungsweise oder fallende Volatilitäten, bietet sich das Gegenteil an: der Verkauf von Calls und Puts. Sehen Anleger noch das Risiko einer leicht fallenden Börse, ist der Verkauf eines Calls die geeignete Strategie. Als Alternative zum Short Call kommt bei einer solchen Erwartung eine Bear-Spread-Kombination in Frage. Auch die folgenden Strategien lassen sich so gestalten, dass Anleger von stark fallenden Kursen profitieren. Doch die Gewinne sind letztlich immer begrenzt, weshalb wir sie in diesem Kapitel einordnen.

5.3.1 Short Call

Im Gegensatz zum Long Call verfolgen Anleger beim Short Call die Absicht, sowohl von einem stagnierenden oder fallenden Markt als auch von einem Rückgang der impliziten Volatilität zu profitieren. Deshalb werden häufig Calls „am Geld" verkauft, denn hier ist der Zeitwertverfall absolut gesehen am höchsten. Allerdings werden auch häufig Call-Optionen aus dem Geld verkauft, da die Wahrscheinlichkeit hoch ist, dass diese Optionen wertlos auslaufen. Prozentual können diese Calls ja am meisten zulegen, und zwar theoretisch unbegrenzt, wenn der Kursanstieg im Basiswert stark ausfällt. Es empfiehlt sich daher, einen Basispreis zu wählen, bis zu dem man einen Kursanstieg bei Fälligkeit in Kauf nehmen kann. Allerdings sollte der Verkauf dieses Calls genügend Prämie abwerfen. Fällt der Kurs des Basiswerts und die implizite Volatilität oder die Laufzeit wird kleiner, wirkt sich dies positiv für den Call-Stillhalter aus, egal für welchen Basispreis er sich entscheidet.

Je pessimistischer die Kurserwartung, desto tiefer kann der Call-Basispreis gewählt werden beziehungsweise desto weiter kann die Call-Option im Geld liegen. Allerdings sind die Gewinne beim Short-Call durch die Prämieneinnahme begrenzt, sodass ein Long-Put bei starkem Kurs-

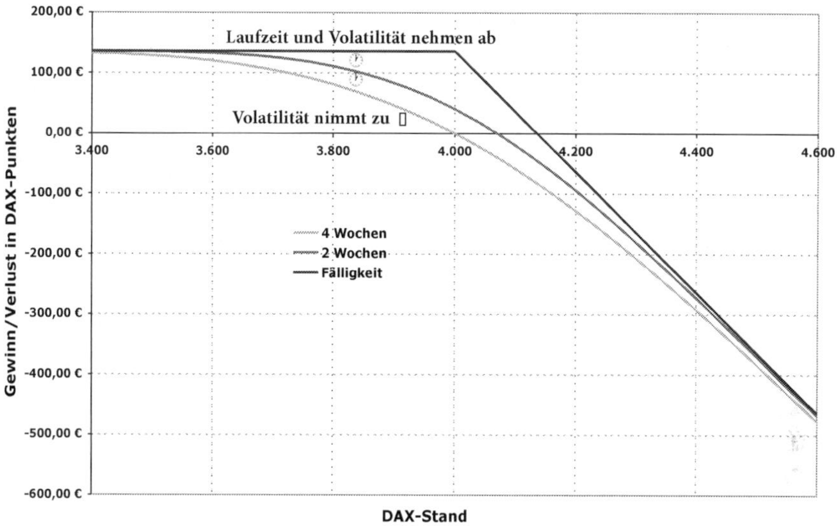

Abb. 5.23: *Short Call mit Laufzeit- und Volatilitätseinflüssen*

pessimismus mehr Gewinnchancen bietet.

Anleger sollten kurz laufende Calls für den Verkauf bevorzugen, da der Zeitwertverfall dieser Optionen am höchsten ist. So kostet ein 4000er-DAX-Call mit einer Restlaufzeit von vier Wochen sowie einer Volatilitätsbewertung von 30 Prozent rund 136 Indexpunkte. Vergehen zwei Wochen, sinkt der Kurs auf etwa 95 Punkte ab, DAX und implizite Volatilität konstant gelassen. Der Einfluss einer abnehmenden Restlaufzeit sowie der impliziten Volatilität ist grafisch in Abbildung 5.23 dargestellt.

5.3.2 Bear Spread mit Puts

Das Gegenteil des Bull Spreads, mit dem Anleger auf moderat steigende Kurse setzen, ist der Bear Spread, mit dem man auf moderat fallende Kurse spekulieren kann. Beim Bear Spread mit Puts kaufen Anleger einen Put mit höherer Basis und verkaufen einen mit einer niedrigeren Basis. Die Laufzeit der Put-Optionen ist identisch. Zwischen den Basispreisen schaffen sich Anleger so einen Kurskanal, mit dem sie von leicht fallenden Kursen profitieren. Sie partizipieren auch von stark fallenden Kursen, doch ist der Gewinn begrenzt. Auch der Bear Spread mit Puts ist ein Debit-Spread oder Soll-Spread, bei dem zum Kaufzeitpunkt eine Prämie zu entrichten ist. Er ist somit das genaue Gegenteil vom Bull Spread mit Puts. Derjenige, der einen Bull Spread mit Puts verkauft, erwirbt einen Bear Spread mit Puts.

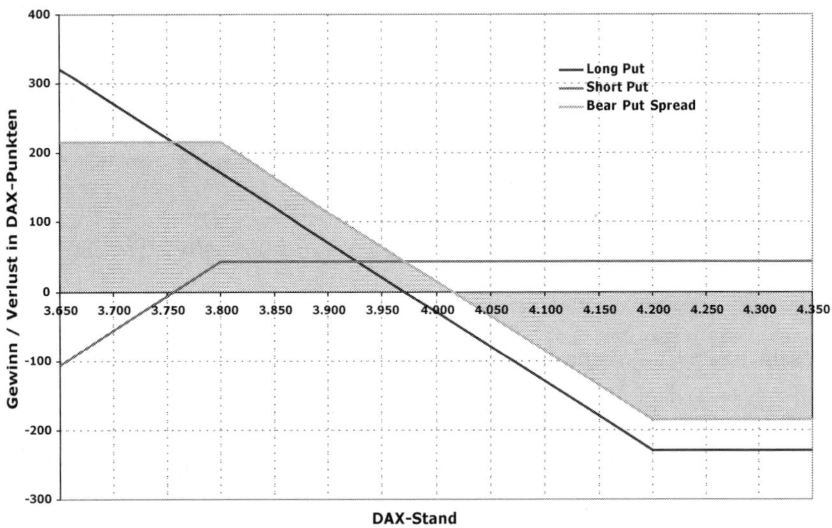

Abb. 5.24: *Bear Spread am Fälligkeitstag*

Die Abbildung 5.24 des Bear Spreads bezieht sich wieder auf den Verfallstag. Auch beim Bear Spread bieten sich dem Anleger drei Szenarien:

1. Totalverlust, wenn der Basiswert über den Basispreis des gekauften Put steigt;

2. Maximalgewinn, wenn der Kurs am Basispreis des verkauften Puts oder darunter liegt;

3. Endet der Kurs zwischen den Basispreisen, bekommt der Anleger die Differenz zwischen dem Basispreis des Long Puts und dem aktuellen Kurs. Der Gewinn oder Verlust besteht aus dieser Differenz abzüglich der gezahlten Prämie.

Dies gilt unabhängig davon, welche Basispreise für den Bear Spread gewählt werden. Anleger können bei der Fälligkeitsbetrachtung mit einem Blick auf die zuvor erstellte Checkliste von Seite 124 werfen, um einen Bear Spread zu beurteilen. Ein DAX-Beispiel verdeutlicht dies.

Der DAX-Index notiert wieder bei 4000 Punkten, und Anleger erwarten einen kurzfristigen Kursrutsch auf mindestens 3800 Punkte. Ein Bear Spread kann durch den Kauf eines Puts mit Basis 4200 zu 229 Punkten (implizite Volatilität bei 20) und dem Verkauf eines 3800er-Puts zu 44 Indexpunkten (implizite Volatilität bei 23) konstruiert werden. Der Bear Spread kostet also 185 DAX-Punkte. Die Laufzeit beider Optionen ist identisch und beträgt sechs Wochen. Der Maximalgewinn ist auf die Differenz der Basispreise minus die gezahlte Prämie beschränkt, also 400 minus 185 Punkte. Dies ergibt 215 Punkte, was bei einem Einsatz von 185 Punkten einer Rendite von rund 116 Prozent entspricht. Um die Gewinnschwelle zu ermitteln, müssen Anleger in diesem Fall die gezahlte Prämie vom Basispreis des verkauften Puts abziehen, also 4200 minus 185 Punkte; das ergibt 4015 Punkte für die Gewinnschwelle.

Gewinne oder Verluste sind wie beim Bull Spread begrenzt, und auch die zu zahlende Prämie ist durch die zusätzliche Prämieneinnahme aus dem Verkauf einer Put-Option geringer als beim vergleichbaren Solo-Put mit Basis 4200. Bei einem begrenzten Kursverfall sind die Renditen beim Bear Spread dadurch höher. Fallen die Kurse jedoch stärker, im Beispiel unter 3705 DAX-Punkte, ist der Put alleine rentabler. Outperformance-Punkt des Solo-Puts: Basispreis des gekauften Puts minus Prämie mal max. Performance des Bear Spreads (4200 – 229 – 229 x 116% = 3705).

Während der Laufzeit ist der Bear Spread, analog zum Bull Spreads, mit den Sensitivitätskennzahlen zu beurteilen. So ist das Delta auf Grund des verkauften Puts beim Bear Spread kleiner als beim vergleichbaren Solo-Put. Volatilitätseinfluss und Zeitwertverfall sind abhängig vom Stand des Basiswerts, wie die Abbildung 5.25 zeigt.

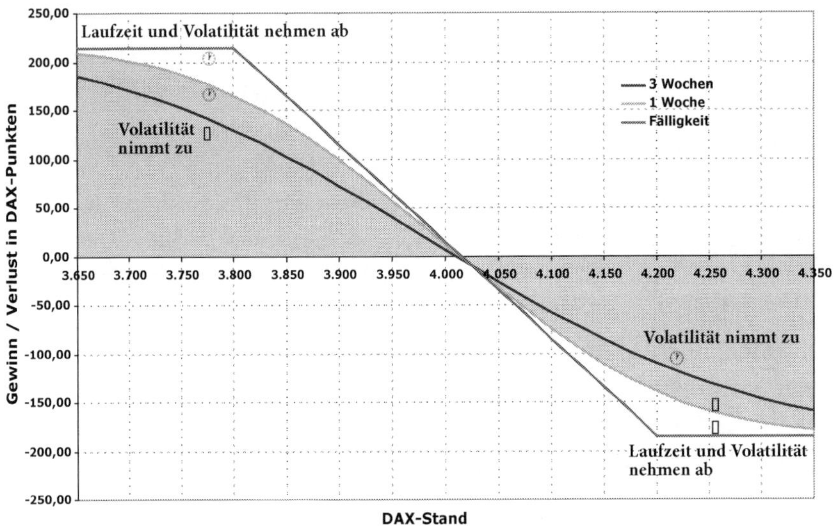

Abb. 5.25: *Bear Spread in Abhängigkeit von Laufzeit- und Volatilitätseinflüssen*

Dabei unterscheidet man am besten wieder zwei Fälle:

1) Befindet sich der Kurs des Basiswerts beim Bear Spread in der Nähe des Basispreises des verkauften Puts mit dem niedrigeren Basispreis, wirkt eine kürzer werdende Restlaufzeit oder eine sinkende implizite Volatilität positiv auf den Optionspreis des Bear Spreads. Steigt dagegen die implizite Volatilität an, so sinkt der Preis des Bear Spreads während der Laufzeit.

2) Liegt der Kurs des Basiswerts nahe am Basispreis des gekauften Puts mit dem höheren Basispreis, so ist der Einfluss einer sinkenden Volatilität und abnehmenden Restlaufzeit negativ. Steigt in diesem Fall

aber die implizite Volatilität an, ist das positiv für den Optionspreis des Bear Spreads während der Laufzeit.

Die Kombinationsmöglichkeiten sind auch beim Bear Spread vielfältig. Wer beispielsweise weniger Risiko sucht, der kann auf zwei im Geld liegende Puts zurückgreifen.

5.3.3 Bear Spread mit Calls

Der Bear Spread kann auch mit Calls konstruiert werden. Man erwirbt dabei den Call mit dem höheren Basispreis und verkauft denjenigen mit dem tieferen Basispreis. Letztgenannter Call ist teurer, und somit bekommt der Inhaber dieser Position zunächst eine Prämiengutschrift, weshalb dies wiederum als Credit Spread bezeichnet wird. Für diese Position ist deshalb eine Marginzahlung zu leisten. Das Gegenteil des Bear Spreads mit Calls ist der Bull Spread mit Calls. Verkauft jemand einen Bull Spread mit Calls, geht er die Position eines Bear Spreads mit Calls ein.

Die Bewertung sollte wie beim Pendant mit Puts erfolgen, allerdings bestehen Unterschiede in der Berechnung des maximalen Gewinns, der Gewinnschwelle und des maximalen Verlusts: Der maximale Gewinn ist auf die eingenommene Optionsprämie beschränkt. Die Gewinnschwelle errechnet sich aus dem Basispreis des verkauften Calls minus der erhaltenen Optionsprämie. Der maximal mögliche Verlust entspricht der Differenz zwischen den Basispreisen minus der eingenommenen Optionsprämie. Chancen und Risiken sind trotz dieser unterschiedlichen Berechnungen beim Bear Spread mit Calls und Puts gleich verteilt. Sie hängen von der Wahl der Basispreise, der Laufzeit sowie der Volatilitätsentwicklung ab.

5.4 Anlageszenario: fallende Kurse

Erwarten Anleger einen stärkeren Kursrückgang, ist ein Long Put die beste Optionsstrategie – und das nicht nur, um sein Aktiendepot zu schützen. Wie der Long Call profitiert er von steigenden impliziten Volatilitäten und verliert, wenn die Laufzeit abnimmt oder die Volatilität fällt.

5.4.1 Long Put

Beim Long Put können Anleger den Zusammenhang zwischen fallenden Kursen und steigender Volatilität zu ihren Gunsten nutzen. Hier lohnt es sich, Optionen am oder aus dem Geld zu kaufen. Diese Optionen sind nicht nur günstiger als die Optionen im Geld: Kommt es zum Kurseinbruch und wird der Markt nervös, sind in der Regel Volatilitätssteigerungen die Folge, von denen diese beiden Optionen am meisten profitieren. Marktteilnehmer verlangen bei zunehmender Unsicherheit eine

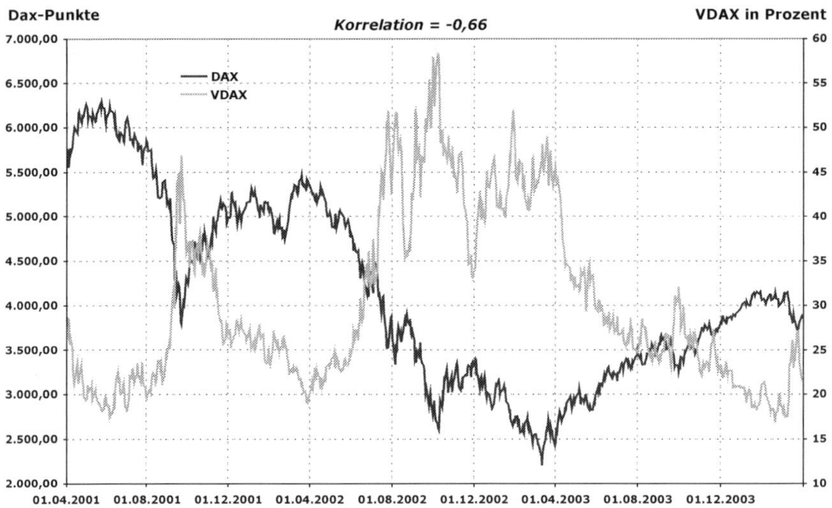

Abb. 5.26: *DAX vs. VDAX seit April 2001*

höhere Risikoprämie. So bekommt der Long Put einen Schub von zwei Seiten, zum einen durch die fallenden Kurse und zum anderen durch den Volatilitätsgewinn. Den Zusammenhang zwischen fallenden Kursen und steigender Volatilität zeigt ein Vergleich des Verlaufs des DAX mit dem des Volatilitäts-DAX (VDAX).

Da kräftige Kursrückgänge in der Regel schnell und mit heftigen Kurssprüngen ablaufen, beobachtet man in einer solchen Situation oft einen Anstieg der impliziten Volatilität. Umgekehrt verlaufen Kurssteigerungen meist ruhig mit geringen Kursausschlägen, die dann zu einem Rückgang der Volatilität führen. Die Kurs-Volatilitäts-Matrix in Abbildung 5.27 zeigt die Auswirkungen beider Einflussgrößen auf einen beispielhaft ausgewählten 3600er-DAX-Put mit einer Laufzeit von sechs Monaten.

Je tiefer der Basispreis des Puts, also je weiter die Option aus dem Geld liegt, desto größer die prozentualen Gewinnchancen und damit die

Put-Option (Preise in DAX-Punkten)

DAX-Stand / Implizite Volatilität	15%	20%	25%	30%	35%	40%	45%
3000	563,24	581,12	607,06	638,38	673,23	710,47	749,35
3100	471,54	496,76	528,94	565,31	604,29	644,95	686,73
3200	385,50	418,46	456,55	497,47	540,07	583,71	628,01
3300	306,99	347,16	390,34	435,06	480,66	526,75	573,14
3400	237,66	283,53	330,58	378,17	426,04	474,03	522,05
3500	178,59	227,92	277,34	326,77	376,14	425,44	474,64
3600	130,15	180,32	230,53	280,71	330,83	380,86	430,78
3700	91,94	140,43	189,89	239,80	289,93	340,13	390,33
3800	62,95	107,67	155,04	203,75	253,19	303,05	353,13
3900	41,79	81,31	125,51	172,22	220,38	269,42	319,01
4000	26,92	60,51	100,77	144,84	191,21	239,03	287,79
4100	16,84	44,39	80,27	121,24	165,41	211,66	259,29
4200	10,24	32,12	63,46	101,03	142,68	187,07	233,33

Abb. 5.27: *Kurs-Volatilitäts-Matrix eines 3600er-DAX-Puts mit sechs Monaten Laufzeit*

Hebelwirkung in einem fallenden Markt. Der Einfluss von Laufzeit und Volatilität ist grafisch in Abbildung 5.28 dargestellt. Der Long Put verliert mit abnehmender Restlaufzeit sowie sinkender impliziter Volatilität. Dagegen hilft ein Anstieg der Volatilität dem Long Put. Die Laufzeit des Puts sollte nicht zu kurz sein, da der Zeitwertverfall bei diesen Optionen stärker ist als bei länger laufenden Optionen.

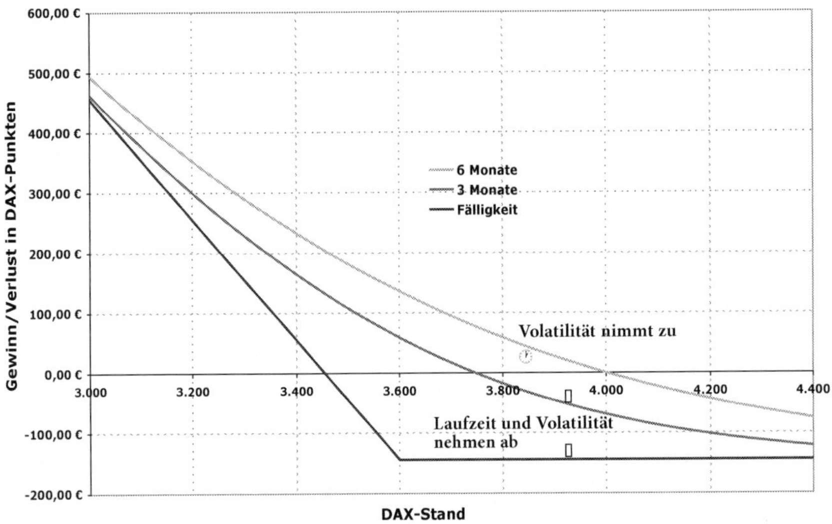

***Abb. 5.28:** Long Put mit Volatilitäts- und Laufzeiteinflüssen*

5.5 Anlageszenario: steigende Volatilität

Wurden die bisherigen Strategien in erster Linie dazu eingesetzt, um von einer erwarteten Kursbewegung zu profitieren, legt man sich bei Long Straddles und Long Strangles nicht auf eine bestimmte Kursrichtung fest. Man kann sowohl von steigenden als auch von fallenden Kursen profitieren. Bei den beiden neuen Strategien wird erwartet, dass es eine kräftige Kursbewegung gibt, ohne jedoch zu wissen, in welche Richtung. Gleichzeitig rechnet man mit einem Anstieg der erwarteten Schwankungsbreite, also der impliziten Volatilität. Profis setzen Straddles und Strangles hauptsächlich ein, um von steigenden oder fallenden impliziten Volatilitäten zu profitieren. Die Haltedauer beträgt in diesem Fall oft nur wenige Tage oder Wochen. Der besseren Übersicht wegen soll die Straddle-Strategie aber zunächst mit Blick auf den Verfallstag betrachtet werden. Die Checkliste (siehe Seite 124) wird dabei nicht noch einmal separat aufgeführt, sondern anhand der Beispiele nach und nach bearbeitet.

5.5.1 Long Straddle

Für einen Long Straddle kaufen Anleger die gleiche Menge an Calls und Puts gleichzeitig. Üblicherweise befinden sich die erworbenen Optionen am Geld oder zumindest nahe dran. Ein Beispiel: Der DAX steht wieder bei 4000 Punkten, und ein 4000er-DAX-Put mit Verfall in zwei Monaten kostet bei einer impliziten Volatilität von 22 Prozent 135 Punkte. Der

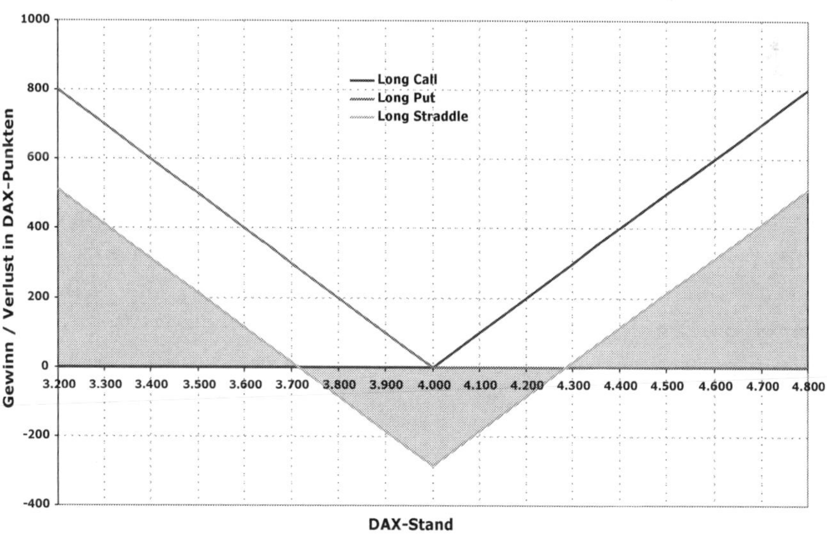

Abb. 5.29: Long Straddle bei Fälligkeit

DAX-Call mit gleichem Basispreis und gleicher Laufzeit kostet bei der gleichen Volatilitätsbewertung 151 Punkte. Insgesamt kostet der Zwei-Monats-Straddle also 286 Punkte. Der Maximalverlust ist auf die gezahlten Prämien begrenzt, während die Gewinnmöglichkeiten beim Long Straddle unbegrenzt sind. Je weiter sich der Kurs vom Basispreis des Straddles entfernt, desto höher ist der Gewinn.

Die Gewinnschwellen errechnen sich aus Basispreis plus oder minus gezahlte Prämie, im Beispiel sind das zum einen 4286 und zum anderen 3714 Punkte. Das heißt, der DAX muss in zwei Monaten mindestens um 286 Punkte steigen oder fallen, damit der gekaufte Straddle einen Gewinn abwirft. Solche kräftigen Kurssteigerungen sind aber in einer derart kurzen Zeit nicht immer zu erwarten. Außerdem ist der Long Straddle wegen der hohen Prämie für zwei gekaufte Optionen eine sehr riskante Optionsstrategie.

Deshalb wird er oft nur sehr kurzfristig eingesetzt, beispielsweise kurz vor wichtigen Ereignissen, wie Meldungen der Quartalsgewinne amerikanischer Unternehmen oder der US-Arbeitsmarktdaten. Man erwartet beim Long Straddle, dass die implizite Volatilität stärker zunimmt, als dies die aktuellen Optionspreise widerspiegeln. Die Position wird dann auch schnell nach der Reaktion der Börse wieder geschlossen und nicht unbedingt bis zum letzten Tag gehalten. Für diesen kurzen Einsatz sind die Laufzeiteffekte von großer Bedeutung.

Meist setzen Anleger mit einem Long Straddle also primär auf einen Anstieg der Volatilitäten. Nimmt die Unsicherheit nach einem kursbeeinflussenden Ereignis zu, und steigt die implizite Volatilität beispielsweise von 22 auf 28 Prozent an, dürfte der Long Straddle zulegen – allerdings nur, wenn der Rückgang des Zeitwerts auf Grund einer kürzer gewordenen Restlaufzeit geringer ausfällt. Das Theta des Straddle ist hoch und wirkt sich zum Nachteil des Straddle-Käufers aus. Beim obigen 4000er-Straddle beträgt er aktuell 3,33 Punkte pro Tag. Deshalb sollte die Laufzeit nicht zu kurz gewählt werden. Zwar kann eine große Kursbewegung den Zeitwertverlust wettmachen, doch das Risiko ist höher als beim Erwerb nur einer Option.

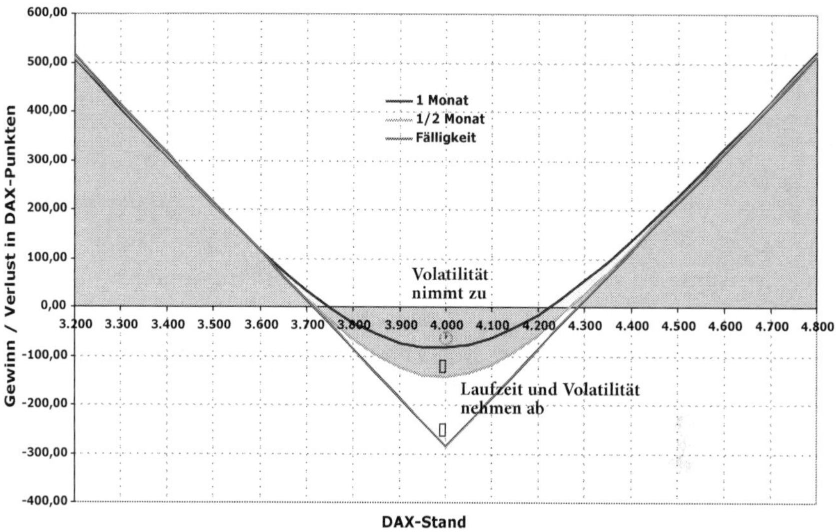

***Abb. 5.30:** Long Straddle mit Laufzeit- und Volatilitätseinflüssen*

Steigt die implizite Volatilität innerhalb eines halben Monats auf 28 Prozent an, ohne dass sich der Kurs großartig bewegt, so beläuft sich der Gewinn aus dem erworbenen Straddle auf 29,50 Punkte je Straddle-Kontrakt. Aus der Volatilitätsbewegung entstehen rund 78 Punkte Gewinn. Demgegenüber hat das Theta lediglich für ein Minus von 48,50 Punkten gesorgt.

5.5.2 Long Strangle

Eine dem Long Straddle ähnliche Strategie, um von steigenden Volatilitäten zu profitieren, ist der Long Strangle. Er besteht ebenfalls aus einem gekauften Call und Put. Der Unterschied zum Straddle besteht aber in unterschiedlichen Basispreisen für Call und Put. In der Praxis hat sich der Strangle mit aus dem Geld liegenden Calls und Puts durchgesetzt. Deshalb bezieht sich das folgende Beispiel auf diese Art von Long Strangles, wieder mit einer Laufzeit von zwei Monaten.

Der DAX notiert bei 4000 Punkten: Kauf eines DAX-Calls mit einem Basispreis bei 4200 Punkten zu 73 Punkten sowie Kauf eines DAX-Puts bei 3800 Punkten zu 57 Punkten. Zur Beurteilung der Long-Strangle-Position hilft wieder die Checkliste: Der Verlust ist auf die gezahlte Prämie von 130 Indexpunkten begrenzt, während das Gewinnpotenzial unbegrenzt ist. So weit die Ähnlichkeiten mit dem Long Straddle. Da aber zwei Optionen aus dem Geld erworben wurden, ist die zu zahlende Prämie im Vergleich zum Long Straddle geringer und damit auch die absolute Verlustmöglichkeit. Das ist dann der Fall, wenn der Kurs des Basiswerts am Basispreis des Straddle endet oder in seiner unmittelbaren Nähe.

Der Verlust kann beim Long Strangle zwar geringer ausfallen, dafür liegen die Gewinnschwellen aber wesentlich weiter vom aktuellen DAX-Stand entfernt. Im Beispiel betragen sie 4330 und 3670 Punkte. Die Prämien werden zum Call-Basispreis addiert beziehungsweise vom Put-Basispreis abgezogen. Deshalb gilt der Long Strangle im Vergleich zum Long Straddle als die risikoreichere Strategie.

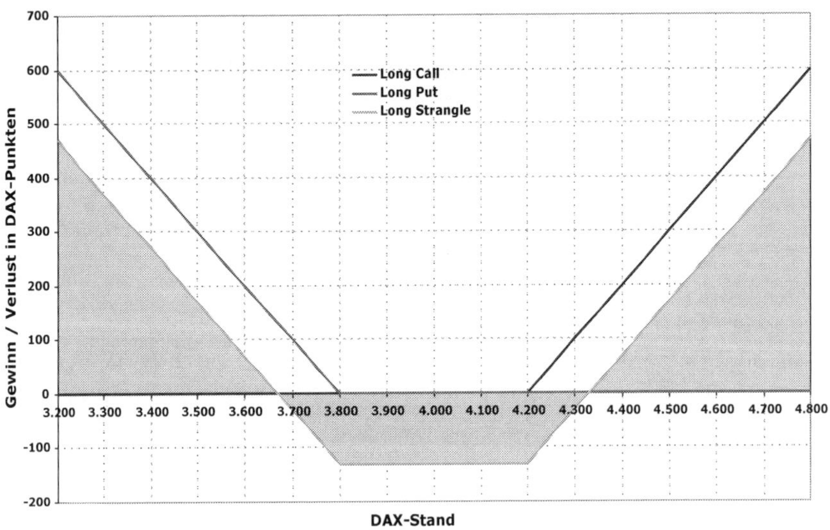

Abb. 5.31: Long Strangle am Verfallstag

Wie beim Long Straddle versucht man mit dem Long Strangle, während der Laufzeit von steigenden Volatilitäten zu profitieren. Doch auch bei dieser Strategie nagt die Zeit an den Optionspreisen und arbeitet gegen den Inhaber der Optionsposition. Steigt, wie im Beispiel des Long Straddles, die implizite Volatilität innerhalb von zwei Wochen von 22 auf 28 Prozent an, legt der Long Strangle um 25,5 auf 155,5 Punkte zu. Hier beträgt der Volatilitätsgewinn 69,10, und der Zeitwertverlust aufgrund des Theta beläuft sich auf 43,64 Punkte. Die Einflüsse während der Laufzeit sind in Abbildung 5.32 zu sehen.

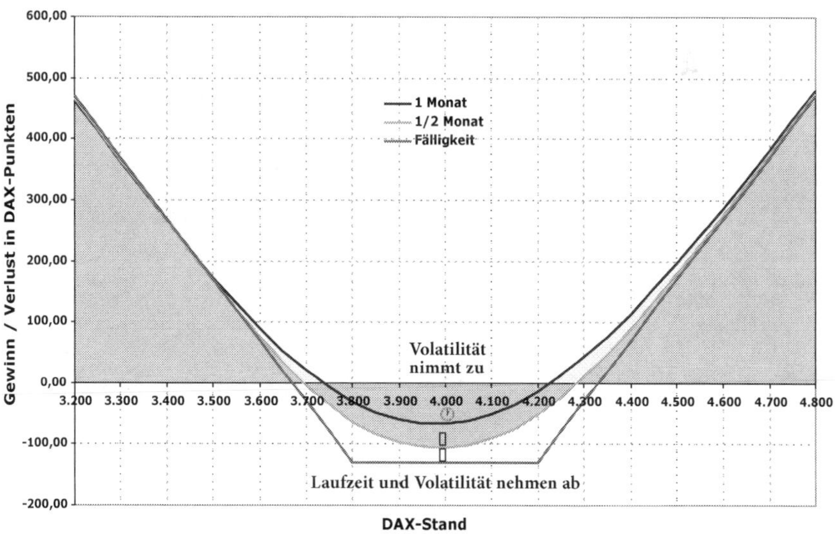

Abb. 5.32: Long Strangle mit Laufzeit- und Volatilitätseinflüssen

5.6 Anlageszenario: abnehmende Volatilität

Beim Verkauf von Straddles und Strangles haben Anleger die entgegengesetzte Erwartung als bei der Long-Variante dieser beiden Strategien: fallende implizite Volatilitäten und abnehmende Kursausschläge. Im besten Fall laufen die Optionen wertlos aus, und der Verkäufer streicht die Prämien als Gewinn ein. Wie der Long Straddle und der Long Strangle wird die Verkaufsstrategie meist nur vorübergehend eingesetzt. Anleger machen sich dabei den hohen Zeitwertverfall kurzfristiger Optionen zunutze und veräußern häufig kurz laufende Straddles und Strangles.

5.6.1 Short Straddle

Der Short Straddle besteht aus dem Verkauf der gleichen Anzahl von Calls und Puts, die am Geld oder zumindest in dessen Nähe liegen. Anhand der Gegenposition des Long-Straddle-Beispiels soll die Funktionsweise – zunächst wieder auf den Fälligkeitstag bezogen – verdeutlicht

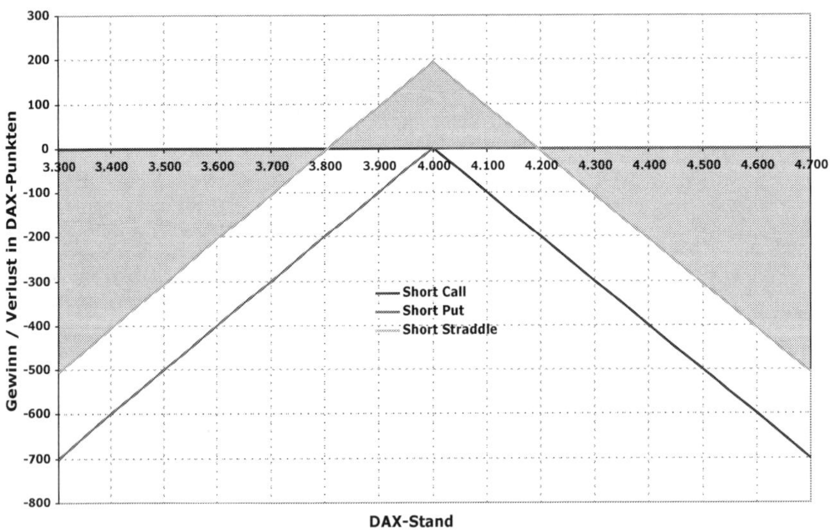

Abb. 5.33: *Short Straddle am Verfallstag*

werden, mit folgendem Unterschied: Der 4000er-Straddle soll nicht in acht Wochen verfallen, sondern bereits in vier, um in den Genuss des hohen Zeitwertverfalls zu kommen. Daher kosten der Call 101 und der Put 93 Punkte. Die erhaltene Prämie beläuft sich demnach auf 194 Punkte und stellt gleichzeitig den Maximalgewinn dar. Das Verlustpotenzial ist sowohl bei steigenden als auch bei fallenden Kursen unbegrenzt. Je weiter sich der DAX von den Basispreisen entfernt, desto höher ist der Verlust. Ab Kursen von 3806 und 4194 Punkten fängt die Verlustzone des Short Straddles an (Gewinnschwelle ist Basispreis plus beziehungsweise minus die erhaltene Optionsprämie).

Nimmt die implizite Volatilität beziehungsweise die Restlaufzeit ab, profitiert der Short Straddle davon. Das signalisieren das hohe Theta von 3,5 Punkten pro Tag sowie das hohe Vega von 8,8 Punkten pro Prozentpunkt Volatilitätsänderung. Vergeht beispielsweise auf dem aktuellen Niveau ein Tag, oder die implizite Volatilität fällt um einen Prozentpunkt, so legt der verkaufte Straddle um 3,5 Punkte aus dem Theta sowie 8,8 Punkte aus dem Vega zu. Allerdings bleiben diese Kennzahlen nicht kon-

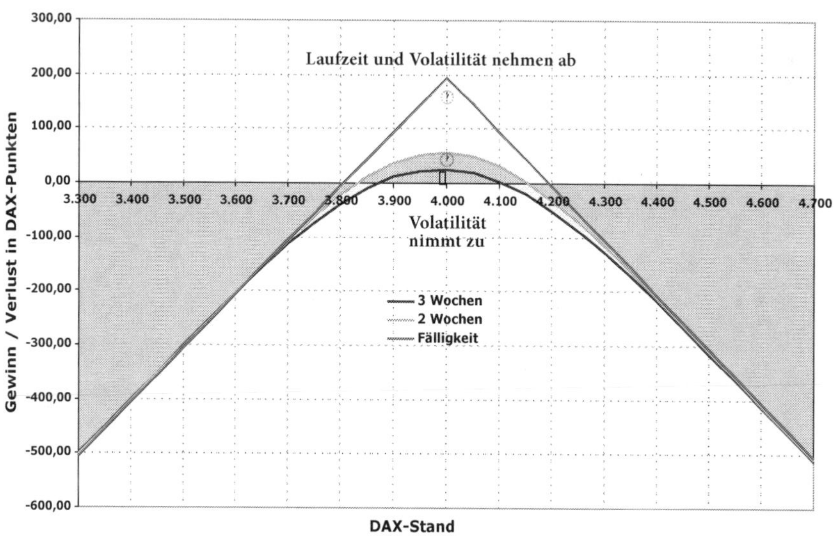

Abb. 5.34: Short Straddle mit Laufzeit- und Volatilitätseinflüssen

stant und lassen sich deshalb nicht linear fortschreiben. Sinkt die Volatilität beispielsweise von 22 auf 19 Prozentpunkte innerhalb von zwei Wochen, so fällt der Preis des 4000er-Short-Straddle um knapp 119 Punkte, was für den Verkäufer der Position vorteilhaft ist. Der höchste Gewinn aus sinkender Restlaufzeit und impliziter Volatilität entsteht, wenn der Kurs des Basiswerts an den Basispreisen der verkauften Optionen klebt und sich nicht verändert.

5.6.2 *Short Strangle*

Wie beim Short Straddle erwarten Anleger beim Short Strangle eine abnehmende implizite Volatilität sowie stagnierende Kurse. Dabei besteht der Short Strangle aus dem Verkauf einer Option mit einem niedrigeren Basispreis sowie dem Verkauf einer Option mit höherem Basispreis. In Anlehnung an die Vorstellung des Long Strangles bezieht sich auch der Short Strangle auf Optionen aus dem Geld. Für das gewählte Beispiel bedeutet das, den 3800er-Put und den 4200er-Call zu verkaufen. Allerdings sind auch bei dieser Short-Strategie kurze Laufzeiten zu bevorzu-

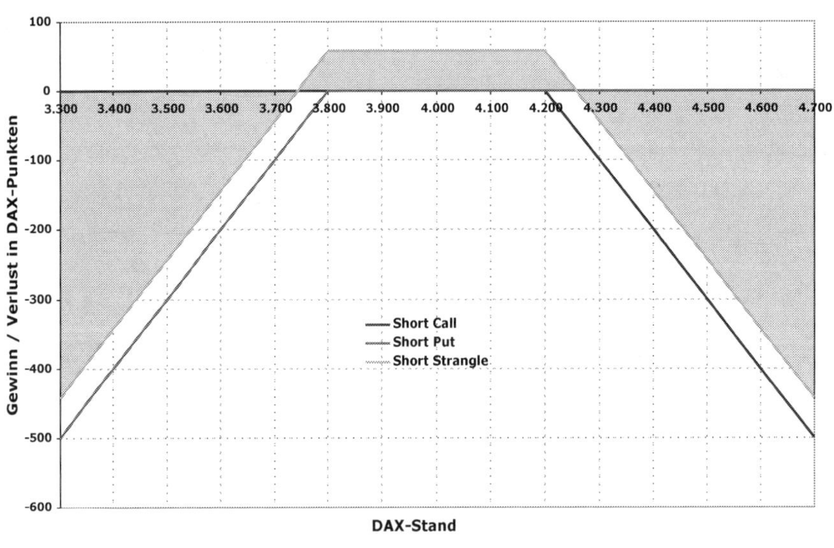

Abb. 5.35: Short Strangle mit Basis Verfallstag

gen, um vom hohen Zeitwertverfall zu profitieren. So kosten der vierwöchige 3800er-DAX-Put 25 und der 4200er-DAX-Call mit derselben Laufzeit 32 Punkte. Das Verlustrisiko ist bei einem kräftigen Kursanstieg wie auch Kursrückgang unbegrenzt.

Im Gegensatz zum Short Straddle liegt der Maximalgewinn bei Fälligkeit, bestehend aus der eingenommenen Optionsprämie von 57 Punkten, nicht genau an einem Punkt, sondern zwischen den Basispreisen der Optionen. Die Gewinnschwellen liegen im Beispiel bei 3743 und bei 4257 Punkten. Wie beim Long Strangle wird die Gesamtprämie zum Call-Basispreis addiert und vom Put-Basispreis subtrahiert.

Während der Laufzeit liegt das Risiko in einer steigenden impliziten Volatilität, da die verkauften Optionen teurer werden – ein Nachteil für den Stillhalter von Optionen. Sinkt dagegen die Volatilität und wird die Laufzeit kürzer, nimmt auch der Zeitwertverfall zu. In diesem Fall gewinnt die Short-Strangle-Position.

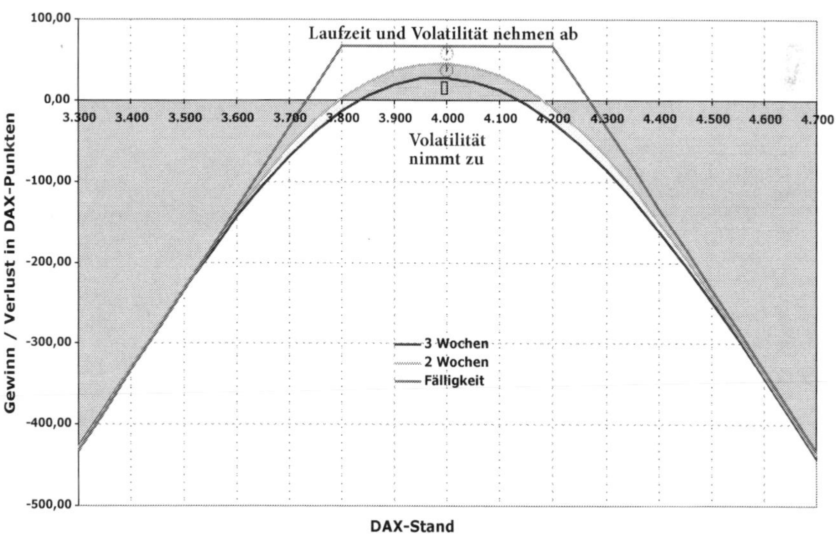

***Abb. 5.36:** Short Strangle mit Laufzeit- und Volatilitätseinflüssen*

Obwohl Short Straddle und Short Strangle mit empfohlenen drei bis fünf Wochen Laufzeit recht kurz sind, lohnt es sich in bestimmten Situationen, die Positionen vorzeitig zu schließen, ohne die Fälligkeit abzuwarten. Das ist beispielsweise der Fall, wenn die Volatilität kräftig um mehrere Prozentpunkte gefallen ist oder der Kurs sich stark um mehrere Prozentpunkte in nur sehr kurzer Zeit verändert hat. Im ersten Fall stehen Anleger vor der Frage, ob Gewinne mitgenommen, und im zweiten, ob Verluste begrenzt werden sollten. Unabhängig davon – und das gilt auch für Long Straddles und Long Strangles – sollte die Position auf einmal geschlossen werden. Es ist zwar reizvoll, den Teil mit Gewinnen zu verkaufen und zu hoffen, dass der andere verlustreiche Teil auch noch mit Gewinn aufgelöst werden kann. Doch ursprünglich wurde die Strategie als Volatilitätsstrategie eingegangen und sollte deshalb auch zusammen glattgestellt werden. Nach einem Teilverkauf verändert sich die Strategie, und Anleger setzen dann nicht mehr primär auf steigende oder fallende implizite Volatilitäten. Zum Abschluss des Strategiekapitels wird in der Tabelle in Abb. 5.37 nochmals ein Überblick über die vorgestellten Strategien gegeben.

Während Anleger mit Futures vergleichsweise einfach ihre Kurserwartungen umsetzen, können sie mit Optionen und Optionsstrategien vielseitiger und differenzierter anlegen. Mit beiden Instrumenten wird gehebelt an steigenden oder fallenden Kursen partizipiert.

Optionsstrategien auf einen Blick

	Kurs-erwartung	Volatilitäts-anstieg	Abnehmende Laufzeit bzw. Volatilitäts-rückgang	Gewinn-chancen	Verlustrisiko	Break-even
Long Call	bullish	positiv	negativ	unbegrenzt	begrenzt	BP plus Callprämie
Short Call	leicht bearish	negativ	positiv	begrenzt	unbegrenzt	BP plus Callprämie
Long Put	bearish	positiv	negativ	unbegrenzt	begrenzt	BP minus Putprämie
Short Put	leicht bullish	negativ	positiv	begrenzt	unbegrenzt	BP minus Putprämie
Bull Spread	leicht bullish	abh. vom BP + Kurs	abh. vom BP + Kurs	begrenzt	begrenzt	BP Long Call plus Prämie
Bear Spread	leicht bearish	abh. vom BP + Kurs	abh. vom BP + Kurs	begrenzt	begrenzt	BP Long Put minus Prämie
Long Straddle	volatil	positiv	negativ	unbegrenzt	begrenzt	BP plus / minus Prämie
Short Straddle	wenig volatil	negativ	positiv	begrenzt	unbegrenzt	BP plus / minus Prämie
Long Strangle	volatil	positiv	negativ	unbegrenzt	begrenzt	BP Call plus Prämie, BP Put minus Prämie
Short Strangle	wenig volatil	negativ	positiv	begrenzt	unbegrenzt	BP Call plus Prämie, BP Put minus Prämie

BP = Basispreis

Abb. 5.37: *Die Strategien im Überblick*

6

Der Handel an der Computerbörse Eurex

Der Handel mit Optionen und Futures ist an den meisten Terminbörsen inzwischen vollelektronisch organisiert. Einer der wenigen sehr liquiden, großen Kontrakte, der noch im so genannten Open-Outcry-Verfahren gehandelt wird, ist der S&P-500-Future. Dort handeln Broker, Banken und andere Marktteilnehmer noch auf Zuruf und mit Fingerzeichen miteinander. Doch wird der S&P-500-Future zusätzlich auf der elektronischen Handelsplattform Globex der Chicagoer Mercantile Exchange gehandelt, genauso wie sein kleiner Bruder, der S&P-500-Mini-Kontrakt. Am Beispiel der größten computerisierten Terminbörse der Welt, der Eurex, soll der elektronische Handel vorgestellt werden.

Die Eurex ist aus der Fusion der Computerbörsen DTB (Deutsche Terminbörse) und Soffex (Schweizer Terminbörse) im Jahre 1998 entstanden. Dort ist mit dem Bund-Future der liquideste Anleihen-Future der Welt beheimatet. Und auch der EuroStoxx-50-Future der Eurex ist einer der meistgehandelten Index-Future-Kontrakte der Welt. Der Erfolg der Eurex basiert allerdings nicht nur auf einem elektronischen und damit standortunabhängigen Derivatehandel, sondern auf einer gelungenen Organisation des Handels mit vielen Market Makern, die für ausreichend Liquidität in den verschiedenen Kontrakten sorgen. Das schafft Vertrauen und zieht nicht nur professionelle Händler an.

Inzwischen herrscht das Market-Maker-System an den wichtigsten Computerbörsen vor. Market Maker sind meist Händler von Banken, die in bestimmten Kontrakten verbindliche An- und Verkaufskurse stellen. Sie schaffen die notwendige Liquidität für einen reibungslosen Handel, indem sie auf eine Preisanfrage (Quote Request) verbindliche Geld- und Briefkurse stellen, ohne zu wissen, ob der Interessent kaufen oder verkaufen will. Das garantiert faire Preise. Im Gegenzug erhalten diese Market Maker günstige Handelsgebühren von der Eurex. In den verschiedenen Kontrakten an der Eurex konkurrieren mehrere Market Maker um den Geschäftsabschluss, was ebenfalls die Preisqualität hoch hält. Quotieren Market Maker auf Anfragen keine Preise, so können sie bei wiederholtem Fehlverhalten von der Eurex sanktioniert werden. Insgesamt schaffen diese Handelsbedingungen Vertrauen und ziehen viele andere Marktteilnehmer an, nicht nur professionelle Händler bei den diversen Banken.

Bei der Vorstellung des Market-Maker-Prinzips wird klar, dass der einzelne Teilnehmer nie mit der Terminbörse direkt handeln kann (siehe auch Kapitel 1). Anleger können entweder über ihre Hausbank, über Discount-Broker oder über spezialisierte Options- und Futures-Broker handeln. Voraussetzung hierfür ist, dass diese Intermediäre selbst Clearing-Mitglieder sind oder über andere Clearing-Mitglieder handeln können.

Auch an anderen Computerbörsen ist die Handelsabwicklung über ein Clearing-Haus ähnlich organisiert wie an der Eurex. An diesen handeln Anleger ebenso über Clearing-Mitglieder. Ihre Aufträge können sie mit einer entsprechenden Orderrouting-Software, per Telefon oder per

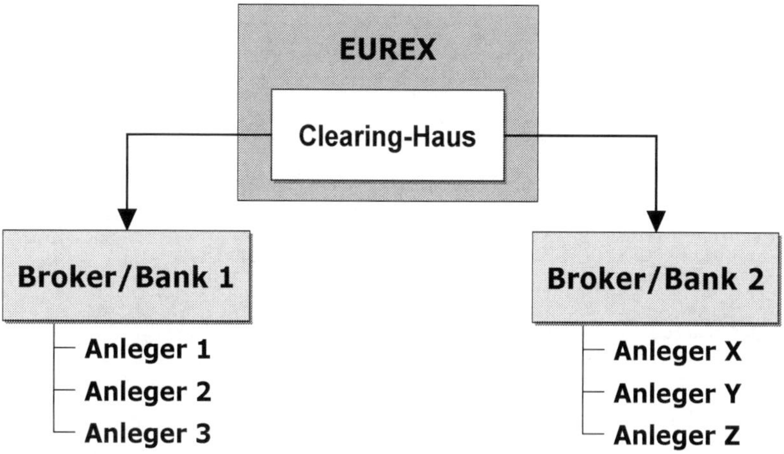

***Abb. 6.1:** Handel an der Eurex über Intermediäre*

Fax weiterleiten. Die Weitergabe der Order per Computer hat sich bei den meisten Anlegern durchgesetzt, da diese Form am günstigsten ist.

Beim Derivatehandel müssen Anleger auf die verschiedenen Handelsphasen eines Tages achten. Der Handelstag an der Eurex wird in verschiedene Phasen eingeteilt. Am Anfang steht eine sogenannte Pre-Trading-Periode. Dies ist eine vorbörsliche Handelsphase, in der kein Handel stattfindet. Zu dieser Zeit können Anleger Aufträge (Orders) und Anfragen (Quotes) ins System eingeben, ändern oder löschen. Die Pre-Trading-Phase fängt für alle Eurex-Produkte um 7.30 MEZ an, hört aber je nach Basiswert unterschiedlich auf. Beim DAX-Future endet sie um 8.50 Uhr. Dann beginnt für den DAX-Future die eigentliche Handelsphase, die Trading-Periode. Zu Beginn wird mit den bisher eingegebenen Aufträgen und Anfragen ein Eröffnungspreis ermittelt. Danach werden ausführbare Orders und Quotes zusammengeführt (gematcht) und direkt online bestätigt. Die Trading-Periode ist mit dem fortlaufenden Handel an einer Präsenzkassabörse vergleichbar. Für den DAX-Future endet die Handelsperiode um 20.00 Uhr. Im Anschluss findet eine so genannte Post-Trading-Periode statt, in der ähnlich wie in der Pre-Trading-Phase

Orders und Quotes für den nächsten Tag eingegeben werden können. Diese Nachhandelsphase endet für den DAX-Future um 20.30 Uhr.

	Pre-Trading	Trading	Post-Trading
DAX-Future	7.30-8.50 Uhr	8.50-20.00 Uhr	20.00-20.30 Uhr

Am letzten Handelstag endet der DAX-Futures-Handel um 13.00 Uhr

Abb. 6.2: *Eurex-Handelszeiten am Beispiel des DAX-Futures*

6.1 Orderarten an der Eurex

Grundsätzlich werden an der Eurex drei Auftragsarten unterschieden: Market-, Limit- und Stopp-Orders. Market-Orders sind unlimitierte Aufträge, bei denen Anleger Optionen oder Futures billigst kaufen und bestens verkaufen wollen. Dabei sind sie bereit, jeden Preis zu akzeptieren. In einem hektischen, sprunghaften Handel (Fast Market) sind Market-Orders nicht zu empfehlen, ebenso wenig in einem illiquiden Markt. Im Letztgenannten können Anleger wenigstens eine Preisanfrage zur Orientierung stellen, in einem Fast Market wäre sie zu ungenau. Denn der Preis, zu dem die Order ausgeführt wird, kann sehr weit von dem avisierten Preis entfernt liegen.

In solchen Situationen ist es besser, mit Limit-Orders zu arbeiten. Sie werden zu einem bestimmten Limit oder – was selten ist – zu einem besseren Preis ausgeführt. Beim Kauf signalisiert das Limit den Preis, den man maximal zahlen möchte, und beim Verkauf ist das der Preis, den man mindestens erhalten will. Dabei unterscheidet die Eurex zwischen fünf verschiedenen Limit-Orders:

→ Good for Day (GFD): Diese Order ist nur für den jeweiligen Handelstag gültig und wird am Ende des Tages aus dem Eurex-System gelöscht.

→ Good till Date (GTD): Diese Order bleibt bis zu einem bestimmten Datum gültig und verliert danach ihre Gültigkeit.

→ Good till Cancelled (GTC): Dieser Auftrag bleibt bis auf Widerruf bestehen; spätestens bei Fälligkeit des Terminkontrakts wird er aus dem System gelöscht.

Diese drei Limit-Auftragsarten beziehen sich auf die Gültigkeit einer Order und gelten nur für Optionen und Futures, aber nicht für Optionskombinationen. Daneben gibt es zwei weitere Orderarten, die sich auf die Art der Erfüllung beziehen und insbesondere für Optionskombinationen und Optionen relevant sind.

→ Immediate or Cancel (IOC): Bei diesem Zusatz wird der Auftrag sofort und soweit möglich ausgeführt, der nicht ausgeführte Teil wird gelöscht.

→ Fill or Kill (FOK): Bei diese Erfüllungsbeschränkung wird der Auftrag entweder sofort insgesamt ausgeführt oder, wenn das nicht möglich ist, gelöscht.

Beispiel:
Wird ein Bull- oder Bear-Spread im Kombinationsorderbuch der Eurex eingegeben und mit dem Zusatz IOC versehen, so werden beide Teile der Optionskombination im selben Umfang zum genannten Preis ausgeführt, nicht ausgeführte Teile werden gelöscht. Wird dagegen eine der beiden Kombinationen mit dem Kürzel FOK eingegeben, so wird der Spread in vollem Umfang ausgeführt oder der Auftrag wird gelöscht. Alle im Buch vorgestellten Optionskombinationen können als Kombinationsorder ins Eurex-System eingegeben werden.

Die dritte Möglichkeit der Ordereingabe sind Stopp-Orders. Sie sind allerdings nur bei Futures-Kontrakten und nicht bei Optionen möglich. Bei Erreichen des vorgegebenen Stopps wird der Auftrag zu einer unlimitierten Market-Order. Das heißt, Verkäufe werden bestens und Käufe

Orderart	Option	Future	Optionskombination
Market-Order	ja	ja	nein
Stopp-Order	nein	ja	nein
Good-till-Cancel	ja	ja	nein
Good-till-Date	ja	ja	nein
Good-for-Day	ja	ja	nein
Fill-or-Kill	ja	nein	ja
Immediate-or-Cancel	ja	ja	ja

Abb. 6.3: *Alle Orderarten auf einen Blick*

billigst ausgeführt. Dabei gibt es zwei Varianten der Stopp-Order: die Stopp-Loss- und die Stopp-Buy-Order. Beim Stopp-Loss liegt das Limit unterhalb des aktuellen Futurepreises, beim Stopp-Buy befindet sich das Preislimit oberhalb des aktuellen Kurses. Da die Stopp-Order nach der Auslösung zu einer Order ohne Limit wird, kann sie wie andere Market-Orders auch zu einem wesentlich schlechteren Preis als die eigentlich vorgesehene Stopp-Marke ausgeführt werden. In einem Fast Market kann das leicht passieren, in einer ruhigeren Börsenphase dürfte die Ausführung um die ursprünglich platzierte Stopp-Order herum liegen. Stopp-Loss-Orders sind nicht in jedem Fall eine Garantie für Verlustbegrenzungen. Vielmehr sind Stopp-Loss-Aufträge ein zweischneidiges Schwert.

Beispiel:
Eine DAX-Long-Position im Future wird mit einem Stopp bei 3960 Punkten abgesichert. Der DAX-Future schließt bei 4000 Punkten, und die Stopp-Loss-Order bleibt bei 3960 Punkten bestehen. Nach Börsenschluss kommt es an der Wall Street zu einem Kursrutsch von zwei Prozent, und die Wahrscheinlichkeit ist hoch, dass der DAX-Future mit einem ähnlichen Rückgang eröffnet. Die Stopp-Loss-Order bei 3960 Punkten wird bei einer Eröffnung unterhalb dieses Kursniveaus sofort zu einer Market-Order und die DAX-Future-Long-Position zum

nächstbesten Kurs veräußert, der aber weit unter der Stopp-Marke von 3960 liegen kann.

Ein Tipp: Anleger sollten grundsätzlich Stopps verwenden, um Verluste zu begrenzen. Doch manchmal ist ein schneller Verkauf besser als eine Stopp-Loss-Order, insbesondere bei der Gefahr von Kurssprüngen (Gaps).

6.2 Das elektronische Orderbuch der Eurex

Sämtliche Orders und Preisanfragen werden in das zentrale Orderbuch für die jeweiligen Kontrakte der Eurex eingegeben. Dort werden sie dann automatisch nach Orderart, Limit und Zeit der Eingabe sortiert und zusammengeführt. Market-Orders haben dabei immer die höchste Ausführungspriorität. Abgesehen von kurzfristigen Zins-Futures werden die restlichen Limit-Aufträge auf Basis des günstigsten Preises und der höchsten Zeitpriorität (first in – first out) ausgeführt. Bei diesem Matching kommt also der Auftrag mit dem besten Preis zuerst zum Zuge. Erst wenn die Preise identisch sind, entscheidet die Zeit der Eingabe, welche Order zuerst bedient wird. Dazu wird ein Zeitstempel vom System vergeben. Stopp-Orders sind nicht im Orderbuch zu sehen und auch nicht an anderer Stelle im Eurex-System.

Die zehn besten An- und Verkaufslimite (Geld- und Brief) sowie die dazugehörigen Kontraktzahlen können permanent im elektronischen Orderbuch eingesehen werden. Dabei stehen die höchsten Geld- und niedrigsten Brieflimite an erster Stelle im Orderbuch. Anleger können im Orderbuch also jederzeit die Markttiefe in Echtzeit einsehen und nicht nur die jeweils besten Kurse.

Abb. 6.4 zeigt beispielhaft ein Orderbuch. Die optische Aufbereitung kann je nach Broker und Handelssoftware, die er zur Verfügung stellt, etwas anders aussehen. Aber die Informationen, die das Orderbuch anzeigt, werden überall gleich sein. Die Bid- und Ask-Spalte zeigen die

Last Price	Last Quantity	High	Low	Currency	Open	Previous Sett. P.	Net Change	Volume	Phase
2411	217	2425	2396	Euro	2415	2415	-4,00	305180	TRAD
Bid Avg	Bid Acc	Bid Qty	Bid	Ask	Ask Qty	Ask Acc	Ask Avg		
2410	523	523	2410	2411	310	310	2411		
2409,5	1010	487	2409	2412	568	878	2411,6		
2408,9	1622	612	2408	2413	692	1570	2412,2		
2408,3	2367	745	2407	2414	725	2295	2412,8		
2408,0	2826	459	2406	2415	685	2980	2413,3		
2407,5	3338	512	2405	2416	752	3732	2413,8		
2407,0	3944	606	2404	2417	569	4301	2414,3		
2406,6	4342	398	2403	2418	478	4779	2414,6	Exchange: XEUR	
2406,2	4807	465	2402	2419	562	5341	2415,1	Contract: FESX	
2405,6	5339	532	2401	2420	433	5774	2415,5	DEC 03	

Abb. 6.4: *Elektronisches Orderbuch des EuroStoxx-50-Futures*

handelbaren Preise und die dazugehörigen Kontraktzahlen an. In der ersten Zeile stehen die besten Preise: Derzeit kann ein Anleger 310 EuroStoxx-50-Kontrakte zu einem Preis von 2411 Indexpunkten kaufen und 523 Futures-Kontrakte zu 2410 verkaufen. Ab Zeile zwei werden die Kontraktmengen dann zusätzlich kumuliert angegeben und die dazugehörigen Durchschnittspreise angezeigt. So kann ein Anleger zusammen 878 DAX-Futures-Kontrakte zu einem Preis von maximal 2412 erwerben. Somit hat er 310 Kontrakte zu 2411 und 568 Kontrakte zu 2412 Punkten gekauft. Dadurch ergibt sich für die erworbenen 878 Kontrakte ein Durchschnittspreis von 2411,6 Punkte, den man sofort im Orderbuch unter AskAvg sehen kann. Analog verhält es sich beim Verkauf von Kontrakten, wenn die zu verkaufende Anzahl größer ist als die zum höchsten Geldkurs angebotene Menge.

Kurzfristig orientierte Anleger versuchen aus einem Angebots- oder Nachfrageüberhang ein Gefühl für den Markt zu bekommen. Das sind meist Day-Trader, so genannte Scalper, die nur wenige Punkte mitnehmen wollen und sich danach gleich wieder vom Markt verabschieden. Einem Einsteiger ist diese Strategie nicht unbedingt zu empfehlen. Falls er sich zum Day-Trading entschließt und keine (oder nur kleinere) Positionen über Nacht hält, ist das Orderbuch mit seiner angezeigten Markttiefe eine Hilfe. Doch sollte er das Orderbuch zusammen mit anderen Hilfsmitteln, wie beispielsweise der Charttechnik, nutzen, um profitable Trends aufzuspüren (mehr dazu in Kapitel 7). Für den mittel- bis langfristig orientierten Anleger, der sich bis zu mehrere Wochen engagiert, ist die Bedeutung des Orderbuchs als Indikation für die Kursentwicklung gering.

6.3 Sicherheitsleistungen an der Eurex

Wie in Kapitel 1 besprochen, übernimmt das Eurex-Clearing-Haus die Erfüllungsgarantie für jedes an der Eurex getätigte Geschäft. Dafür verlangt sie von ihren Clearing-Mitgliedern Sicherheiten (Margins), um sich vor einem Ausfall eines Mitglieds zu schützen. Die Margins können entweder in bar oder in Wertpapieren hinterlegt werden. Sie decken dabei mögliche Verlustrisiken aus den Derivategeschäften ab und nicht den ganzen Kontraktwert. Das Verfahren zur Berechnung der Sicherheiten heißt an der Eurex Risk-based Margining. Ziel dieser Methode ist, das gesamte Risiko auf dem Handelskonto zu beherrschen und entgegengesetzte Risiken aus Long- und Short-Geschäften zu reduzieren. Dazu wird das Handelskonto in Margin-Klassen und Margin-Gruppen eingeteilt. So werden bei mehreren Handelsgeschäften beispielsweise alle DAX-Derivate in eine Klasse eingeteilt oder alle Bund-Future-Optionen und Bund-Futures in eine Bund-Klasse. Gewinne und Verluste aus offenen Positionen innerhalb einer Gruppe können dann gegeneinander verrechnet werden. Dadurch lassen sich Risiken und damit auch die Margin reduzieren. Dieser Prozess wird als Cross-Margining bezeichnet. Der Vorteil dieser Art der Verrechnung liegt darin, dass nur eine geringere Liquidität vorgehalten werden muss.

Ein Beispiel: Bei Optionskombinationen auf einen Basiswert können die Long- und Short-Positionen gegeneinander gestellt werden, und nur für die Netto-Options-Short-Position wird eine Margin hinterlegt. Denn bei Optionen werden nur für Optionsgeschäfte Sicherheiten verlangt, die eine Verpflichtung beinhalten. Diese Verpflichtung kann nur aus ungedeckten Short-Positionen heraus entstehen. Denn beim Kauf der Optionen beschränkt sich das Verlustrisiko auf die gezahlte Prämie. Beim Covered-Call-Writing ist auch keine Margin zu hinterlegen, da man die Aktien, die eventuell abzugeben sind, im Depot hat.

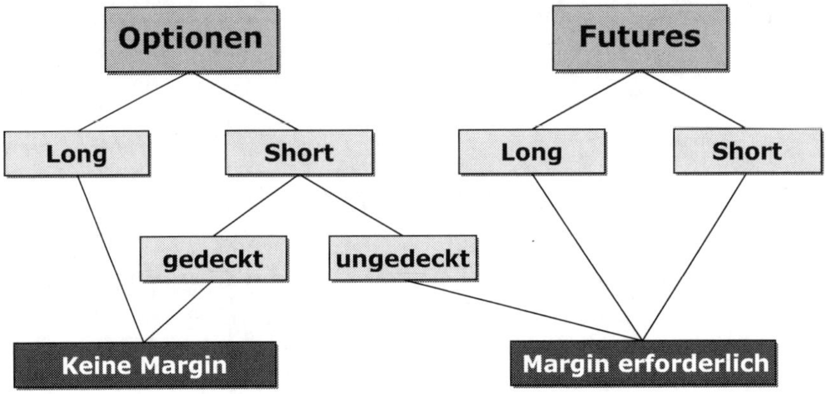

Abb. 6.5: *Margin-Erfordernisse bei Optionen und Futures*

Zwei oder mehrere Margin-Klassen können bei gleicher Risikostruktur in eine Margin-Gruppe zusammengefasst werden. Auch für die Gruppe kann das Cross-Margining angewandt und die Verrechnung entgegengesetzter Risiken aus Short- und Long-Positionen vorgenommen werden. So können Positionen aus den Anleihenklassen Bund (8,5 bis 10 Jahre Laufzeit), Bobl (4,5 bis 5,5 Jahre Laufzeit) und Schatz (1,75 bis 2,25 Jahre Laufzeit) miteinander verrechnet werden.

Sicherheitsleistungen werden jeden Tag neu berechnet und sollen das Verlustrisiko für den schlimmsten anzunehmenden Kursverlauf abdecken. Mit Hilfe der historischen Volatilität wird versucht, diesen „Worst-Case" abzuschätzen. Zur Marginberechnung kommt ein Risikoaufschlag für abrupte, externe Schocks, wie beispielsweise Terroranschläge, hinzu. Mit diesen beiden Margin-Parametern werden die maximal erwarteten Kursausschläge des Basiswerts von einem auf den nächsten Tag berechnet und als Margin-Intervall bezeichnet. Durch diese Berechnung liegen 99 Prozent der täglichen Kursveränderungen innerhalb des Margin-Intervalls. Beim DAX-Future besteht das Margin-Intervall aus den bereits in Kapitel 1 erwähnten 360 DAX-Punkten. Steht der DAX-Future beispielsweise bei 4000, bedeutet ein Margin-Intervall von 360 Punkten, dass von einem auf den anderen Handelstag ein maximaler

Kursanstieg bis auf 4360 Punkte und ein maximaler Kursrückgang bis auf 3640 Punkte erwartet werden.

6.3.1 Margin-Arten bei Futures

Die notwendige Sicherheitsleistung zur Eröffnung einer Futures-Position, die von einem auf den nächsten Handelstag gehalten werden soll, nennt sich Additional Margin. Sie deckt alle potenziellen Risiken und die damit verbundenen Kosten, die sich aus einem „Worst-Case" ergeben, ab. An anderen Terminbörsen wird diese Margin auch als Initial Margin bezeichnet.

Futures-Kontrakte werden täglich am Ende eines Handelstages bewertet (Mark-to-Market). Dabei werden Gewinne und Verluste aus offenen Positionen auf dem Konto gutgeschrieben oder belastet. Dieses Prozedere heißt Variation Margin.

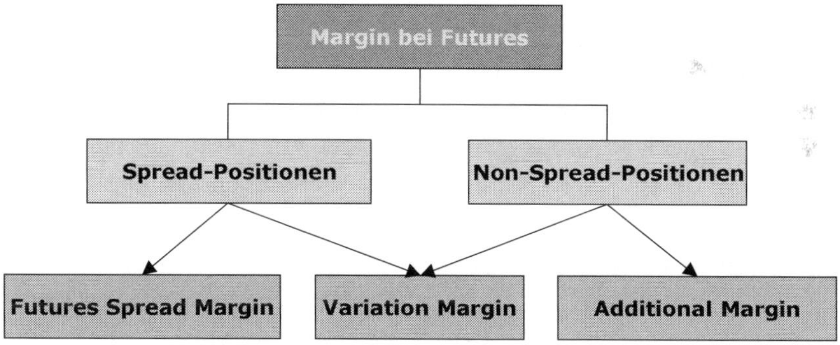

Abb. 6.6: *Margin-Arten bei Eurex-Futures*

Bei Long- und Short-Kombinationen von Futures mit verschiedenen Fälligkeiten (Spreads) ist auf Grund gegenläufiger Risiken weniger Margin erforderlich. Man spekuliert bei dieser Strategie auf eine Veränderung der Basis, doch diese spezielle Strategie ist einem Einsteiger nicht zu empfehlen.

Ein Beispiel für eine Non-Spread-Position: Ein Anleger hat ein Guthaben von 25 000 Euro und verkauft zwei EuroStoxx-50-Futures zu 2415 Punkten. Am Ende des Handelstages steht der Abrechnungskurs (Settlement Price) des Futures bei 2435 Punkten. 20 Indexpunkte beziehungsweise Ticks (Tickwert entspricht 10 Euro) hat der Anleger also verloren, ein rechnerischer Verlust von 400 Euro (zwei mal 20 mal 10 Euro ergibt 400). Das Handelskonto wird nach dem ersten Tag mit 400 Euro belastet. Das Startguthaben ist nach dem ersten Handelstag auf 24 600 Euro geschrumpft. Da die Position weiter gehalten wird, muss die Additional Margin vom Guthaben abgezogen werden, um den freien Cash-Anteil (18 600 Euro) zu ermitteln. In Höhe diese Betrages können dann weitere Positionen eingenommen werden, falls gewünscht. Im Beispiel bleibt es aber bei den zwei EuroStoxx-50-Futures. Diese Bewertung wiederholt sich für jeden Handelstag, an dem die Position gehalten wird. Am nächsten Tag fällt der EuroStoxx-50-Future um 47 Punkte vom gestrigen Abrechnungskurs (Settlement Price) auf den heutigen bei 2388. Der Gewinn (zwei mal 47 mal 10) von 940 Euro wird an diesem Tag dem Konto gutgeschrieben. Das sind bisher Buchungsgewinne, da die Future-Position nicht geschlossen worden ist. Am dritten Tag werden die zwei Short-Futures-Kontrakte zu 2395 Punkten verkauft. Die Short-Position verliert zwar jeweils 7 Punkte gegenüber dem Settlement-Preis vom Vortag von 2388, doch insgesamt hat der Anleger 400 Euro verdient (siehe Abb. 6.7). Die Gebühren für den Broker und die Börsengebühren bleiben unberücksichtigt.

6.3.2 Margin-Arten bei Optionen

Während die Bestimmung der Margin bei Futures recht einfach verläuft, ist die Berechnung der Margin bei Optionen aufwändiger. Ein Teil der Sicherheitsleistungen wird mit Hilfe der Optionspreistheorie ermittelt. Wie aus der Margin-Übersicht aus Abb. 6.5 deutlich wird, sind aber nur für Options-Short-Positionen Sicherheitsleistungen zu hinterlegen, da aus diesen Positionen ein unbegrenztes Verlustpotenzial entsteht. Zunächst muss der Stillhalter die Premium Margin entrichten. Sie entspricht dem jeweils aktuellen Optionspreis, bewertet zum Abrechnungspreis eines Tages. Sie deckt die möglichen Verluste ab, die aus einer Positionsschließung entstehen könnten. Nimmt der potenzielle Verlust zu, weil

	Verkaufs-kurs	Abrech-nungskurs	Punkt-differenz	Punktwert	Futures-Kontrakte	Gewinn/ Verlust	Kontostand (Startguthaben: 25 000 Euro)
1. Tag	2415 Punkte	2435 Punkte	minus 20 Punkte	10 Euro	2	minus 400 Euro	25 000 Euro minus Verlust (400 Euro) = 24 600 Euro Guthaben
							Guthaben (24 600 Euro) minus Margin (2 x 3000 = 6000 Euro) = 18 600 Euro freier Cash-Anteil

	Abrech-nungskurs vom 1. Tag	Abrech-nungskurs 2.Tag	Punkt-differenz	Punktwert	Futures-Kontrakte	Gewinn/ Verlust	Kontostand
2. Tag	2435 Punkte	2388 Punkte	plus 47 Punkte	10 Euro	2	plus 940 Euro	24 600 Euro plus Gewinn (940 Euro) = 25 540 Euro Guthaben
							Guthaben (25 540 Euro) minus Margin (2x3000 = 6000 Euro) = 19 540 Euro freier Cash-Anteil

	Abrech-nungskurs vom 2. Tag	Verkaufs-kurs 3. Tag	Punkt-differenz	Punktwert	Futures-kontrakte	Gewinn/ Verlust	Kontostand
3. Tag	2388 Punkte	2395 Punkte	minus 7 Punkte	10 Euro	2	minus 140 Euro	25540 Euro minus Verlust (140 Euro) = 25 400 Euro Guthaben
					Ergebnis: plus 400 Euro		Guthaben (25 400 Euro) entspricht nach der Positionsauflösung dem freien Cash-Anteil

Abb. 6.7: *Gewinn- und Verlustbuchungen auf einem Futures-Handelskonto*

beispielsweise die verkaufte Option an Wert gewinnt, so muss der Anleger mehr Premium Margin entrichten. Sie nimmt jedoch ab, wenn der umgekehrte positive Fall für den Stillhalter eintritt und das Verlust-risiko kleiner wird. Bei Optionen auf Futures ist keine Premium Margin zu leisten. Diese Optionen werden tagtäglich wie Futures bewertet, also mit dem Mark-to-Market-Verfahren. Deshalb wird bei Optionen auf Futures die Variation Margin verlangt.

Für beide Optionen, also Optionen auf Futures und auf Kassa-Titel wie Aktien oder Indizes, muss noch Additional Margin gezahlt werden. Sie deckt weitere Kosten ab, die aus der Short-Risikoposition entstehen können, basierend auf dem Worst-Case-Szenario. Mit Hilfe des Margin-Intervalls wird der Worst-Case für den Optionspreis berechnet.

> ***Beispiel:***
> *Ein DAX-Call mit einem Basispreis von 4000 Punkten und einer Laufzeit von rund zwei Monaten wird verkauft. Der Abrechnungskurs des gleichen Tages bei einem DAX-Stand von 3975 Punkten beträgt 122 Punkte. Bei einem Punktwert von fünf Euro je DAX-Punkt (Tickgröße ist gleich 0,1 Punkte und Tickwert 0,50 Euro) entspricht dies 610 Euro. Dieser*

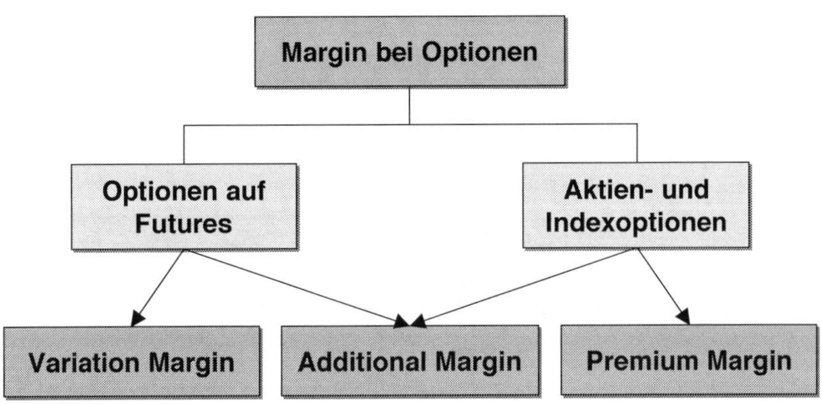

Abb. 6.8: *Margin-Arten bei Eurex-Optionen*

Betrag ist die Premium Margin. Bei einem derzeitigen Margin-Intervall von 360 Punkten besteht der Worst-Case, der für die Berechnung der Additional Margin herangezogen wird, in einem Anstieg des DAX um 360 Punkte. Der verkaufte DAX-Call weist dann nicht mehr einen Wert von 122 Punkten auf, sondern von 375 Indexpunkten. Die Option würde also um 253 Punkte zunehmen, für die eine Additional Margin zu hinterlegen ist. Sie beträgt 1265 Euro (253 mal 5 Euro je Punkt). Die gesamte Margin beläuft sich damit auf 1875 Euro (610 Euro Premium Margin plus 1265 Euro Additional Margin).

Short Option Adjustment

Bei Optionen, die weit aus dem Geld liegen, können kräftige Kurs- oder Volatilitätsbewegungen innerhalb sehr kurzer Zeit den Preis und damit die Margin-Erfordernisse stark verändern. Für dieses Risiko wird eine zusätzliche Berechnung durchgeführt, das so genannte Short Option Adjustment, das sich wie folgt definiert:

$$\text{Short Option Adjustment} = \text{Out-of-the-money-minimum} \times \text{Margin-Parameter} + \text{täglicher Abrechnungspreis der Option}$$

***Abb. 6.9:** Berechnung des Short-Option-Adjustment*

Der Margin-Parameter ist dabei wieder die historische Volatilität des Basiswerts, der zur Bestimmung der Margin-Intervalle herangezogen wird. Das Out-of-the-money-Minimum wird von der Eurex festgelegt. Der Preis aus der Berechnung des Short Adjustments wird dann mit dem Optionspreis aus dem Worst-Case verglichen. Liegt der Preis aus der Short-Option-Adjustment-Berechnung über dem Worst-Case-Preis, so wird der Short-Option-Adjustment-Preis für die Kalkulation der Margin herangezogen. So weit das Prinzip. Die Sicherheitsleistungen von Optionen können auch einfach mit dem so genannten Margin-Calculator, die die Terminbörse Eurex anbietet, berechnet werden. Er steht zum kostenlosen Download auf der Internetseite der Eurex bereit: eurexchange .com unter Clearing & Settlement (Eurex Margin Calculator).

Die Terminbörse Eurex behält sich vor, die Margin und die verschiedenen Parameter jederzeit, auch während des Handelstages, an neue Gegebenheiten anzupassen, zum Beispiel bei einer kräftigen Zunahme der Kursvolatilität. Die obigen Berechnungen beziehen sich allerdings nur auf die von der Eurex verlangten Sicherheiten. Die Broker oder Banken, über die Anleger handeln, werden für diese Sicherheitsleistung überdies noch eine zusätzliche Margin verlangen. Die Konditionen der Intermediäre gehen hier teilweise sehr weit auseinander und werden im Detail in Kapitel 7 über die Broker-Auswahl besprochen.

7

Praktische Aspekte des Futures- und Optionshandels

Bevor sie die im Buch vorgeschlagenen Options- und Future-Strategien umsetzen und den passenden Broker dafür auswählen, sollten sich Anleger Gedanken darüber machen, auf welche Art sie handeln wollen und wie viel Zeit sie fürs Handeln aufbringen können. Durch hohe Gewinnchancen angelockt, glauben viele Einsteiger, mit dem Handeln ihren Lebensunterhalt verdienen zu können. Es ist Anfängern aber nicht zu empfehlen, ihren Beruf an den Nagel zu hängen, um Trader zu werden. Sie sollten erst einmal nebenberuflich Erfahrungen sammeln. Erfahrung ist sehr wichtig und kann nicht nur durch das Lesen von guter, hilfreicher Lektüre allein gewonnen werden. Um aber bei den ersten Erfahrungen nicht gleich Schiffbruch zu erleiden, sollte man einige Grundregeln beachten.

Am Anfang der Trading-Karriere sollte der Neuanleger seinen präferierten Handelsstil herausfinden: Will er Positionen über mehrere Tage oder Wochen halten oder noch am selben Tag schließen? Die einem zur Verfügung stehende Zeit sollte bei dieser Entscheidung beachtet werden. Danach gilt es, gemäß diesem Handelsstil aussichtsreiche Handelsideen und -gelegenheiten zu erarbeiten. Gleichzeitig setzt das Money Management ein, also beispielsweise die Frage nach dem Kapitaleinsatz. Money Management wird von vielen Profis als wichtigstes Trading-Element angesehen und sollte daher auch bei Privatanlegern einen hohen Stellenwert einnehmen. Im Rahmen dieses Buches können wir allerdings nur auf die Grundzüge des Money Managements eingehen, bieten aber im Anhang Literaturvorschläge zu dem Thema.

Das Money Management ist vergleichbar mit der Abwehr einer Fußballmannschaft. Es nützt einer Mannschaft wenig, wenn nur die Stürmer Tore schießen, aber die Hintermannschaft die Tore der gegnerischen Mannschaft nicht verhindern kann. Auf den Handel bezogen bedeutet ein guter Sturm, profitable Handelssituationen ausfindig zu machen, entweder durch Fundamentalanalyse oder Technische Analyse. Diese Handelsansätze werden im nächsten Unterkapitel kurz vorgestellt. Die Defensivarbeit bedeutet dann: Wie viel Kapital bin ich als Anleger bereit zu riskieren? – aber auch: Wann nehme ich Gewinne mit? Wann erhöhe ich den Einsatz? Das sind nur einige von vielen Fragen aus dem Money Management, die sich jeder stellen sollte, um sein Überleben als Händler oder Anleger zu gewährleisten. An der Börse bekommt jeder Recht mit seiner Markteinschätzung, doch es nützt demjenigen nichts mehr, der vorher Pleite gegangen ist und dadurch nicht mehr davon profitieren kann. Abschließend sollte ein Händler eine Arbeitsroutine entwickeln und diese auch diszipliniert verfolgen. Hierbei hilft ein „Trading-Tagebuch", das später, zusammen mit den anderen wichtigen Voraussetzungen zum Handel, vorgestellt wird.

7.1 Handelsstile

An dieser Stelle sollen die verschiedenen Handelsstile gegenübergestellt werden, die ein spekulativ eingestellter Anleger am Kapitalmarkt einnehmen kann. Die Absicherung wurde bereits vorgestellt. Obwohl die spekulativen Konzepte separat besprochen werden, muss sich der Einzelne nicht auf nur eine Methode beschränken.

7.1.1 Positions-Trading

Die eingegangene Derivate-Position wird meist über einen längeren Zeitraum von mehreren Tagen oder Wochen gehalten, mindestens aber für einen Tag. Anleger sollten nur in den nächstfälligen, liquiden Kontrakten handeln. Der Verfall dieser Kontrakte beschränkt den Anlagehorizont auf maximal einige Monate, in der Regel drei. Das Positions-Trading ist für den Einsteiger bis Fortgeschrittenen zu empfehlen, da es sich am besten neben der Berufsausübung realisieren lässt. So können abends in einer entspannten Atmosphäre nach Handelsschluss die Börsensituation analysiert und Handelsentscheidungen für den nächsten Tag vorbereitet werden. Die Kosten für diese Art des Handels sind in der Regel geringer als beim Day-Trading. Wenn der Kapitaleinsatz beim Positions-Trading gering gehalten wird, ist der Stress moderat, auch wenn er beim Handel nie ganz auszuschließen ist.

Welche Basiswerte eignen sich am besten für diese Art des spekulativen Handels? Von den Aktien- und Index- oder Anleihen-Derivaten haben sicherlich die letztgenannten die geringste Volatilität und damit das kleinste Risiko. Daher eignet sich der Bund-Future sehr gut für Einsteiger. Trotzdem ist es ratsam, diesen Future mit der doppelten Sicherheitsleistung pro Kontrakt, also mit 3200 Euro, zu handeln. Das Risiko klein halten gilt auch für Aktien- und Index-Futures. Beim DAX beispielsweise sollte der Future mit der doppelten bis vierfachen Margin der Terminbörse Eurex gehandelt werden. Der Anleger sollte also pro Futures-Kontrakt, den er handelt, 18 000 bis 36 000 Euro auf dem Konto haben. Als Faustregel gilt: Ein Hebel von zwei bis vier bei Index-Futures ist zur Spekulation vollkommen ausreichend. Der EuroStoxx-50-Future ist mit weniger Kapital zu handeln und eignet sich auf Grund seines schwankungsärmeren Kursverlaufs für Einsteiger. Doch auch hier ist das Zwei- bis Vierfache (6000 bis 12 000 Euro) der von der Eurex geforderten Sicherheitsleistung auf dem Konto zu halten. Da bei den Aktien-Futures der Euronext.liffe die Kontraktgröße relativ klein ist, reicht hier die vom Broker geforderte Margin zum Handel aus.

Von vielen Marktteilnehmern wird das Positions-Trading mit Optionen umgesetzt, da die Hebelwirkung bei vielen Optionen geringer sind als bei Future-Positionen, insbesondere bei Optionen, die sich „im Geld" befinden. Doch die mehrdimensionale Preisbildung der Optionen muss berücksichtigt werden. Hier gilt es, die Erwartungen für die Optionspreisfaktoren Kurs, Zeit und implizite Volatilität zu formulieren (siehe Kapitel 4 und 5). Pro verkauftem Optionskontrakt sollte hier ungefähr das Doppelte der von der Eurex geforderten Margin gehalten werden. Das gilt auch für die Optionskontrakte anderer Börsen, die vorgestellt worden sind. Die meisten Broker verlangen ohnehin 50 Prozent mehr als die Terminbörsen.

Sicherlich verschlingt das Mehr an Sicherheitsleistung Liquidität, doch gerade, aber nicht nur, am Anfang einer Trading-Laufbahn genießt das Ziel der Kapitalerhaltung höchste Priorität. Einem Anfänger ist sogar zu empfehlen, mit so genannten „Paper-Trades" zu beginnen, also theoretische Handelsgeschäfte einzugehen und über diese genau Buch zu führen. Es ist als eine Art Training anzusehen, bevor man sein sauer verdientes Geld aufs Spiel setzt. Diese Art der Vorbereitung ist nicht zu unterschätzen und sollte sorgfältig mit dem später vorgestellten Trading-Tagebuch durchgeführt werden. Das hilft, Selbstvertrauen zu gewinnen. Man kann auch die Handelsgeschäfte von einer zweiten Person checken lassen, um eine objektive Kontrolle zu bekommen.

7.1.2 Day-Trading

Der Day-Trader schließt – wie der Name schon sagt – seine Positionen zum Ende eines Tages. Er möchte kein Kursrisiko tragen, ohne eingreifen zu können. Nach Börsenschluss in Europa handeln die US-Börsen weiter, und nicht selten kommt es zu kräftigen Bewegungen über Nacht, und die großen europäischen Terminkontrakte können mit einem Kurssprung am nächsten Morgen beginnen. Diese Kurslücke bezeichnet man als Gap; sie muss nicht automatisch einen Verlust bedeuten, aber es ist ein Risiko, das durch den Intraday-Handel ausgeschlossen wird. Trotzdem ist diese Form des Handels in der Regel mit mehr Stress verbunden als das Positions-Trading mit moderatem Kapitaleinsatz. Denn der Anlagehorizont beim Day-Trading ist wesentlich kleiner, und deshalb muss die Kursentwicklung der interessanten Basiswerte sowie andere notwendige Informationen (siehe Abschnitt 7.3) fast permanent über den Tag hinweg verfolgt werden.

Der Vorteil des Day-Traders liegt in der Möglichkeit, mehr Kontrakte zu handeln als ein Positions-Trader, da die verlangte Margin intraday meist geringer ist. Dem Day-Trader bieten sich mehr Handelsmöglichkeiten, da sein Zeithorizont kleiner ist. Handelt man nach Stundencharts, ergeben sich bei einem Neun-Stunden-Handelstag neunmal mehr Möglichkeiten als beim Position-Handel mit Tagesdaten. Diese lassen sich noch einmal steigern, wenn der Zeithorizont ein weiteres Mal reduziert wird. Die Gewinne und Verluste sind zwar meist kleiner als beim Positions-Trading, doch handelt man mit einer größeren Kontraktzahl, kann dies wieder ausgeglichen werden.

Eine andere Form des Day-Tradings ist das so genannte Scalping. Hier wollen Trader von kleinsten, meist nur einige Ticks großen Kursbewegungen profitieren. Dabei versuchen sie die Angebots- und Nachfragesituation in einem Kontrakt abzuschätzen. Früher waren solche Scalper auf dem Parkett der Terminbörsen zu finden, inzwischen bedienen sie sich des elektronischen Orderbuchs im Computerhandel. Mit Hilfe des Orderbuchs wird versucht, die kurzfristige Marktrichtung zu bestimmen. Denn die Anzahl der Kauf- und Verkaufsorders hinter dem besten Geld-/Briefkurs repräsentiert das Angebot und die Nachfrage, allerdings nur für eine sehr kurze Zeit. Das reicht den Scalpern aber, um einen Angebots- oder Nachfrageüberschuss auszumachen und sich entsprechend zu positionieren. Gewinne, aber auch Verluste werden dann auch wieder sehr schnell mitgenommen. Oft handeln Scalper Futures-Kontrakte und haben eine sehr hohe Anzahl von Handelsgeschäften während des Tages. Allein schon wegen hoher Gebühren ist das Scalping nur für Profis gedacht. Der Ruf der Scalper ist nicht der beste, doch stellen sie mit ihren vielen Handelsgeschäften Liquidität in den Markt, die allen Teilnehmern zu Gute kommt.

Das Day-Trading im Allgemeinen ist nicht jedermanns Sache und einem Einsteiger zunächst nicht zu empfehlen. Erst wenn er sich sicherer fühlt, kann er sich an dieses Handelskonzept heranwagen und sich probeweise dem Day-Trading widmen. Viele Day-Trader handeln Futures, da die Preisberechnung transparenter ist und die Transaktionskosten, relativ zum Kontraktwert, am günstigsten sind. Darin liegt natürlich auch das Risiko, und jeder sollte sich vorher ausrechnen, wie stark sich ein Verlust im Depot auswirken wird. Während der große Unterschied zwischen Day- und Positions-Trading im Anlagehorizont besteht, sind die verschiedenen Methoden und Handelsstrategien für beide Zeiträume grundsätzlich nicht sehr unterschiedlich und sollen im Folgenden kurz vorgestellt werden.

7.2 Handelsanalyse und notwendige Tools

Keiner der vorgestellten Handelsansätze kann als der Weisheit letzter Schluss gelten. Vielmehr sollten Anleger die Ansätze kennen und sie dann zusammen oder getrennt für Prognosen einsetzen. Sie sollten mit den vorhandenen zeitlichen und sonstigen Möglichkeiten, die ihnen zur Verfügung stehen, zu vereinbaren sein. Eine Art, an die Märkte heranzugehen, ist die Fundamentalanalyse. Bei dieser Analyseform geht es darum, aus Unternehmensdaten oder volkswirtschaftlichen Rahmendaten Prognosen für die Börsen abzuleiten. Dabei bilden sich Marktteilnehmer auf Grund ihrer eigenen Analyse eine Erwartungshaltung und vergleichen sie mit derjenigen des Marktes, der Konsensmeinung. Sollte es bei diesem Vergleich zu starken Diskrepanzen kommen, lohnt sich ein Derivate-Engagement. Die Analysten angesehener Bankhäuser liegen nicht immer richtig, sodass eine eigene Recherche lohnt. Doch nicht jede Informationsquelle, speziell aus dem Internet, sollte unkritisch übernommen werden. Später werden informative und vor allem unabhängige Internetseiten für die Fundamentalanalyse zusammengestellt. Anleger sollten je nach Umfang der verfolgten Basiswerte mindestens fünf bis zehn Stunden pro Woche in die Fundamentalanalyse investieren.

Die Prognose muss sich dabei nicht immer auf die exakte Bestimmung der zu veröffentlichenden Wirtschaftszahl beziehen, sondern auf die Richtung, die der Markt nachher einschlägt. Und wenn man sich zwar unsicher ist, aber mit einer heftigen Bewegung in die eine oder andere Richtung rechnet, gibt es für diesen Fall mit dem Long Straddle oder Strangle eine passende Derivatestrategie. Die Kunst ist dabei, die Erwartung des Marktes abzuschätzen und dann gemäß seiner eigenen Prognose eine Strategie aufzubauen. Lassen die Markterwartungen keine eigenen Handelsspielräume zu, dann sollte auch keine Position eingenommen werden.

Ein anderer weit verbreiteter Ansatz, die Börsen zu beleuchten, ist die Technische Analyse. Auf Grund vergangener Kursdaten und -verläufe werden Prognosen abgeleitet. Die Methoden sind vielfältig und reichen von der Analyse mit Indikatoren, charttechnischen Kursmustern über Statistische Häufigkeiten von Kursverläufen an bestimmten Tagen bis hin zu Neuronalen Netzen, mit denen versucht wird, die künftigen Kurse vorherzusagen. Mit Hilfe der Technischen Analyse können auch Handelssysteme mit exakten Ein- und Ausstiegssignalen sowie dem notwendigen Money Management erstellt werden. Im so genannten Backtesting-Verfahren kann herausgefunden werden, wie das System in der Vergangenheit abgeschnitten hat. Wenn es profitabel gewesen ist , kann man es im realen Handel einsetzen. Das hört sich nach einer Gelddruckmaschine an, doch bei der Bildung von Trading-Systemen muss man darauf achten, das man keine Überoptimierung schafft. Soll heißen, ein Handelssystem zu entwickeln, dass in der Vergangenheit hervorragend performt hat, aber in der eigenen tatsächlichen Anwendung dann versagt. Es gibt kein System, das zu 100 Prozent funktioniert.

Die Grundzüge der Technischen Analyse beziehungsweise die Beurteilung von Charts sollte jeder Anleger beherrschen und mehrere Stunden pro Woche dafür investieren. Um eine geeignete Software kommt man daher nicht umhin. Es gibt zahlreiche Anbieter mit sehr unterschiedlichen Programmen. In Abb. 7.1 ist eine Übersicht mit den gängigsten Programmen zusammengestellt, die wir getestet und für gut befunden haben. Auf den angegebenen Internetseiten können Interessierte weitere Informationen bekommen. Die Programme kosten alle ungefähr zwischen 300 und 1000 Euro in der einfachen Version, manche sind aber auch nur monatlich zu leasen. Bevor man sich für ein Programm entscheidet, kann man Testversionen der Programme anfordern, um sie zu beurteilen. Viele Softwarehersteller bieten diese Möglichkeit an.

Programm	Internetaddresse www.
Tai-pan	lp-software.de
Market Maker	marketmaker.de
Elwave	elwave.de
Wealth-Lab	wealthlab.de
Investoxx	knoepfel.de
Fipertec	fipertec.de
CQG	cqg.de
Omega Tradestation	tradestation.de
Metastock	metastock.de

Abb. 7.1: *Übersicht über Technische-Analyse-Programme*

Bei Investoxx, Fipertec und CQG ist es auch möglich, eine Orderrouting-Software als Zusatzmodul an die in Deutschland ansässigen Broker anzubinden. Das hat den Vorteil, dass man seine Orders nicht manuell in eine separate Orderrouting-Software eingeben muss, sondern gemäß den eigenen Bedingungen automatisch ausführen lassen kann. Das kann beim Intraday-Handel eine praktische Hilfe sein. Doch sollte vor dem Programmkauf geklärt werden, welcher Broker welche Orderrouting-Software anbinden kann.

Verschiedene Orderrouting-Programme werden aber auch separat von den Brokern angeboten. Stand-alone-Produkte können meist nur die Orders aufgeben und bieten nur einige Chartfunktionen. Anspruchsvollere Orderrouting-Programme mit vielfältigen Chart- und Analysefunktionen sind auch zu bekommen, sodass die oben beschriebene Software zur Technischen Analyse nicht immer notwendig ist. Es sei denn, man handelt nach einem bestimmten System oder einem anderen Tool, das nur eine ganz bestimmte Software zur Technischen Analyse bietet. Die Preise für Orderrouting-Programme mit entsprechenden Echtzeit-Kursen (Real-Time-Kursen), also den aktuell gehandelten Preisen der Terminkontrakte, liegen zwischen 50 und 300 Euro. Die Orderrouting-Software ohne Kursversorgung wird teilweise auch umsonst angeboten.

Orderrouting-Programme		
InteractiveBrokers Trader-Workstation	Pats	Realtick

Abb. 7.2: *Verschiedene Orderrouting-Software*

Echtzeit-Daten sollte man für alle Kontrakte abonnieren, die man handeln möchte, um beim Handelsabschluss auf dem Laufenden zu sein. Verzögerte Preisdaten, die die Börsen kostenlos anbieten, sind zum Handel mit Derivaten nicht geeignet, da sich die Preise von Derivaten zu schnell verändern können. Die Echtzeit-Preise werden über Data-Vendoren angeboten. Das sind Anbieter, deren Daten in die Programme zur Technischen Analyse eingehen. Neben den Daten-Anbietern für den Profi, wie Reuters oder Bloomberg, gibt es günstigere Dienste, die sich auf den Privatanleger spezialisiert haben: „bis“, „e-signal“, „Taipan“ und „Tenfore“.

Doch wie beschrieben haben auch die Anbieter von Orderrouting-Software Real-Time-Daten im Programm und bieten sie kostenpflichtig an. Hier sollte sich ein Anleger für ein Programm entscheiden und darauf achten, dass er die Daten nicht doppelt bezahlt. Oder zumindest nicht sehr viel mehr bezahlt, wenn er die Real-Time-Daten für das elektronische Orderrouting nutzen will. Einige Anbieter stellen die Orderrouting-Software auch ohne Kursversorgung kostenlos zur Verfügung, aber dann muss die Order separat eingegeben werden.

Je nach Leistungsumfang müssen Anleger für Echtzeit-Preise mit mindestens 100 Euro im Monat rechnen. Die Gebühren für die Kurse der einzelnen Terminbörsen werden separat über die Daten-Vendoren abgerechnet. Das Kurspaket für alle Kurse von Eurex-Produkten kostet beispielsweise um die acht Euro im Monat. Trader, die das Orderbuch einsehen wollen, müssen rund vier Euro mehr zahlen, also zwölf Euro für die gesamte Eurex-Kursversorgung im Monat. Die Kursversorgung an den amerikanischen Terminmärkten mit und ohne Orderbucheinsicht kostet meist etwa fünf bis zehn Euro zusätzlich.

Während die Real-Time-Preise bei Futures in der Regel zeitnah angezeigt werden, da sie sehr liquide sind, muss man bei Optionspreisen aufpassen. Denn die Optionskontrakte werden meist nicht permanent gehandelt, sodass die Real-Time-Kurse von Optionen nicht mehr ganz aktuell sind. Deshalb sind die veröffentlichten Optionspreise nicht immer handelbar und geben oft nur eine grobe Richtung für den korrekten Preis an. Möchte man Optionen handeln, sollten Preisanfragen immer vorher gestellt werden.

Last but not least sollte man die Datensicherung beachten und von Zeit zu Zeit seine Preisdaten, die man abonniert hat, speichern – vor allem die Tick-Daten, denn sie sind in der Anschaffung sehr teuer und reichen oft nicht weit in die Vergangenheit zurück. Die Daten sollten auf einem externen Medium, wie beispielsweise einer CD-ROM, gespeichert werden.

7.3 Weitere Voraussetzungen zum Handel

Nun gilt es, einen leistungsstarken PC auszuwählen, auf dem die Software reibungslos laufen kann. Der Computer mit der Handelssoftware sollte mindestens einen Pentium-II-Chip, besser Pentium-III, mit mindestens 700 MHz haben, um die notwendigen Rechnungen schnell auszuführen. Die Festplatte sollte nicht weniger als 10 GB speichern können und der Arbeitsspeicher mindestens 256 MB zur Verfügung haben. In der Regel laufen alle Programme auf Windows 98 oder einem neueren Betriebssystem. Diese Angaben sind nur Richtlinien für die Auswahl eines Computers, im Zweifelsfall sollte man den Herstellerangaben folgen. Der PC sollte ebenfalls eine hochauflösende Grafikkarte besitzen, die den Anschluss von mindestens zwei Monitoren erlaubt.

Day-Trader sollten entweder einen Reserve-PC haben, der schnell einsatzbereit ist, wenn der erste Rechner ausfällt, oder gleich zwei Computer einsetzen, einen für die Charts und Analysen und den anderen für die Orderrouting-Software und Depotverwaltung beispielweise. Die Handelscomputer sollten ausschließlich zum Handeln da sein, Spiele oder andere Programme haben dort nichts zu suchen.

Als Day-Trader sollte man ebenfalls die Wirtschaftsdaten in Echtzeit verfolgen, auch wenn der Handelsschwerpunkt auf der Technischen Analyse beruht. Denn oft sind Veröffentlichungen wichtiger Wirtschaftsdaten Ausgangspunkt für eine kräftige Kursbewegung. Viele dieser Dienste bieten auch Analysen oder die Erwartungen zu anstehenden Zahlen an. Reuters, Bloomberg, vwd-dow jones oder dpa-afx sind Anbieter solcher Nachrichtendienste. Manche Softwareprogramme erlauben einen Anschluss an einen Nachrichtenkanal. Dann kann man meist nach Themengebiet die Nachrichten abonnieren. Die wichtigsten Meldungen zu diesem Bereich laufen dann als Ticker mit. Die Kosten für diese Real-Time-Nachrichtenversorgung fangen bei rund 100 Euro pro Monat an. Alternativ können auch die Börsenprogramme im Fernsehen, wie Bloomberg, n-24 oder n-tv, als Nachrichtenquelle genutzt werden. Doch nicht immer werden die genauen Daten mit den Einzelheiten gleich veröffentlicht. Neben der Anschaffung der Software sind auch die laufenden Kosten der Kurs-

und Informationsversorgung zu berücksichtigen. Sie kostet in der Real-Time-Variante mindestens 200 Euro im Monat. Die aktuellen Preise können im Internet geprüft werden. Einen guten Überblick über die angebotenen Leistungen bietet die Seite www.trading-software.de. Die vielen einzelnen Bausteine für ein erfolgreiches Handeln, die in diesem Kapitel aufgeführt sind, sollten nicht abschrecken. Viele Banken bieten die Einzelleistungen auch als Paket an. Sie sind hier einzeln aufgeführt, damit die Kosten für den Handel in etwa abgeschätzt werden können.

Wie soll man nun an die Märkte und die dazugehörigen Derivatestrategien herangehen? Zunächst muss sich ein Anleger entscheiden, auf welche Art er handeln will und wie viel Zeit er für die dafür notwendige Analyse aufbringen kann. So könnte ein Handelstag für einen Positions-Trader folgendermaßen aussehen: Morgens mit einem Blick auf die US-Börsen und ihre Futures beginnen. Die Wall Street beeinflusst nun mal das Börsengeschehen hierzulande sehr stark. Besonders hilfreich ist die informative US-Internetseite thestreet.com. Sie gibt einen guten, allgemein gehaltenen Überblick über die Aktienmärkte: Auf dieser Seite beurteilt der unabhängige Trader und Kolumnist James Cramer die aktuelle Situation an den Börsen. Der seit mehr als 15 Jahren erfolgreiche Hedgefonds-Manager unterhält auch eine eigene Radioshow, die es im Internet zu hören gibt.

Am Anfang jeder Woche sollten alle wichtigen Wirtschafts- und Unternehmensdaten, zumindest aus Europa und den USA, in ein Trader-Tagebuch eingetragen und bewertet werden. US-Arbeitsmarktdaten, die am ersten Freitag eines Monats veröffentlicht werden, haben in der Regel einen größeren Einfluss auf die Märkte als die Zahl der Auftragseingänge für langlebige Wirtschaftsgüter. Das Trader-Tagebuch hilft, die Gedanken zu ordnen und die notwendige Disziplin beim Handeln zu schaffen. Selbst Größen wie George Soros haben ein solches Tagebuch geführt und es später sogar auszugsweise veröffentlicht. In ein solches Tagebuch gehören auch die Verfallsdaten der Options- und Futures-Kontrakte.

Außerdem sollte genug Platz vorhanden sein, um eine Kurzanalyse des Tages zu den verfolgten Basiswerten abzugeben. Falls gehandelt worden ist, sollten die Gründe für das Geschäft aufgeschrieben werden. Sie sollten im weiteren Verlauf immer noch Bestand haben; zumindest sollte ein Stoppkurs die Position absichern.

> ***Beispiel:***
> *Kauf eines Index-Futures, weil ein Indikator beispielsweise nach oben gedreht hat, sollte dieser Indikator auch in der darauffolgenden Zeit immer noch ein Kaufsignal anzeigen. Wenn der Grund wegfällt, also der Indikator beispielsweise nach unten dreht, dann sollte man aus dem Trade aussteigen, oder wenn die Kurse gestiegen sind, den Stopp nachziehen. Ist daraus ein Verlust entstanden, während der Indikator gedreht hat, sollte der Trade trotzdem geschlossen werden. Das fällt zwar schwer, aber die Verluste können sich weiter auftürmen. Besonders wenn man nach anderen Gründen sucht, um die Position aufrechterhalten zu können. Hier spielt die Psychologie eine große Rolle: Es fällt schwer, sich einzugestehen, dass man falsch liegt. Und wer gibt schon gerne Fehler zu? Doch Fehleinschätzungen dieser Art gehören zum Handel, man kann eine Kursbewegung nie auf den Cent oder Punkt genau vorhersagen. Trotzdem kann mit einer teilweisen korrekten Marktmeinung Geld verdient werden, das ist auf lange Sicht entscheidend. Doch sollte man Verluste akzeptieren, sie gehören zum Handel nun einmal dazu.*

Das Money Management hilft aber, die Verluste zu begrenzen und einen disziplinierten Ansatz zu verfolgen, also Stopp-Kurse sowie Gewinn-Stopps einzuhalten. Deshalb sollte auch das Money Management im Trader-Tagebuch berücksichtigt werden. Am besten trägt man ins Tagebuch die Stopp-Loss-Marken sowie die Gewinn-Stopps ein, unabhängig davon, ob man sie tatsächlich an der Börse platziert hat oder ob sie mental geführt werden. Nur einhalten sollte man sie. Eine Seite im Tagebuch könnte beispielsweise so aussehen:

- **Datum:**

- **Kurzanalyse:**
  Die jüngsten Arbeitsmarktdaten in den USA signalisieren ein stärker

werdendes Beschäftigungswachstum. Für die US-Notenbank besteht kein Anlass, die expansive Geldpolitik beizubehalten, Zinserhöhungen stehen vor der Tür, möglicherweise mehrere, die den Aktienmarkt belasten werden. Der Markt erwartet noch keine Zinserhöhungen auf der nächsten US-Notenbank-Sitzung.

- **Gründe für einen Trade:**
  Sollte der MACD-Indikator im S&P-Mini-Future fallen und ein Verkaufssignal geben oder aus einer Konsolidierungs-Formation nach unten ausbrechen, lohnt der Verkauf eines S&P-Mini-Futures zur Absicherung oder Spekulation. Der Grund kann aber auch aus dem fundamentalen Umfeld kommen, der sich aus der (Kurz-)Analyse ergibt.

- **Stopp-Kurs/Gewinn-Stopp:**
  20 Punkte höher/30 Punkte tiefer

Man riskiert also 1000 US-Dollar (20 mal 50 Dollar je Indexpunkt), um 1500 Dollar zu gewinnen, Die Slippage wurde nicht einkalkuliert. Als Slippage wird eine Abrechnung zu einem schlechteren Kurs bezeichnet, beispielsweise auf Grund hektischer Kursbewegungen.

Das Instrument für eine solche Strategie muss nicht unbedingt ein S&P-Mini-Future sein, man hätte bei der gleichen Erwartung auch einen Bund-Future oder einen T-Bond-Future Short gehen und über Anleihen-Futures direkt auf steigende Zinsen und Renditen setzen können. Alternativ können Anleger nur nach fundamentalen Gesichtspunkten handeln oder nur der Technischen Analyse folgen.

Trotz sorgfältiger Planung und akribischer Analyse wird jeder Trader auch schwierige Phasen überstehen müssen. Dann ist es wichtig, nicht in Panik zu geraten und die eigene Strategie zu überdenken. Auch eine Pause vom Trading kann helfen. Anleger sollten generell von Zeit zu Zeit Pausen vom Trading nehmen, um Abstand zu gewinnen und sich danach wieder aufs Handeln zu konzentrieren. Hier muss jeder Anleger die für ihn richtige Balance finden. Ein Tipp: Anleger sollten in einer Verlustphase das Risiko und damit die Kontraktzahl reduzieren, bis die eigenen

Analysen und damit die Handelsgeschäfte wieder besser laufen.

Wie aus der kurzen Anleitung deutlich wird, gibt es kein Patentrezept, wie man handeln soll. Vielmehr gibt es sehr viele Möglichkeiten und Ansätze. Unerlässlich in diesem Zusammenhang ist ein gutes Money Management, um auch die schlechten Börsenphasen zu überstehen.

Exkurs

Money Management

Money Management handelt grob gesprochen davon, wie ein Anleger mit seinem Kapital umgeht, wie er es an den Börsen einsetzt. Für den Derivatehandel schließt das die Frage nach der Anzahl der zu handelnden Kontrakte, der Anzahl der zu handelnden Basiswerte, den Ein- und Ausstieg sowie das Risikomanagement, also die Kontrolle des Verlusts, mit ein. Es sollte nur Risikokapital für den Handel mit Optionen und Futures verwendet werden. Folglich sollte man auch nicht auf Kredit spekulieren, mit Optionen und Futures erhält man durch die geringe Sicherheitsleistung – nur ein Teil des Kontraktwerts wird hinterlegt – quasi einen Kredit. Der braucht nicht noch gesteigert zu werden.

Die Anzahl der zu ermittelnden Kontrakte kann zum einen von der Sicherheitsleistung abhängig gemacht werden. Wie bereits erwähnt, sollte pro doppelter bis dreifacher Börsen-Margin nur ein Kontrakt gehandelt werden. Zum anderen kann die Anzahl der Kontrakte über den Verlust pro Trade definiert werden. Möchte man beispielsweise nicht mehr als zwei Prozent seines Risikokapitals pro Geschäft verlieren, bestimmt dieser Betrag den Stoppkurs. Ein Beispiel: Ein Anleger hat 50 000 Euro Risikokapital auf seinem Handelskonto und möchte den Bund-Future-Kontrakt long gehen. Pro Trade will er nicht mehr als zwei Prozent, also 1000 Euro, verlieren. Im Bund-Future sind das 100 Punkte pro Kontrakt. Er könnte demnach einen Kontrakt mit einem Stopp-Loss 100 Punkte tiefer handeln oder zwei Kontrakte mit Stopp-Kursen, die 50 Punkte tiefer liegen. Die so genannte Slippage, die man dafür mit einbezieht, dass man nicht genau seinen Stoppkurs als Abrechnungskurs bekommt, bleibt dabei unberücksichtigt. Eine Variation diese Kontraktberechnung ist, den Stopp-Kurs nach charttechnischen Unterstützungen oder Widerständen auszusuchen und dann die Kontrakte zu bestimmen. Liegt eine kräftige Unterstützung also 30 Ticks tiefer als der aktuelle Kurs und setzt man den Stopp-Kurs dorthin, können im Beispiel rund drei Kontrakte gehandelt werden. Wie viele Basiswerte zu handeln sind, hängt somit auch von den Ein- und Ausstiegssignalen ab. Money Management ist deshalb nicht nur objektiv. So hängen Gewinn- und Verlust-Stopps auch von der Marktmeinung beziehungsweise von der persönlichen Handelsmethode ab.

Grundsätzlich sollten Anleger mit ihren Handelsansätzen versuchen, profitable Trends zu erwischen und die Basiswerte danach zu filtern. Tauchen mehrere Basiswerte als Handelskandidaten auf, so muss man das Risikokapital zwischen den verschiedenen Basiswerten und ihren Derivaten aufteilen. Bei kleineren Konten ist es ratsam, nicht zu viele Basiswerte zu traden, um sich nicht zu verzetteln.

Abschließend ist Anlegern folgende Vorgehensweise zu empfehlen:

→ Einen Handelsansatz entwickeln, der den individuellen zeitlichen, finanziellen und persönlichen (Welche Basismärkte interessieren einen?) Bedürfnissen entspricht.

→ Einen Handelsplan mit Hilfe des Trader-Tagebuchs entwickeln.

→ Money Management (Kapitaleinsatz) und Risikokontrolle (Stopp-Kurse) anwenden und diszipliniert verfolgen.

Dieser Leitfaden muss mit Leben gefüllt werden, und deshalb sollten die konkreten Vorgehensweisen und Methoden von Zeit zu Zeit überprüft und bewertet werden. Denn generell hängt der langfristige Erfolg beim Handeln vor allem von zwei Faktoren ab: gute Gewinnchancen bei begrenztem Risiko zu finden und dann das Money Management anzuwenden beziehungsweise das Risiko zu kontrollieren.

7.4 Auswahl des Brokers

Nachdem man sich für einen Handelsansatz entschieden hat, sein persönliches Trading-Umfeld eingerichtet hat und tägliche Analysen zur Meinungsbildung sowie zum Money Management erstellt, bleibt noch die Frage, welche Bank oder Broker man für den Handel auswählen soll. In der Regel sind Direktbanken sowie spezialisierte Options- und Futures-Broker am günstigsten. Doch der Preis ist nicht alles, auch der Service, die Erreichbarkeit oder die geforderte Sicherheitsleistung spielen eine große Rolle. Die folgende Checkliste hilft bei der Auswahl des richtigen Intermediärs für den elektronischen Handel.

→ Wie hoch sind die Gebühren bei einem Round-Turn-Geschäft, also beim Kauf und Verkauf eines Futures- oder Optionskontrakts?

→ Wie hoch ist der zu hinterlegende Marginbetrag, sowohl für Intraday-Geschäfte als auch für den Positionshandel mit einer Haltedauer von mindestens einem Tag?

→ Wird das Konto verzinst und mit welchem Zinssatz?

→ Sind Geschäfte auch telefonisch oder per Fax durchzugeben, und wie hoch sind mögliche Zusatzkosten?

→ Gibt es zumindest eine telefonische Hotline, und wie lange ist sie besetzt?

→ Welche Produkte kann man an welchen Börsen handeln?

→ Welche Software bietet der Broker an, und kann Handels- oder Analysesoftware anderer Anbieter angebunden werden?

→ Gibt es über externe Software die Möglichkeit, Handelssysteme mit konkreten Ein- und Ausstiegssignalen einzusetzen, die Aufträge automatisch ausführen?

→ Welche Orderarten sind in diesem Zusammenhang anwendbar?

In Deutschland gibt es nur vier spezialisierte Anbieter von Options- und Futures-Geschäften: Boursorama, CK Bank, Consors und Interactive Brokers. Eine pauschale Bewertung der einzelnen Häuser ist kaum möglich, da die Angebote sehr unterschiedlich sind. So bieten Boursorama und Consors nur Eurex-Geschäfte an. In Abb. 7.3 haben wir die Internetadressen aufgelistet, um sich näher zu informieren.

Bank/Broker	Internetaddresse www.
boursorama	boursorama.de
Consors	consors.de
CK Bank	ckbank.de
InteractiveBrokers	interactivebrokers.com

Abb. 7.3: *Derivatespezialisten und Internetadressen*

Mit comdirect und etrade gibt es noch zwei weitere Anbieter, die aber nicht alle terminbörslichen Geschäfte anbieten. Während comdirect nur Optionsgeschäfte an der Eurex ermöglicht, können Anleger bei etrade lediglich Futuresgeschäfte an verschiedenen Terminbörsen handeln.

Zum Schluß des Kapitels soll auch kurz auf die „schwarzen Schafe“ der Futures- und Optionsbranche hingewiesen werden. Im Internet unter anlageschutzarchiv.de hat die Schutzgemeinschaft der Kleinaktionäre (SdK) eine Webseite eingerichtet, auf der sie den grauen Kapitalmarkt beleuchtet und Namen von unseriösen Intermediären nennt. Ein guter Beleg für die Seriosität eines Brokers ist seine Eurex-Mitgliedschaft.

8

Knock-out-Turbos als Futures-Ersatz

Wie in jedem guten Buch kommt es auch hier am Ende zu einer überraschenden Wendung. Denn in diesem Kapitel werden alternative Futures-Produkte vorgestellt, mit denen Anleger auch ohne große Sicherheitsleistungen von 15 000 Euro und mehr wie mit einem Future partizipieren können. In Abb. 1.1 in Kapitel 1 fanden diese so genannten Knock-out-Papiere bereits in der Produktübersicht kurze Erwähnung. Sie werden auch als Turbos, Waves oder Sprinter bezeichnet. Mit ihnen können Anleger ebenso gehebelt an der Kursentwicklung diverser Basisinstrumente partizipieren und somit von steigenden – dann haben die Knock-outs den Zusatz Long oder Bull – wie auch von fallenden Kursen – dann haben die Knock-out-Papiere den Zusatz Short oder Bear – profitieren. Wie der Name schon sagt, ähnelt der Optionsschein der Option. Der Knockout ist in seiner Wirkungsweise weitgehend einem Future ähnlich: Bei einem Knock-out-Long-Papier auf den DAX mit einem Basispreis bei

3000 Punkten kauft man den DAX effektiv für 3000 Punkte. Im Gegensatz zum Optionsschein hat man also kein Wahlrecht, sondern erwirbt wie beim Future den Basiswert. Einige Emittenten nennen ihre Knock-out-Papiere deshalb auch Turbo-Futures oder Mini-Futures. Darüberhinaus haben sich in den vergangenen Jahren Sonderformen gebildet, wie zum Beispiel Rolling Turbos, Stop-Loss-Turbos, Smart-Turbos oder Best Unlimited. Sie würden aber den Rahmen dieses Buches sprengen.

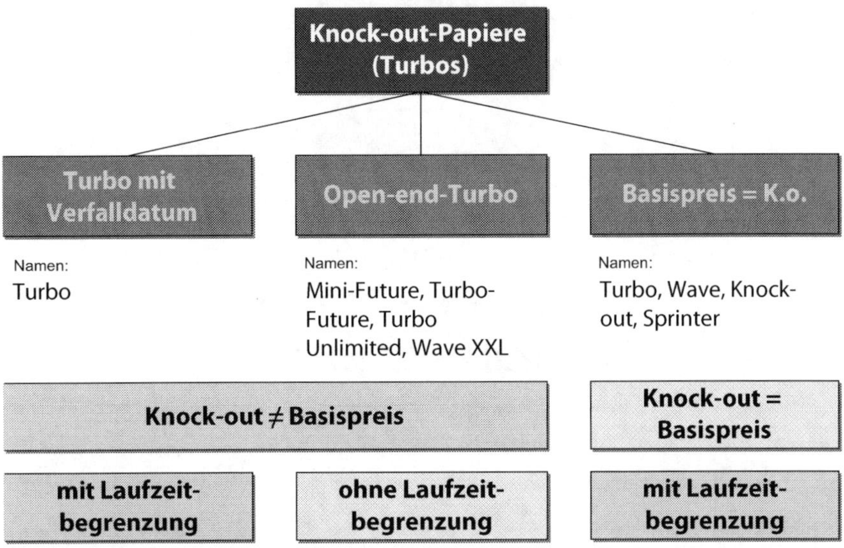

Abb. 8.1: *Übersicht der Knock-out-Papiere mit ihren von den Emittenten vergebenen Bezeichnungen*

Während Optionen und Optionsscheine nach dem gleichen Prinzip funktionieren, gibt es beim Turbo verschiedene Varianten, die aber alle einem Future ähneln. Dabei hat das Knock-out-Papier wie der Optionsschein einen Basispreis, der ebenfalls als Basis bezeichnet wird. Wie Abbildung 8.1 zeigt, kommt noch die Knock-out-Schwelle hinzu, die entweder am Basispreis oder ein wenig entfernt davon liegt. Im obigen Beispiel eines Long-Knock-outs kann sie nur bei 3000 Punkten oder darüber liegen. Wird die Schwelle während der Laufzeit berührt, verfallen die Knock-outs sofort und werden nur noch zurückgenommen. Im

Unterschied zu Futures entsteht aber keine Nachschusspflicht, doch es droht ein Totalverlust im Knock-out-Fall.

Die Analogie zum Future ist sehr deutlich. Zwar hat ein Future einerseits keine Knock-out-Schwelle, doch diese Barriere ist vergleichbar mit dem Kurs, zu dem ein Margin-Call beim Future erfolgt. In beiden Fällen ist das Kapital aufgebraucht. Beim Future müsste dann frisches Kapital nachgeschossen, beim Turbo muss in ein anderes Papier gewechselt werden. Andererseits begrenzt der Knock-out, wie ein Stopp-Loss, die Verlustmöglichkeiten. Denn Turbos sind auf Privatkunden zugeschnittene Wertpapiere; der Emittent hat also keine Möglichkeit, bei Positionen mit hohem Verlust einen Margin-Call selber zu starten und sich das fehlende Kapital vom Anleger zu holen. Es gibt bei dieser Organisation des Handels keine Überwachungsstelle wie ein Clearing-Haus, das zur Not auch offene Positionen schließen kann, wenn das Geld fehlt.

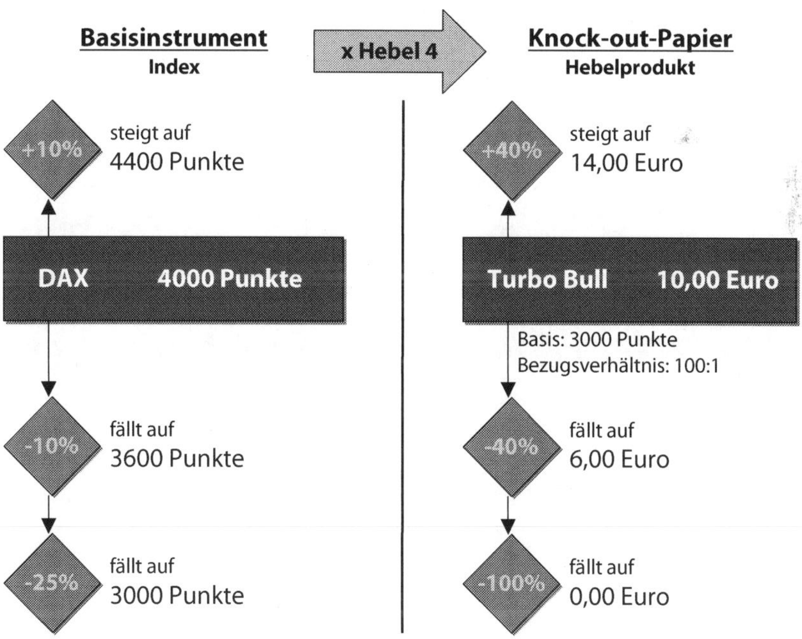

Abb. 8.2: *Beispiel eines Hebels bei einem Knock-out-Papier ohne Berücksichtigung der Finanzierungskosten*

Wie Optionsscheine, Optionen und Futures haben auch Turbos einen Hebel (siehe Abb. 8.2). Knock-out-Papiere gehen – absolut betrachtet – eins zu eins mit dem Basiswert mit. Der Hebel entsteht dadurch, dass nicht der gesamte Wert des Basiswerts bezahlt wird, sondern nur ein geringer Teil davon. Bei einem Long-Turbo beispielsweise liegt er etwa in Höhe der Differenz zwischen Basispreis und aktuellem Kurs. Während beim Future das Verhältnis von Kontraktgröße und zu hinterlegender Margin den Hebel bestimmt, ist es beim Turbo das Verhältnis von Basispreis zum aktuellen Kurs. Je näher sie beieinander liegen, desto höher ist der Hebel.

Auf Grund der Verbriefung erhält der Anleger wie beim Optionsschein am Verfallstag die Differenz zwischen aktuellem Kurs und Basis, vorausgesetzt, der Saldo ist positiv. Im Unterschied zu Warrants besitzt der Knock-out immer einen inneren Wert, ist also bereits „im Geld". Sonst wäre ein DAX-Long-Turbo mit Basis und Knock-out bei 3000 Punkten schon bei der Emission verfallen, sollte sich der DAX-Kurs hypothetisch an der oder unter der 3000-Punkte-Marke befinden und das Papier, theoretisch zumindest, „am oder aus dem Geld" notieren.

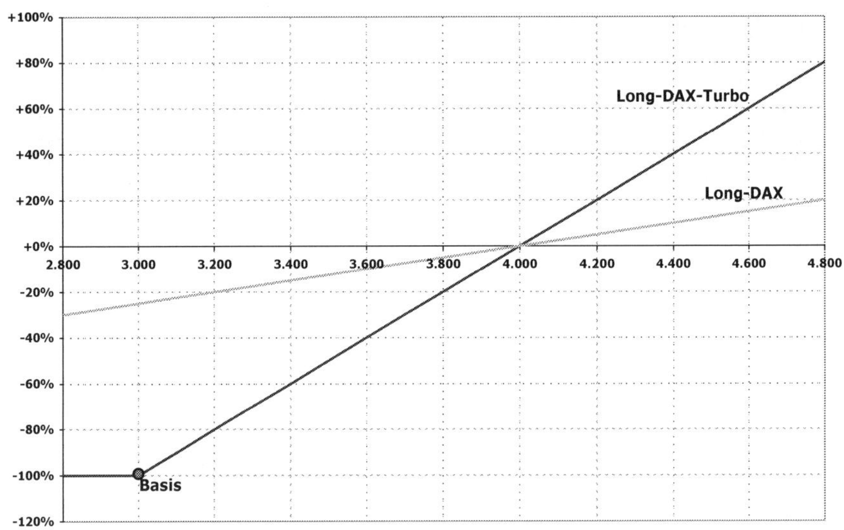

***Abb. 8.3:** Long-DAX-Turbo im Performancevergleich mit einer Long-DAX-Position*

Dagegen befindet sich der Basispreis beim Short-Turbo, mit dem die Anleger von fallenden Kursen profitieren, immer über dem aktuellen Kurs. Bei einem angenommenen aktuellen DAX-Stand von 4000 Punkten könnte ein Short-Turbo eine Basis bei 5000 Punkten sowie einen Knock-out haben, der dem entweder entspricht oder etwas darunter liegt.

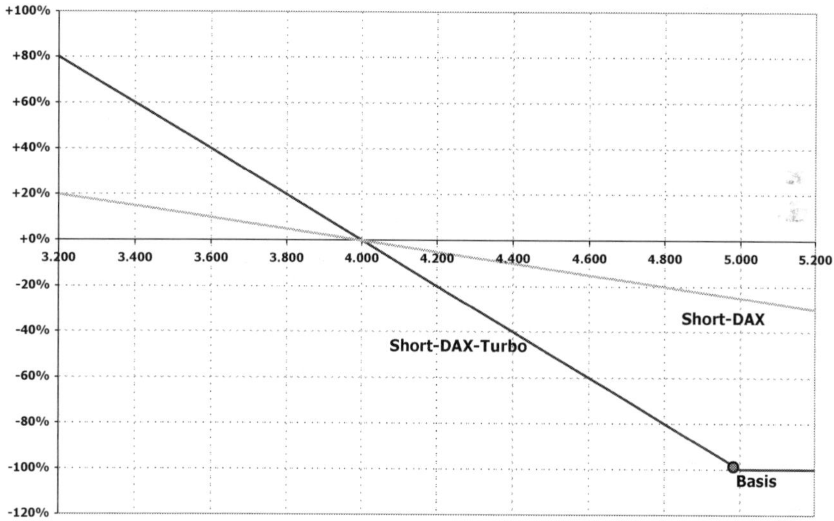

Abb 8.4: *Short-DAX-Turbo im Performancevergleich mit einer Short-DAX-Position*

Bei allen Knock-out-Papieren kann der Knock-out nur erfolgen, solange der Heimatmarkt geöffnet ist. DAX-Turbos können demzufolge nur zwischen 9.00 Uhr und 17.30 Uhr verfallen. Knock-out-Papiere auf Währungen beispielsweise können jederzeit, also auch nachts k.o. gehen, da sie rund um die Uhr gehandelt werden.

Die großen Unterschiede fangen aber bei der Preisbildung der Turbo-Papiere an. Klar ist, dass ein Teil der Prämie aus dem inneren Wert besteht, da alle Turbos per definitionem nur „im Geld" liegen können. Zum inneren Wert kommen jetzt noch die Nettofinanzierungskosten hinzu, die zusammen dann den Preis eines Turbos ergeben. Wie beim Future bestehen die Netto-Finanzierungskosten aus Kosten und Erträgen, die für das Halten des Basiswerts entstehen. Sie werden bei den verschiedenen Knock-out-Varianten aber unterschiedlich berücksichtigt. Wir wollen daher jetzt auf die einzelnen Varianten der Knock-out-Papiere eingehen und die Details erläutern.

8.1 Turbos mit Basis ungleich Knock-out – die Stopp-Loss-Turbos

Die Berücksichtigung der Nettofinanzierungskosten als Auf- oder Abgeld erfolgt allerdings nur bei den Knock-outs mit einer vorgesehenen Fälligkeit, also auch bei den unter 8.3 vorgestellten Turbos, bei denen Knock-out und Basispreis identisch sind. Im Unterschied zum Future wird die Differenz aus Kosten und Erträgen des Basiswerts nicht als Basis bezeichnet, sondern als Ab- oder Aufgeld. Liegen die Kosten (Zinsen) über den Erträgen (Dividenden), entstehen beim Long Turbo ein Aufgeld und beim Short Turbo ein Abgeld. Befindet sich dagegen die Dividendenrendite über dem entsprechenden Geldmarktsatz, gibt es beim Long Turbo ein Abgeld und beim Short Turbo umgekehrt ein Aufgeld (siehe Abb. 8.5).

Wie aus der Basis bei Futures lässt sich aus dem Auf- oder Abgeld bei Turbos der Terminkurs errechnen. Die Knock-out-Papiere oder Turbos sind also von den Banken aufgelegte Forward-Geschäfte, die als Wertpa-

Aufgeld bei Knock-out-Papieren (Turbos)		
	Zinsen > Dividenden	Zinsen < Dividenden
Long	Aufgeld	Abgeld
Short	Abgeld	Aufgeld

Abb. 8.5: *Auf- und Abgeld bei Long- und Short-Positionen bei Aktien- und Index-Turbos*

piere (Inhaberschuldverschreibungen) verbrieft werden. Dabei ist die Auswahl an Basiswerten genauso vielseitig wie bei Optionsscheinen: Indizes, Aktien, Anleihen, Edelmetalle, Rohstoffe sowie Devisen.

Da auch ein Future selber Basiswert eines Turbos sein kann, entfällt die Berechnung der Finanzierungskosten und Erträge aus dem Basiswert, denn sie sind im Future bereits enthalten. Durch die Marge des Emittenten kommt allerdings ein kleines Aufgeld hinzu.

Im Beispiel des 3000er-DAX-Turbo-Long mit einer Laufzeit von einem Jahr besteht der innere Wert bei einem angenommenen aktuellen Kurs von 4000 DAX-Punkten aus 1000 Punkten. In der Regel besitzen die DAX-Knock-out-Papiere ein Bezugsverhältnis von 100:1, sodass rechnerisch mit einem Turbo 100 DAX-Punkte erworben werden. Liegt also der innere Wert bei 1000 DAX-Punkten, sind das im Knock-out-Papier zehn Euro. Da der Anleger nur 1000 Punkte für eine DAX-Partizipation bei einem Indexstand von 4000 Punkten bezahlt, muss er auf die verbleibenden 3000 Punkte Zinsen zahlen. Es wird also indirekt ein Kredit vergeben, für den Zinsen zu entrichten sind. Dafür erhält der Anleger die Erträge in Form von Dividendenzahlungen angerechnet (siehe Abb. 8.6). Bei einem Zinssatz von fünf Prozent im Jahr kommen beim DAX-Knock-out als Aufgeld nochmal 1,50 Euro hinzu (Bezugsverhältnis 100:1). Die Dividenden sind ja bereits im Performance-Index DAX enthalten. Der DAX-Long-Turbo notiert dadurch stets mit einem Aufgeld. Der Preis eines einjährigen Long-Turbos beträgt somit 11,50 Euro.

$$\text{Aufgeld} = \frac{\text{Basis x Zinssatz x Restlaufzeit}}{\text{365 (Tage im Jahr)}} = \frac{3000 \text{ x } 0{,}05 \text{ x } 365}{365} = 1{,}50 \text{ Euro}$$

Abb. 8.6: *Formel zur Aufgeldberechnung*

Bei gleicher Laufzeit und gleichem Zinssatz entsteht dagegen bei dem erwähnten 5000er-DAX-Short-Papier ein Abgeld. Auf den inneren Wert erhält der Anleger Zinsen, sie betragen 0,50 Euro (zehn Euro mal fünf

Prozent). Damit beträgt die Prämie eines einjährigen Turbo-Short-Papiers 9,50 Euro. Abgelder können auch bei Long-Turbos auf dividendenstarke Titel oder in Phasen sehr niedriger Zinsen entstehen. Dann sind die Dividenden oft größer als die zu entrichtenden Zinsen. Der Zinsvorteil von Short-Turbo-Papieren wird allerdings nicht immer an den Anleger weitergegeben. Oft verlangen die Emittenten nämlich einen Aufschlag von einigen Prozentpunkten zum Referenz-Zinsatz, beispielsweise den Drei-Monats-Euribor. Dadurch wird der Zinsvorteil des Short-Turbos in vielen Fällen ausgeglichen, und die Papiere werden im Handel ohne Abgeld angeboten.

Das Aufgeld verringert sich mit abnehmender Restlaufzeit konstant. Wird die Knock-out-Schwelle allerdings vor Verfall erreicht, kommt es zum sofortigen Verfall, und das noch verbliebene Aufgeld wird binnen fünf Tagen an den Inhaber der Turbos zurückgezahlt. Im Knock-out-Fall ist es ebenfalls vorgesehen, die Differenz zwischen Basis und Knock-out-Schwelle an den Anleger zurückzuzahlen. Denn die Knock-out-Schwelle funktioniert hier wie ein Stopp-Loss und soll weitere Kursverluste verhindern. Die Rückzahlung der Differenz zwischen Basis und Knock-out ist aber nicht vom Emittenten garantiert, sodass es auch zu Rückzahlungen kommen kann, die geringer, im positiven Fall sogar höher sind als die ursprünglich festgeschriebene Differenz. Ein Tipp: Trotz eingebautem Stopp-Loss immer eigene Stoppkurse über dem eigentlichen Knock-out platzieren. Damit muss man sich nicht mehr auf eine gute Ausführung des Emittenten verlassen. Sollte es zum Knock-out kommen, wird das verbliebene Aufgeld plus die verbliebene Differenz zwischen Basis und Knock-out-Barriere, was den Restwert ergibt, innerhalb von fünf Arbeitstagen an den Anleger zurückgezahlt. Alternativ kann der Turbo-Besitzer bis zum nächsten Handelstag das Papier zum verbliebenen Restwert verkaufen.

Läuft es ganz schlecht, kann es sogar vorkommen, dass kein Differenzbetrag oder Restwert zurückgezahlt wird. Das passiert dann, wenn die Kurse den Handel mit einer Kurslücke, in der Fachsprache auch als Gap bezeichnet, fortsetzen. Der Emittent geht beim Knock-out wie folgt vor:

Erreicht der Kurs des Basiswerts die Knock-out-Schwelle oder überspringt diese, wird die Absicherung der Bank vollständig aufgelöst, die zuvor beim Verkauf der Hebelpapiere entsprechend über Futures oder Terminkontrakte als Gegenposition aufgebaut wurde. Geht das Papier nun zu einem Kurs k. o., der sehr weit vom Stopp-Loss entfernt liegt, muss trotzdem die Absicherung aufgehoben werden. Doch dann ist der Kurs, zu dem der Differenzbetrag abgerechnet wird, nicht mehr der vorgesehene Stopp-Loss, sondern ein sehr viel ungünstigerer.

Am Beispiel eines Long-Turbos auf Siemens wird das Gap-Risiko deutlich: Die Siemens-Aktie schließt bei 50 Euro, und nach Börsenschluss in Deutschland fällt die Wall Street kräftig und zieht die Märkte in Fernost ebenfalls stark mit nach unten. Eröffnet die Aktie jetzt unterhalb des Knock-outs bei 45 Euro, verfällt der Long-Turbo auf Siemens mit Basis 43 Euro sofort. Erzielt der Emittent bei der Absicherungsauflösung einen Kurs von 44 Euro, bekommt der Anleger einen Euro plus das verbliebene Aufgeld zurückgezahlt, nicht aber die ursprünglich vorgesehenen zwei Euro plus Aufgeld. Rutscht der Kurs der Siemens-Aktie gar noch weit unter die Basis bei 43 Euro, dann bekommt der Anleger gar nichts mehr zurück. In diesem schlimmsten anzunehmenden Fall entsteht dann sogar ein Totalverlust, obwohl ein Rückzahlungsbetrag vorgesehen war, der im Kaufpreis des Papiers enthalten war. Die Rückzahlung des Differenzbetrags ist kein Geschenk des Emittenten, sondern diese Summe wurde bereits gezahlt.

Wie schwierig die Auflösung des Hedge für die Banken ist, zeigen die Emissionsbedingungen. Zur Feststellung des Restwerts lassen sie sich je nach Emittent ein bis drei Stunden Zeit. In der Regel kommt es aber zu einer Rückzahlung, besonders in sehr liquiden Märkten wie dem DAX-Future. Hier können sich die Banken meist gut absichern. Stehen aber wichtige Quartalsergebnisse oder volkswirtschaftliche Daten an, kann es auch im DAX oder anderen sehr liquiden Index-Futures zu einer sehr sprunghaften Kursentwicklung kommen. Liegt der Stopp-Loss dann zu nah am aktuellen Kurs, kann es einen Knock-out zu einem Kurs geben, der sehr ungünstig für den Anleger ist.

Das Aktien-Beispiel zur Erklärung des Gap-Risikos wurde bewusst gewählt, denn vor allem bei Aktien kann es nicht nur vor der Bekanntgabe wichtiger Daten zu Kurssprüngen kommen, sondern sehr häufig auch von einem Tag auf den anderen. Wenn sich in einer anderen Zeithandelszone, beispielsweise in New York oder Tokio, die Aktienkurse stark verändern, kann es bei DAX-Titeln am nächsten Morgen Gaps bei der Kurseröffnung geben. Bei Einzeltiteln kommt das häufiger vor. Dabei muss es keineswegs einen Crash geben. Bei dieser Variante, bei dem Basis und Knock-out sich nicht entsprechen, ist das Gap-Risiko wegen möglicher Kurssprünge hoch, insbesondere bei Aktien. Das gilt auch für die nächste Konstruktion, die vorgestellt wird, dem Open-end-Turbo. Auch hier gibt es eine Differenz zwischen Basis und Knock-out.

Der Vorteil dieses Stopp-Loss-Turbos liegt in seiner hohen Transparenz. Das Papier geht eins zu eins mit dem Basiswert mit, hat also ein Delta von eins und funktioniert daher wie ein Future. Wie beim Future ist dann auch der Hebel nach dem Kauf des Produkts für den Anleger annähernd konstant. Dadurch lassen sich die Gewinne und Verluste je nach Kursentwicklung genau bestimmen. Diese Variante kennt auch keinen Volatilitätsaufschlag wie bei Optionen oder Optionsscheinen. Denn die Volatilität ist kein Bestandteil der Prämie.

8.2 Open-end-Turbo oder Unlimited-Turbo

Die genannten Transparenzvorteile (Delta von eins, annähernd konstanter Hebel ab Kaufzeitpunkt und kein Volatilitätsaufschlag) gelten auch für diese Turbo-Variante, bei der es keine Laufzeitbegrenzung gibt (Open-end) und bei der Basis und Knock-out-Schwelle ebenfalls verschieden sind. Das heißt aber auch, dass das Gap-Risiko hier besteht – mit all seinen Nachteilen, vor allem bei Aktien-Turbos. Deshalb sollten auch hier eigene, persönliche Stopps oberhalb oder unterhalb des Produkt-Stopp-Loss gesetzt werden. So weit die Gemeinsamkeiten. Unterschiedlich ist die Berechnung der Finanzierungserträge und -kosten. Durch die Konstruktion einer unendlichen Laufzeit gibt es kein Aufgeld bei den Open-end-Turbos. Das fehlende Aufgeld bedeutet aber nicht, dass Anleger keine Zinsen zu zahlen haben. Sie werden nur nicht von vornherein als Ganzes bezahlt, sondern gestückelt und täglich in Rechnung gestellt. Die Art und Weise verdeutlicht Abb. 8.7.

Die Berechnung der Finanzierungskosten- und -erträge ist ein wenig komplizierter als bei anderen Turbos. Deshalb muss an dieser Stelle ein neuer Begriff eingeführt werden, der die Berechnung der Finanzierungszinsen vereinfacht: der Finanzierungs-Level. Er ist nämlich die Berechnungsgrundlage für die Zinsen und nicht die Basis, wie das bei den Knock-out-Papieren mit Laufzeitbegrenzung der Fall ist. Aber fangen wir mit dem Beispiel in Abbildung 8.7 an. Zu Beginn der Laufzeit sind Basis und Finanzierungs-Level identisch bei 3000 DAX-Punkten und der Knock-out bei 3090 Punkten. Bei einem angenommenen Zinssatz von fünf Prozent betragen die täglichen Finanzierungskosten 0,41 Cent (fünf Prozent x 3000/365). Basis der Rechnung ist ein Finanzierungs-Level von 3000 Punkten, und zwar für die Dauer eines Monats. Der Finanzierungs-Level entspricht nur bei der Emission und zu Beginn eines

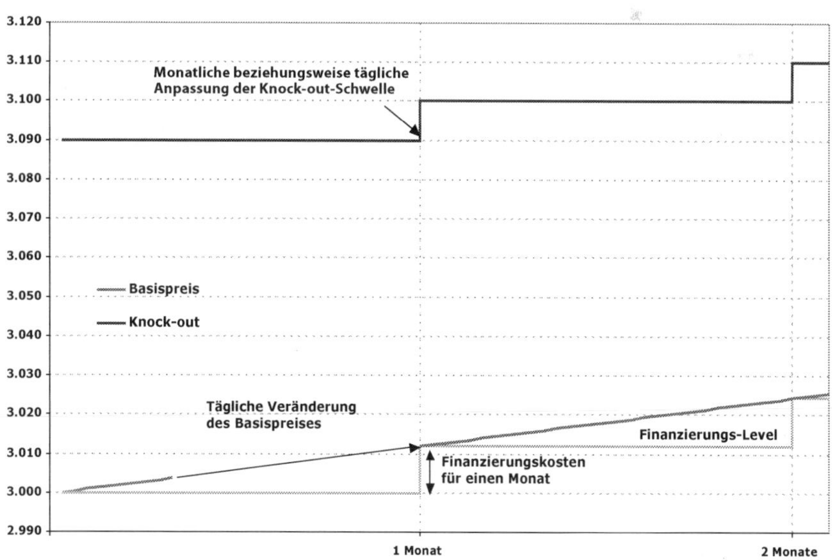

***Abb. 8.7:** Anpassungen des Turbos mit unbegrenzter Laufzeit*

neuen Monats der Basis. Denn die Basis verändert sich täglich, der Finanzierungs-Level hingegen nur einmal im Monat. Deshalb sind die Finanzierungskosten jeweils einen Monat lang konstant. Das macht die Sache einfacher, und der Anleger weiß jeden Tag, was ihn die Position an Finanzierung kostet. Einzelne Emittenten von Open-end-Turbos haben jedoch die Basis als Berechnungsgrundlage der Finanzierungszinsen gewählt, sodass in diesem Fall die täglichen Finanzierungszinsen variieren. Die Emissionsbanken passen dann auch die Knock-out-Schwelle täglich mit an. Diese Methode ist zwar genauer, sorgt aber in einer ohnehin schon komplizierten Anwendung für noch mehr Komplexität.

Verändert sich der Kurs des DAX einen Tag lang nicht, fällt der Kurs des 3000er-Open-end-Long-Turbos vom ursprünglichen Kaufpreis von 10,00 Euro beim DAX-Stand von 4000 Punkten auf 9,9959 Euro. Gleichzeitig muss sich die Basis um den täglichen Finanzierungssatz von 0,41 Cent erhöhen, denn die Addition von Basis und aktuellem Turbo-Preis muss den aktuellen Stand des Basiswerts, meist den Ankaufskurs des Emittenten, ergeben. Somit lässt sich der Turbo-Preis schnell errechnen: 4000 (DAX-Stand) minus 3000,41 (Basis) ist gleich 999,59. Beim errechneten Turbo-Preis muss noch das Bezugsverhältnis von 100:1 berücksichtigt werden, um auf einen Preis von 9,9959 Euro zu kommen. Denn ein Turbo entspricht einem Hundertstel des DAX. Die Prämie besteht somit innerhalb des Tages nur aus dem inneren Wert. Die Finanzierungskosten, im Beispiel also 0,41 Cent, werden erst am darauf folgenden Tag vom Preis abgezogen, und die Basis passt sich ebenfalls erst dann wie berechnet an. Im Gegensatz zum Open-end-Long-Turbo fällt die Basis bei einem Open-end-Short-Turbo nach Einbeziehung der Finanzierungskosten, sollten letztere über den Erträgen liegen. Bei Open-end-Turbos auf Aktien muss der Tag der Dividendenausschüttung gesondert betrachtet werden. An diesem Tag müssen ein möglicher Dividendenabschlag auf einmal berücksichtigt und die Basis entsprechend angepasst werden. Sowohl bei Long- als auch bei Short-Open-end Turbos verringert sich die Basis um die Höhe der Dividenden.

Nach rund 30 Tagen wird durch die tägliche Anpassung der Finanzierungskosten ein neuer Finanzierungs-Level erreicht. Zu Anfang eines jeden Monats liegt der Finanzierungs-Level immer genau auf der Basis. Während Letztere sich jeden Tag verändert, bleibt der Finanzierungs-Level einen Monat lang konstant. Nach einem Monat wird auch der Knock-out beziehungsweise der Stopp-Loss angepasst. Er liegt in etwa drei bis acht Prozent von der Basis beziehungsweise vom Finanzierungs-Level entfernt, der im Beispiel inzwischen – nach einem Monat – auf 3012,5 Punkte angestiegen ist. Beim DAX-Long liegt der Knock-out meist bei rund drei Prozent über der Basis, das heißt im Beispiel klettert der Knock-out auf 3100 Punkte. Im Gegensatz zur Basis wird der Knock-out stets gerundet.

Besonders für den Daytrader bietet sich diese Turbo-Variante an, da er während des Tageshandels keine Finanzierungskosten trägt. Aber auch für den längerfristig orientierten Investor bietet diese Konstruktion Vorteile: Die unbegrenzte Laufzeit schützt den Anleger vor dem Risiko und vor den Kosten einer Roll-over-Transaktion wie beim Future. Das Risiko beim Roll-over besteht zum einen darin, dass beim Futures-Wechsel nochmals Transaktionskosten anfallen, und zum anderen in der Kursunsicherheit. Es ist also nicht sicher, ob man beim Wechsel der Futures-Kontrakte auch den Kurs im neuen Kontrakt bekommt, der dem Kurs im auslaufenden Futures-Kontrakt entspricht, zu dem man verkauft hat. Liegt ein Future als Basiswert zu Grunde, wird die Basis bei einem Kontraktwechsel wertneutral angepasst. Das heißt, die Preisdifferenz der Kontrakte wird eins zu eins übernommen.

Beispiel:
Befindet sich im Bund-Future der Preis des auslaufenden Kontrakts bei 113 und der neue bei 112 Punkten, so verringert sich die Basis des Turbos ebenfalls um einen Punkt. Diese Vorgehensweise wird bei allen Knock-out-Papieren angewandt, deren Laufzeit Kontraktwechsel (Roll-over) beinhalten.

8.3 Turbo mit Basis gleich Knock-out

Wie der Name schon sagt, liegen bei dieser Variante Basis und Knock-out auf ein und demselben Kursniveau. Auch hier gilt die eingangs beschriebene grundsätzliche Funktionsweise der Knock-out-Papiere. Doch durch die Platzierung des Knock-out genau auf der Basis können viel höhere Hebel entstehen als bei den beiden vorher genannten Turbo-Varianten, bei denen Basis und Knock-out nicht identisch sind. Je näher der Preis des Basiswerts an den Knock-out herankommt, desto billiger wird das Papier, und dadurch steigt die Hebelwirkung kräftig an.

Der große Vorteil dieser Variante ist das fehlende Gap-Risiko, denn beim Knock-out gibt es keinen Rückzahlungsbetrag, der sich bei ungünstigem Kursverlauf vermindern könnte. Deshalb kann der Anleger im Knock-out-Fall kein zusätzliches Geld verlieren. Es wird sozusagen immer zur Basis „abgerechnet" und nicht zu einem schlechteren Kurs, wie es bei der Konstruktion Basis ungleich Knock-out sein kann. Der Preis dieses Turbos ist bei einem K.o. null beziehungsweise aus steuerlichen Gründen 0,001 Euro und kann nicht negativ werden, egal wie groß die Kurslücke ist. Das Gap-Risiko trägt bei dieser Konstruktion der Emittent und nicht der Anleger. Der Knock-out ist eine Art Stopp-Loss-Garantie für den Anleger, den es im normalen Handel so nicht gibt. Dadurch eignen sich diese Papiere für Situationen, für die der Stopp-Loss-Turbo nicht geeignet ist, beispielsweise vor der Veröffentlichung von wichtigen makroökonomischen Daten oder der Meldung von Unternehmensergebnissen. Dies sind beides Ereignisse, zu denen die Kurse sehr volatil werden können. Genau für diesen Fall eignen sich die Turbos mit Basis gleich Knock-out. Das Verlustrisiko wird durch den Knock-out begrenzt, während die Gewinnchance erhalten bleibt. Nur sollten auch hier Basis und Knock-out nicht zu nah am aktuellen Kurs gewählt werden, da die Kurse nach der Veröffentlichung wichtiger Daten in den ersten Minuten oft richtungslos hin und her schwanken. In dieser trendlosen Phase kann auch der Knock-out erreicht werden, wenn er zu dicht am Kurs des Basiswerts gesetzt wurde. Deshalb gilt auch hier: Der Anleger sollte besser auf ein wenig Hebelkraft verzichten und die Basis rund fünf bis zehn Prozent vom aktuellen Kurs entfernt platzieren.

Doch auch hier gilt: Es gibt keinen Vorteil ohne Nachteil. Denn für das fehlende Gap-Risiko wird der Anleger natürlich zur Kasse gebeten – und zwar in Form eines Risikoaufschlages auf den Preis des Turbos. Das Entgelt für den Kauf des Turbos, bei dem sich Knock-out und Basis entsprechen, besteht zum einen aus dem inneren Wert plus einem Auf- beziehungsweise Abgeld, das sich aus der Differenz zwischen Zinsen und Dividenden ergibt und beispielhaft für einen Stopp-Loss-Turbo errechnet wurde (siehe Seite 191). Das Auf- beziehungsweise Abgeld ist ein Teil des Zeitwerts. Zum anderen kommt darauf noch ein Risikoaufschlag, der wie bei Optionen sehr stark von der Volatilität abhängt, also der Schwankungsbreite der Kurse. Deshalb nennen einige Emittenten diesen Turbo-Typ auch Knock-out-Optionsschein, um die Nähe zu den Optionsmerkmalen zu dokumentieren.

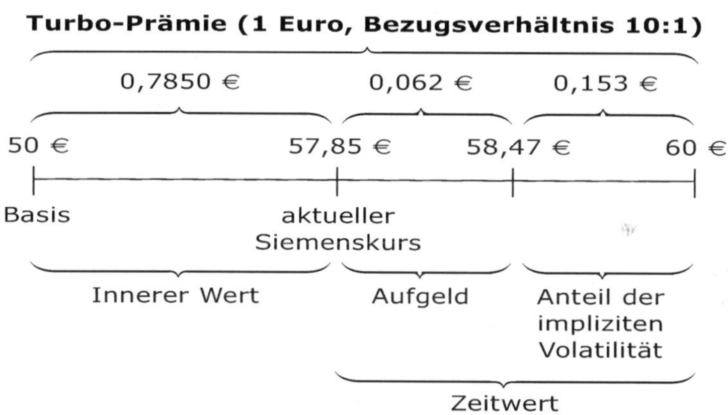

Abb. 8.8: *Zusammensetzung des Preises eines Turbos mit Knock-out gleich Basis und begrenzter Laufzeit*

Die implizite Volatilität dieser Knock-out-Variante beeinflusst wie bei den Standardoptionen auch den Zeitwert dieses Knock-out-Typs. Hier wirkt die Volatilität aber genau entgegengesetzt, wie man es von Standardoptionen kennt: Liegt der Kurs des Basiswerts in der Nähe der Knock-out-Schwelle, und steigt die Volatilität an, dann verliert der Knock-out an Wert, denn die Wahrscheinlichkeit nimmt zu, dass das Papier einen K.o. erlebt. Sinkt die implizite Volatilität in diesem Fall, dann steigt der Knock-out-Preis, denn die Wahrscheinlichkeit eines vorzeitigen Knock-outs wird kleiner.

Die ersten beiden Turbo-Varianten mit einem Knock-out, der von der Basis entfernt liegt, kommen ganz ohne volatilitätsbedingten Zeitwert aus und sind daher einem Future ähnlicher als die Turbos mit Basis gleich Knock-out. Je weiter aber der Kurs vom Knock-out entfernt ist, desto geringer ist der Zeitwert beziehungsweise Risikoaufschlag aus der Volatilität, und dann ähneln auch diese Turbos mit Knock-out gleich Basis einem Future beziehungsweise einem „Delta-eins-Produkt". Das heißt, die Papiere gehen – absolut betrachtet – eins zu eins mit dem Kurs des Basiswertes mit. In der Nähe des Knock-outs hingegen kann die implizite Volatilität beträchtlich anwachsen und wesentlich größer werden als das Aufgeld. Und kommt es dann zum Knock-out, verlieren Anleger diesen Teil des Zeitwerts ebenso wie den inneren Wert plus das Aufgeld. Das nächste Beispiel verdeutlicht, wie hoch dieser Volatilitäsanteil werden kann: Die Siemens-Aktie kostet aktuell 57,85 Euro. Ein Siemens-Turbo mit einer Laufzeit von rund drei Monaten sowie Knock-out und Basis bei 50 Euro kostet bei einem Bezugsverhältnis von 10:1 und dem aktuellen Stand 1,00 Euro. Der innere Wert beträgt dabei 0,7850 Cent, das Aufgeld bei unterstellten fünf Prozent Zinskosten (Gewinnspanne und Dividende berücksichtigt) 0,062 Euro (fünf Prozent mal 50 Euro durch 365 mal 90 dividiert durch das Bezugsverhältnis von zehn). Somit beträgt der volatilitätsbedingte Zeitwertanteil 0,153 Euro (ein Euro minus 0,7850 minus 0,062), also rund 15 Prozent der Prämie (siehe Abb. 8.8). Wählt man eine Basis, die noch näher am aktuellen Kurs liegt, nimmt der prozentuale Anteil der impliziten Volatilität am Zeitwert und an der Prämie stark zu.

Alle drei Turbos ähneln in ihrer Funktionsweise einem Future. Einzig die Variante mit Basis gleich Knock-out besitzt in der Nähe des Knock-outs keine Ähnlichkeiten mit einem Future. An der Knock-out-Schwelle besitzen aber alle Turbos ein hohes Risiko, daher sollten Anleger auf etwas Hebel verzichten und Turbo-Papiere bei Kursen im Basiswert kaufen, die mindestens fünf bis zehn Prozent von der Knock-out-Schwelle entfernt liegen. Anleger sollten zusätzlich eigene Stoppkurse platzieren, um die Möglichkeit eines Knock-outs so gering wie möglich zu halten. Abb. 8.9 (S. 202) zeigt eine Übersicht der Knock-out-Papiere mit ihren jeweiligen Vor- und Nachteilen.

Sollte der Anleger nun zu Knock-out-Papieren oder zu Futures greifen? Der Vorteil der Turbo-Papiere besteht sicherlich in einem breiteren Angebot an Futures-ähnlichen Produkten. Dies gilt sowohl für die Basiswerte als auch für die Anzahl der Produkte für einen Basiswert. Der Hebel und damit das Risiko kann hier leicht den individuellen Bedürfnissen angepasst werden: zum einen durch die Wahl des Basispreises oder der Basis und zum anderen durch den Kapitaleinsatz. Gerade der beliebig variierbare Kapitaleinsatz ist für viele Anleger der entscheidende Vorteil, da im Gegensatz zu Futures der Einsatz von Turbos bereits bei einem Depot von wenigen 1000 Euro sinnvoll sein kann. So ist auch die Absicherung dieser kleinen Depots über einen Turbo möglich.

Nachteilig ist hingegen die Abhängigkeit vom Emittenten, der die Preise für die Turbos stellt. Er orientiert sich zwar an der Preisstellung des jeweiligen Basiswerts beziehungsweise des dazugehörigen Futures, aber letztendlich ist der Preis des Emittenten für den Anleger verbindlich. Dagegen ist die Preisfindung beim börsengehandelten Future einfacher und transparenter. Hier konkurrieren viele Händler und Marktteilnehmer um den besten Preis. Ein weiteres Plus der Futures ist, dass die Gebühren beim Futures-Handel meist niedriger sind. Außerdem können je nach Liquidität und Kontraktgröße auch hier schon mit weniger Geld Futures gehandelt werden, obwohl die Hürden in der Regel höher sind als beim Handel mit Knock-out-Papieren.

Als Ergebnis lässt sich festhalten, dass der Einsatz von Futures kosteneffizienter ist als die Verwendung von Turbo-Papieren. Dazu müssen aber zwei Faktoren gegeben sein: Zum einen muss das Investitionsvolumen ausreichen, um Futures auch erfolgreich zu handeln. Die meisten Einsteiger haben zu wenig Kapital für den Futures-Handel und unterschätzen dadurch den Hebel der Futures (siehe auch Beispiele in Kapitel 2). Zum anderen müssen die verschiedenen Futures-Kontrakte über den ausgewählten Broker handelbar sein.

	Knock-out-Turbos		
	Stopp-Loss-Turbo	Open-end-Turbo	Turbo mit Basis gleich Knock-out
Laufzeit	begrenzt	unbegrenzt	begrenzt
Rückzahlung bei Knock-out	Differenzbetrag [1)]	Differenzbetrag [2)]	0,001 Euro
Basis/ Knock-out-Schwelle	fix/fix	meist tägliche Anpassung/monatliche und tägliche Anpassung	fix/fix
Finanzierungskosten/ -erträge	stecken im Aufgeld/ Abgeld	werden täglich über die Anpassung des Preises und der Basis einbezogen[3)]	stecken im Aufgeld/ Abgeld
Preis	innerer Wert plus Aufgeld/Abgeld	innerer Wert	innerer Wert plus Aufgeld/Abgeld plus implizite Volatilität[4)]
Vorteil	kein Einfluss der impliziten Volatilität auf den Preis Delta gleich eins Hebel ab Kaufzeitpunkt annähernd konstant	kein Einfluss der impliziten Volatilität auf den Preis Delta gleich eins Hebel ab Kaufzeitpunkt annähernd konstant	kein Gap-Risiko größtmögliche Hebelwirkung Hebel ab Kaufzeitpunkt aber nicht zwingend konstant, abhängig vom Volatilitätseinfluss
Nachteil	Gap-Risiko	Gap-Risiko	Einfluss der impliziten Volatilität auf die Prämie, wenn der Aktuelle Kurs in der Nähe der Knock-out-Schwelle liegt.

1) Differenz aus Basis und Knock-out plus Aufgeld soll zurückgezahlt werden, ist aber nicht garantiert.
2) Differenz aus Basis und Knock-out soll zurückgezahlt werden, ist aber nicht garantiert.
3) Dividendenausschüttungen bei Open-end-Turbos auf Aktien reduzieren am Tag der Auszahlung die Basis von Long- und Short-Papieren.
4) Prozentual ist der volatilitätsbedingte Zeitwertanteil umso größer, je näher der Kurs des Basiswerts am Knock-out ist.

Abb. 8.9: *Vergleich der verschiedenen Knock-out-Papiere*

ANHANG

Anhang 1: Put-Call-Parität

Die Preise eines europäischen Puts und Calls mit gleichem Basispreis und Verfall stehen in einem festen Zusammenhang zueinander. So kann aus dem Preis eines europäischen Calls der Preis eines europäischen Puts mit identischer Laufzeit und Basispreis errechnet werden und umgekehrt. Um dies zu verdeutlichen, geht man wie bei der Absicherung von folgender Gleichung für den Wert eines Calls aus:

Call (C) = Aktienkauf (S) plus Put (P)

Durch Umstellung der Gleichung kann ein Hedge-Portfolio aufgebaut werden, das zum Verfallstermin immer den Wert des Basispreises X erlangt, unabhängig von der Kursentwicklung des Basiswerts.

$$S+P-C = X$$

Beispielhaft gehen wir von einem einjährigen Aktien-Call und -Put mit einem Basispreis von jeweils 100 Euro aus. Bei Fälligkeit ergeben sich drei mögliche Kurs-Szenarien für das Hedge-Portfolio:

→ Die Aktie liegt unter dem Basispreis von 100 Euro. Der Call verfällt wertlos, und die Aktie wird über den Put zum Basispreis von 100 Euro verkauft.

→ Der DAX befindet sich über dem Basispreis von 100 Euro. Dann verfällt der Put, und der verkaufte Call wird vom Call-Käufer ausgeübt. Die Aktie wird zum Basispreis von 100 Euro abgerufen.

→ Der DAX notiert genau am Basispreis von 100 Euro. Beide Optionen verfallen wertlos, und die Long-Aktienposition ist 100 Euro wert.

Während der Laufzeit muss noch die Verzinsung des Basispreises berücksichtigt werden. Dann entspricht das Portfolio dem Barwert des Basispreises.

$$S+P-C = \frac{X}{1+r}$$

Ein Kursrisiko besteht für dieses Hedge-Portfolio also nicht, denn sein Wert entspricht immer dem Basispreis am Laufzeitende. Aus dieser Put-Call-Parität lassen sich auch die synthetischen Beziehungen aus dem Exkurs in Kapitel 5.1.2. (Seite 112) ableiten.

Anhang 2: Optionspreismodell nach Black und Scholes

Das bekannteste in der Praxis angewandte Modell zur Ermittlung von Optionspreisen ist die Black-Scholes-Formel. Sie geht auf die beiden Wissenschaftler Fisher Black und Myron Scholes zurück, die auf Basis der Erkenntnisse von Robert Merton den ersten Entwurf dieses Preisbildungsverfahrens für Optionen entwickelten. Ursprünglich wurde das Modell für eine europäische Kaufoption entwickelt, es lässt sich aber ohne weiteres auf Put-Optionen übertragen. Dem Modell liegen die folgenden Annahmen zugrunde:

→ Jeder Marktteilnehmer kann zum kurzfristigen Marktzins für risikofreie Anlagen Kapital uneingeschränkt aufnehmen oder verleihen. Dieser Zinssatz bleibt während der Laufzeit der Option konstant.

→ Es erfolgen keine Dividendenzahlungen oder sonstige Zahlungen.

→ Es sind keine risikofreien Arbitragemöglichkeiten vorhanden.

→ Es existieren keine Transaktionskosten, und Aktien können auch unbeschränkt leerverkauft werden.

→ Die Aktienkurse folgen einem kontinuierlichen Zufallspfad ohne Kurssprünge. Die logarithmierten Kurse sind normalverteilt und haben eine konstante Varianz.

Trotz dieser vereinfachenden Annahmen hat sich das Black-Scholes-Modell in der Praxis durchgesetzt. Durch Anpassung an die Devisen- und Rentenmärkte kann das Optionspreismodell auch auf Devisen- und Zinsoptionen angewendet werden, nur sind diese Modelle dann nach ihren Schöpfern benannt. So werden Devisenoptionen beispielsweise nach dem Garman-Kohlhagen-Modell berechnet.

Die Black-Scholes-Formel für eine europäische Kaufoption auf eine dividendenlose Aktie stellt sich nach den obigen Annahmen wie folgt dar:

$$C = SN(d1) - Xe^{-rT}\,N(d2)$$

mit

$$d1 = \frac{\ln(\frac{S}{X}) + (r + \frac{\sigma^2}{2})\,T}{\sigma\sqrt{T}} \text{ und } d2 = d1 - \sigma\sqrt{T}$$

Dabei sind:

→ der aktuelle Aktienkurs „S"

→ die Restlaufzeit der Option „T"

→ der Basispreis der Option „X"

→ der risikolose Zinssatz „r“

→ der natürliche Logarithmus „ln“

→ die Eulersche Zahl „e“ (2,7182) als Basis des natürlichen Logarithmus

→ die Normalverteilungsfunktion „N(.)“

Als letzte Einflussgröße bleibt die Varianz σ^2 beziehungsweise die Standardabweichung σ. Sie ist im Black-Scholes-Modell das Maß für die Volatilität. Sie kann entweder direkt ins Modell eingegeben werden oder, wenn der Optionspreis bekannt ist, aus der Formel errechnet werden. Sie kann jedoch nicht durch direkte Umkehrung, also durch Auflösung der Formel nach der Variablen (σ), berechnet werden. Eine schrittweise Annäherung durch Ausprobieren (Iteration) ist hingegen möglich.

Hierzu legt man zunächst einen breiten Korridor fest, in dem man die implizite Volatilität vermutet – beispielsweise von 0,00 Prozent bis 80,00 Prozent jährlich. Im nächsten Schritt setzt man den Mittelwert, in diesem Fall 40,00 Prozent, als Volatilität in die Black-Scholes-Formel ein. Liegt der so errechnete theoretische Preis unter dem tatsächlichen Marktpreis, bedeutet dies, dass die implizite Volatilität der Option über dem getesteten Wert liegt. Der Grund hierfür ist, dass Optionen mit zunehmender Volatilität an Wert gewinnen. Im umgekehrten Fall – der errechnete Preis liegt über dem realen Optionspreis – ist der eingesetzte Wert zu hoch angesetzt. Mittels dieser Erkenntnis kann der Korridor, in dem sich die implizite Volatilität befindet, weiter eingeengt werden. Im ersten betrachteten Fall liegt sie also zwischen 40,00 Prozent und 80,00 Prozent. Durch Rückkopplung dieses Wertes kann das Ergebnis weiter angenähert werden. Dies wird so lange durchgeführt, bis ein sehr enger Bereich erreicht wird, in dem eine Änderung der Volatilität den Optionspreis um Beträge kleiner als einen Cent schwanken lässt.

GLOSSAR

Additional Margin

Notwendige Sicherheitsleistung, um eine Futures-Position zu eröffnen, wird auch als Initial Margin bezeichnet. Bei Short-Optionskontrakten, die keine Futures als Basiswert haben, muss diese Margin zusätzlich zur Premium Margin hinterlegt werden.

„Am Geld" (at-the-money)

Eine Option befindet sich at-the-money („am Geld"), wenn der Basispreis in etwa dem gegenwärtigen Marktkurs des zugrunde liegenden Terminkontrakts entspricht.

Arbitrage

Ausnutzung unterschiedlicher Preise bei gleichzeitigem Kauf und Verkauf von Waren an verschiedenen Märkten (Börsen), in verschiedenen Kontraktmonaten, zwischen dem Kassa- und dem Terminmarkt oder von unterschiedlichen, aber zueinander bezogenen Waren.

At-the-market

Nach Erteilung einer Kauf- oder Verkaufsorder muss diese unverzüglich zum bestmöglichen gegenwärtigen Marktkurs (at-the-market) ausgeführt werden.

„Aus dem Geld" (Out-of-the-Money)

Eine Kaufoption ist aus dem Geld, wenn der Basispreis über dem zugrunde liegenden Kassakurs liegt. Eine Verkaufsoption ist aus dem Geld, wenn der Basispreis unter dem zugrunde liegenden Kassakurs liegt.

Ausführungsbestätigung

Nachdem eine Future- oder Options-Position eröffnet worden ist, stellt der Broker dem Kunden eine Bestätigung aus. Diese muss die Anzahl der gekauften und verkauften Kontrakte und den Kurswert enthalten; sie ist meistens Teil eines Kontoauszugs.

Ausübung (exercise)

Von Ausübung spricht man, wenn der Käufer einer Kaufoption die Lieferung der der Option zugrunde liegenden Termin-Kaufposition oder der Käufer einer Verkaufoption die Verkaufsposition entgegennimmt. Nur Optionskäufer können Optionen ausüben; die Optionsverkäufer (Stillhalter) nehmen, wie der Name schon sagt, eine passive Rolle ein.

Baisse

Wenn Kurse fallen, spricht man von einem „Bären-Markt“ oder einer Baisse. Ein Marktteilnehmer, der fallende Kurse erwartet, ist ein „Bär“. Marktverhältnisse, die fallende Kurse erwarten lassen, sind „bearish.“ Das Gegenteil von Baisse ist die Hausse, und dem „Bären“ steht der „Bulle“ oder „Börsen-Bulle“ gegenüber.

Barausgleich (Cash Settlement)

Anstelle der Lieferung der eigentlichen Ware wird der entsprechende Geldwert bei Abrechnung bezahlt.

Basis

Differenz zwischen dem Futures- und dem Kassa-Preis. Es gilt: Kassa – Futures = Basis. Die Basis kann sich manchmal auch auf den Unterschied zwischen verschiedenen Märkten oder Warengüteklassen beziehen.

Bear Call Spread

Kauf eines Calls mit einem hohen Basispreis beim gleichzeitigen Verkauf eines Calls mit einem niedrigeren Basispreis. Der maximale Gewinn besteht aus der erhaltenen Nettoprämie (erhaltene Prämie minus bezahlte Prämie), während der maximale Verlust aus der Differenz zwischen hohem Basispreis und niedrigem Basispreis sowie der erhaltenen Prämie berechnet wird (hoher Basispreis minus niedriger Basispreis minus erhaltene Nettoprämie).

Bear Put Spread

Kauf eines Puts mit einem hohen Basispreis bei gleichzeitigem Verkauf eines Puts mit einem niedrigeren Basispreis in Erwartung fallender Kurse. Der höchstmögliche Gewinn wird wie folgt berechnet: (hoher Basispreis – niedriger Basispreis) – Nettoprämie. Der maximale Verlust besteht aus der bezahlten Nettoprämie.

Bearish

Wenn Märkte eine fallende Tendenz aufweisen, ist der Markt „bearish." Wenn ein Marktteilnehmer für die Zukunft niedrigere Preise erwartet, ist seine Überzeugung „bearish."

Beta

Faktor für die Relation von Kursbewegungen einzelner Aktien oder eines Aktienindex. Der Beta-Faktor dient bei der Durchführung eines Absicherungsgeschäfts zur Bestimmung der erforderlichen Anzahl der Kontrakte für Aktienindex-Futures oder -Optionen.

Briefkurs (Ask)

Verkaufskurs, das heißt aus der Sicht des Market Makers einer Terminbörse ist das der Kurs, zu dem er bereit ist, Kontrakte zu verkaufen. Aus der Sicht des Anlegers ist der Briefkurs (an der Eurex) aber das Angebot, einen Kontrakt zu einem bestimmten Preis zu kaufen.

Broker

Dienstleister, der Kauf- oder Verkaufs-Orders für Kunden ausführt. Er erhält eine Provision (Kommission) für diesen Dienst, so etwa Discountbroker.

Bull Call Spread

Kauf eines Calls mit einem niedrigen Basispreis bei gleichzeitigem Verkauf eines Calls mit höherem Basispreis in Erwartung steigender Kurse. Der maximale Profit errechnet sich wie folgt: (hoher Basispreis – niedriger Basispreis) – Nettoprämie. Der maximale Verlust besteht aus der Nettoprämie.

Bull Put Spread

Kauf einer Verkaufsoption (Put) mit einem niedrigen Basispreis beim gleichzeitigem Verkauf einer Verkaufsoption mit einem höheren Basispreis. Der maximale Gewinn entspricht der erhaltenen Nettoprämie. Der maximale Verlust errechnet sich wie folgt: (hoher Basispreis – niedriger Basispreis) – erhaltene Nettoprämie.

Bullish

Wenn Kurse steigen, spricht man von einem Markt, der „bullish“ ist.

Clearing-Haus

Eine Geschäftsstelle, die mit einer Terminbörse verbunden ist und alle Kontraktabschlüsse gewährleistet. Sie stellt sicher, dass Kontraktandienung und/oder finanzieller Ausgleich stattfinden.

Clearing-Mitglied

Mitglied eines Clearing-Hauses, das für die Ausführung von Kundenaufträgen verantwortlich ist (Broker). Clearing-Mitglieder überwachen auch die Vermögenslage ihrer Kunden anhand von Margin- und Positionsberichten.

Commodities

Waren oder Gebrauchsartikel, die kommerziell gehandelt werden. An einer Börse sind dies zum Beispiel Mais, Gold oder Schlachtschweine.

Commodity Futures Trading Commission (CFTC)

US-Bundesaufsichtsbehörde (1974), die das Warenbörsengesetz (Commodity Exchange Act) sowie die Terminbörsen überwacht.

Commodity Trading Advisor (CTA)

Einzelpersonen oder Firmen, die direkt oder indirekt andere beim Kauf oder Verkauf von Futures und Futures-Optionen beraten.

Day-Trader

Ein Futures- oder Options-Händler, der gewöhnlich eine oder mehrere Positionen eingeht und am selben Tag glattstellt.

Delta

Der Korrelationsfaktor zwischen einer Änderung des Kassa-Kurses und der Veränderung der Prämie einer Option.

Derivate

Ein abgeleitetes Finanzinstrument, das seinen Wert in Abhängigkeit eines zugrunde gelegten Instruments bestimmt.

Fälligkeit (Maturity)

Letztmöglicher Termin, zu dem ein Terminkontrakt zur Glattstellung mit der effektiven Ware angedient werden kann.

Fill or Kill (FOK)

Eine Order gemäß „Sofortige Ausführung oder Annullierung". Eine FOK stellt eine Limit-Order dar, die, falls sie nicht sofort ausgeführt werden kann, sofort annulliert wird.

Financial Futures

Finanzterminkontrakte; sie beziehen sich auf Aktien, Zinstitel, Währungen und Aktienindizes.

Finanzierungskosten

Die Kosten, die zur Haltung einer Ware erforderlich sind, beispielsweise Zinsen für die Investition, für Versicherung und Lagerkosten und für andere Nebenausgaben. „Carrying Costs" spiegeln sich in der Kursdifferenz zwischen verschiedenen Futures-Kontraktmonaten wider.

Forward-Vertrag

Ein individuelles Termingeschäft, das außerbörslich durch zwei Parteien eingegangen wird. Diese einigen sich auf einen künftigen Kauf oder Verkauf einer bestimmten Ware. Im Gegensatz zu einem Terminkontrakt sind Forwards nicht standardisiert und damit wenig fungibel (schwer handelbar).

Geldkurs (Bid)

Kaufkurs, das heißt aus der Sicht eines Market Makers an einer Terminbörse ist das der Kurs, zu dem er bereit ist, Kontrakte zu kaufen. Aus der Sicht des Anlegers ist der Geldkurs (an der Eurex) aber das Angebot, einen Kontrakt zu einem bestimmten Preis zu verkaufen.

Gewinnschwelle (Break-even)

Der Break-even bezeichnet den Punkt, bei dem bei Ausübung der Option zumindest die gezahlte Prämie erzielt wird.

Glattstellung

Aufheben einer offenen Position. Eine offene Kaufposition wird durch den Verkauf dieser offenen Position aufgelöst oder glattgestellt. Bei einer offenen Verkaufposition wird der entsprechende Kontrakt zurückgekauft.

Good-for-Day (GFD)

Tagesgültige Order

Good-till-Cancelled (GTC)

Der Ordertyp „Gültig bis auf Widerruf" eignet sich für jede Auftragsposition und wird so lange aufrechterhalten, bis der Auftrag erfüllt oder widerrufen wird.

Good-till-date (GTD)

Diese Order bleibt bis zu einem bestimmten Datum gültig und verliert danach ihre Gültigkeit.

Hausse (Bull Market)

Bei steigenden Kursen spricht man von einem Bull Market (Hausse oder „Bullen-Markt"). Marktteilnehmer, die höhere Preise erwarten, werden „Bulls" oder „Bullen" genannt.

Hebelwirkung (Leverage)

Durch die Kontrolle eines großen Gegenwerts mit Hilfe einer geringeren Sicherheitsleistung (oder Prämie) können bei Futures und Optionen jeweils Gewinn und Verlust (bezogen auf das eingesetzte Kapital) erhöht werden.

Hedging

Absicherung gegen ein Verlustrisiko mittels Kauf oder Verkauf von Options- oder Future-Kontrakten. Die Position im Futures-Markt ist häufig das Gegengeschäft zum künftigen Kauf oder Verkauf der effektiven Ware im Kassa-Markt.

Immediate-or-Cancel

Bei diesem Zusatz wird die Order sofort und soweit möglich ausgeführt, der nicht ausgeführte Teil wird gelöscht.

Innerer Wert

Der Betrag einer Option, der sich bei sofortiger Ausübung aus dem Unterschied zwischen Basispreis und gegenwärtigem Marktkurs des zugrunde liegenden Basiswerts ergibt.

In-the-Money

Eine Kaufoption befindet sich im Geld, wenn der zugrunde liegende Terminkurs höher ist als der Basispreis. Eine Verkaufsoption befindet sich im Geld, wenn der zugrunde liegende Terminkurs niedriger ist als der Basispreis. Im Geld liegende Optionen besitzen einen inneren Wert.

Kassa-Instrument

Die effektive im Kassa-Markt gehandelte Ware, wie beispielsweise Aktien. Steht im Gegensatz zu den am Terminmarkt gehandelten Kontrakten.

Kassa-Kurs

Der sofort zu bezahlende Preis für den Kauf einer vorhandenen Ware zum gegenwärtigen Wert im Kassa-Markt (im Gegensatz zum Kauf eines Kontrakts im Terminhandel).

Kassa-Markt

Ein Markt, auf dem Waren zur sofortigen Lieferung erhältlich sind und gehandelt werden. Kassa-Märkte sind beispielsweise Aktienmärkte.

Kaufoption (Call)

Ein Kontrakt, der dem Käufer das Recht gibt, innerhalb eines bestimmten Zeitraums und zu einem festgesetzten Preis etwas zu erwerben. Der Verkäufer der Kaufoption erhält dafür eine Prämie. Der Kontrakt verpflichtet den Verkäufer zur Lieferung, wenn der Käufer sein Recht zum Kauf ausübt.

Kontrakt

Eine rechtlich bindende Vereinbarung zwischen zwei oder mehreren Parteien, eine Leistung zu erbringen oder zu unterlassen, in Verbindung mit einem bestimmten Vertragsinhalt (Termin und Preis).

Kontraktmonat

Der Monat, in dem ein Kontrakt entsprechend den Kontraktspezifikationen zur Andienung fällig wird.

Leerverkauf einer Option

Verkauf einer Option durch den Stillhalter, ohne dass dieser den der Option zugrunde liegenden Basiswert besitzt.

Letzter Handelstag

Der letzte Tag, an dem Terminkontrakte eines bestimmten Andienungsmonats gehandelt werden.

Limit Orders

Bei einer Order kann jeweils eine Kurs- und/oder Zeitgrenze für die Ausführung platziert werden. Ein Limit für einen Kauf wird beispielsweise leicht unter dem gegenwärtigen Marktkurs gegeben, während eine Verkaufslimit-Order über dem gegenwärtigen Marktkurs gesetzt wird.

Liquidität

Ein liquider Markt ermöglicht einen schnellen und wirkungsvollen Ein- und Ausstieg zum gegenwärtigen Marktkurs. Die Möglichkeit, Positionen schnell einzugehen und aufzulösen, ergibt sich aus einer hohen Anzahl von Marktteilnehmern, die bereit sind zu kaufen und zu verkaufen.

Long (Kaufposition)

Beim Kauf einer entsprechenden Long-Position setzt der Käufer auf steigende Notierungen des Basiswerts. Beispiel: Kauf eines Calls auf einen Aktienindex.

Margin Call

Die Aufforderung des Clearing-Hauses an ein Clearing-Mitglied oder des Brokers an seinen Kunden, weitere Sicherheiten auf dem Margin-Konto zu hinterlegen.

Margin

Im Terminhandel ist die Margin gleich einer hinterlegten Sicherheitsleistung, um die Einhaltung der vertraglich eingegangenen Verpflichtung zu gewährleisten.

Market-Order

Ein Auftrag zur schnellstmöglichen Ausführung einer Kauf- oder Verkaufsorder zum besten gegenwärtigen Marktkurs.

Mark-to-Market

Offene Terminpositionen werden täglich mit dem gegenwärtigen Marktkurs (am Handelsende mit dem Settlement-Preis) verglichen, um eventuelle Nachschussforderungen zu erheben oder Überschüsse auszuzahlen.

Notierung (Quote)

Geld- oder Briefkurs für Futures, Optionen und Kassa-Waren zu einem bestimmten (meistens gegenwärtigen) Zeitpunkt.

Optionskontrakt

Ein einseitiger Kontrakt, der dem Käufer das Recht gibt, ihn aber nicht verpflichtet, eine Ware oder einen Future-Kontrakt zu einem festgesetzten Preis innerhalb eines bestimmten Zeitraums zu kaufen oder zu verkaufen. Der Kontrakt ist deshalb einseitig, weil nur eine Vertragspartei (der Käufer) das Recht hat, die Leistung zu verlangen. Falls der Käufer sein Recht ausübt, muss der Verkäufer (Stillhalter) zum vereinbarten Basispreis seine Verpflichtung erfüllen.

Optionspreis

Preis, den ein Optionskäufer bezahlt, um eine Option zu erstehen.

Order (Auftrag)

Anweisung an einen Broker, wie viel wovon wie gekauft oder verkauft werden soll.

Premium Margin

Ist bei Short-Optionspositionen zu entrichten und besteht aus dem jeweiligen Optionspreis, bewertet zum Abrechnungspreis eines Tages.

Provision

Die Gebühr, die Banken oder Broker verlangen, um Futures- oder Optionskontrakte zu kaufen oder zu verkaufen.

Round Turn

Abgeschlossene Futures-Transaktion (Eingehen und Beendigung einer Futures-Position); Maklergebühren werden üblicherweise auf der Basis eines Round Turns angegeben.

Settlement

Die Clearing-Stelle bewertet täglich alle ausstehenden Futures- und Optionskontrakte anhand des Settlement-Preises (Abrechnungskurs) nach Gewinn oder Verlust.

Settlement Price (Abrechnungskurs)

Der Settlement-Preis wird in der Regel von der Clearing-Stelle anhand des Kursbereichs der letzten zwei Minuten der Börsensitzung ermittelt und festgelegt. Dieser Settlement- oder Abrechnungspreis wird zur Bestimmung des täglichen Kurslimits in der nächsten Börsensitzung herangezogen, ferner um alle Konten der Clearing-Mitglieder für alle Monate abzurechnen. Gewinne oder Nachschussforderungen offener Positionen und Rechnungen im Andienungsprozess richten sich ebenfalls nach dem Abrechnungskurs.

Short Covering

Ausgleich oder Glattstellung einer eingegangenen Short-Position.

Short

Durch den Verkauf von Kontrakten wird auf fallende Notierungen gesetzt. Diese Positionen werden Short-Positionen genannt.

Spread

1. Kursdifferenz unterschiedlicher Kontrakte oder 2. die Geld-/Brief-Spanne bei Finanzinstrumenten.

Stillhalter

Ein Optionsverkäufer, der die Verpflichtung eingeht, einen zugrunde liegenden Terminkontrakt oder die Kasse zu kaufen (bei einer Verkaufsoption) oder zu verkaufen (bei einer Kaufoption).

Stopp-Order

Ein Auftrag, der zur Markt-Order wird, wenn eine bestimmte Kurshöhe erreicht wurde. Diese Aufträge werden erteilt, um Verluste zu begrenzen.

Straddle

Bei dieser Strategie werden eine Kaufoption und eine Verkaufsoption mit identischer Laufzeit und Basispreis gekauft (Long Straddle) oder verkauft (Short Straddle).

Strangle

Bei einem Strangle wird, wie bei einem Straddle, eine Position in einer Kauf- und einer Verkaufsoption eröffnet. Jedoch weichen hier die Basispreise voneinander ab. Die Laufzeit ist aber identisch.

Tages-Order

Ein Auftrag, der automatisch verfällt, wenn er bis zum Ende einer Börsensitzung nicht ausgeführt werden konnte.

Terminbörse

Zusammenschluss zur Teilnahme am Handel mit Termin- und Terminoptionskontrakten. Ein Forum oder Ort, an dem Händler zusammenkommen, um Handelswaren oder Finanzinstrumente per Termin zu kaufen oder zu verkaufen.

Terminkontrakt

Ein standardisierter, rechtlich verbindlicher Vertrag über den Kauf oder Verkauf einer Ware (Finanzinstrument) mit festgesetzter Menge und Qualität zu einem bestimmten künftigen Lieferdatum. Die Vereinheitlichung der Kontrakte ermöglicht einen unkomplizierten Handel an Terminbörsen.

Tick

Die kleinste mögliche Kursschwankung (nach oben oder unten) für einen Terminkontrakt.

Variation Margin

Offene Positionen in Futures und Optionen auf Futures werden täglich zum Settlement-Preis bewertet. Dabei werden Gewinne und Verluste gutgeschrieben oder belastet (siehe „Mark-to-Market“).

Verfall (Expiration)

Eine Option ist ein Recht, das an einem bestimmten Tag (Verfall) verfällt. Besitzt es am Ende der Laufzeit einen Inneren Wert, so kann diese ausgeübt werden. Andernfalls verfällt die Option wertlos.

Verfallsdatum (Expiration Date)

Der letzte Tag, an dem eine Option ausgeübt werden kann. Meist verfallen Optionen auf bestimmte Gruppen von Basiswerten an bestimmten Tagen im Monat, wie etwa dem dritten Freitag eines jeden Monats.

Verkaufsoption (Put)

Ein Optionskontrakt, der dem Käufer das Recht gibt, etwas zu einem bestimmten Preis innerhalb eines vorgegebenen Zeitraums zu verkaufen. Der Verkäufer des Puts erhält eine Prämie als Entgelt für die Annahme der Verpflichtung, die Lieferung anzunehmen, falls der Käufer sein Recht zum Verkauf ausübt.

Wechselkurs (Exchange Rates)

Preis, der für eine ausländische Währung bezahlt wird.

Zeitwert

Der Zeitwert einer Option errechnet sich aus dem Preis der Option abzüglich des Inneren Werts.

Zinsterminkontrakte

Terminkontrakte für lang- oder kurzfristige Finanztitel, wie Hypotheken-Pfandbriefe oder Staatsanleihen (T-Bond- oder Bund-Futures).

LITERATURLISTE

Natenberg, Sheldon
Option Volatility and Pricing, Mc Graw-Hill Trade, 1994

McMillan, Lawrence G.
Options as a Strategic Investment, Prentice Hall Art, 2001

Hull, John C.
Options, Futures, and other Derivative Securities, Prentice Hall, 2002

Smith, Courtney
Option Strategies, Wiley, 1996

Bookstaber, Richard M.
Option Pricing and Investment Strategies,
Mc Graw-Hill Education, 1991

Chance, Don M.
An Introduction to Derivatives, Harcourt College Pub, 1997

Eck, Christian und Riechert, Matthias
Professionelles Eurex Trading, FinanzBuch Verlag, 2003

Uszczapowski, Igor
Optionen und Futures verstehen, DTV-Beck, 1999

Andere Handelsbücher:

Neil T. Weintraub
Die Tricks der Floortrader, FinanzBuch Verlag, 1999

John J. Murphy
Technische Analyse der Finanzmärkte, FinanzBuch Verlag, 2004

Dr. Alexander Elder
Die Formel für ihren Börsenerfolg, FinanzBuch Verlag, 2000

Maier/Lorünser
Direkt-Access Trading, FinanzBuch Verlag, 2002

Uwe Wagner
Traden wie ein Profi, FinanzBuch Verlag 2004

Erich Florek
Neue Trading-Dimensionen, FinanzBuch Verlag, 2000

ABBILDUNGSVERZEICHNIS

INDEX

A

B